Hiergeblieben!

40 fantastische Reiseziele in Deutschland

Mit Extra-Heft!

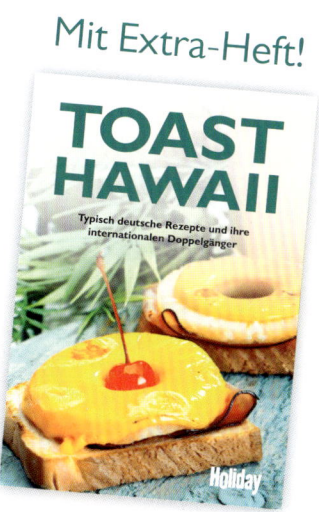

TOAST HAWAII

Typisch deutsche Rezepte und ihre
internationalen Doppelgänger

Holiday

Liebe Leserinnen und liebe Leser,

kitzelt Sie die Reiselust? Sehnen Sie sich nach skandinavisch-weiten Wasserlandschaften, temperamentvollen Samba-Klängen oder einer romantischen Gondelfahrt? Dann bleiben Sie einfach hier: Zwischen Alpen und Ostsee finden sich viele exotische oder zumindest überraschend ungewöhnliche Orte und Landschaften. Manche kennt man, einige sind weltberühmt, andere wiederum glänzen bescheiden im Verborgenen und warten darauf, entdeckt zu werden: Denn bei jeder dieser Attraktionen fühlt man sich wie in einem fernen Land, mitunter sogar wie am anderen Ende der Welt! Und alle haben sie spannende oder kuriose Geschichten zu erzählen.

Im westfälischen Hamm, am Rande des Ruhrgebiets, ragt einer der größten hinduistischen Tempel Europas in den Himmel. Im thüringischen Bad Frankenhausen kippt ein uralter Kirchturm so windschief aus dem Lot, dass man in Pisa vor Neid erblasst. Und wenn im Frühjahr in der südlichen Pfalz die Mandelbäume in ihrem rosaroten Blütenkleid erstrahlen, scheint plötzlich vergessen, dass es mit dem ersehnten Mallorca-Urlaub in diesem Jahr mal wieder nicht geklappt hat.

Manchmal ist es verblüffend, wie sehr berühmte Landschaften oder Bauwerke rund um den Globus ihren deutschen Pendants oder Doppelgängern ähneln. Und manchmal braucht man eben ein wenig Fantasie. Zwar ist die »Golden Gate Bridge vom Rhein« nicht ganz so lang wie ihre große Schwester, aber ein eindrucksvoller Hingucker. Auch nach der Mona Lisa sucht man in der Glaspyramide von Ulm vergeblich. Und der Mississippi-Dampfer in Hamburg? Schippert immerhin an der Elbphilharmonie vorbei. Wenn das kein Pluspunkt ist!

Übrigens haben wir in diesem Buch zu allen Orten eine Auswahl der schönsten Ausflugsziele in der Umgebung sowie Hotel- und Restauranttipps zusammengestellt. Also hiergeblieben – und viel Vergnügen auf Ihren Weltreisen durch die Heimat!

Jens van Rooij

DER NORDEN

DER SÜDEN

Der Norden

»Einmal im Jahr solltest du einen Ort besuchen, an dem du noch nie warst.«

Dalai Lama

Südstaatenflair an der Elbe: An Bord des Schaufelradschiffes »MS Louisiana Star« fühlt man sich wie auf dem Mississippi – und kann gleichzeitig die Elbphilharmonie aus nächster Nähe bestaunen.

HAMBURG–NEW ORLEANS: 7.986 KM

Mississippi, Louisiana, USA
29° 57' 17" Nord / 90° 04' 30" West

01 Mississippi-Dampfer, Hamburger Hafen

53° 32' 46" Nord / 09° 58' 00" Ost

Wenn die »MS Louisiana Star« an Sommerabenden flussabwärts in den Sonnenuntergang gleitet, dabei der Rauch aus den schlanken Schornsteinen in den Himmel aufsteigt und das Wasser vom großen Heckrad des Schiffes unermüdlich aufgeschaufelt und plätschernd wieder in die Elbe fallen gelassen wird, zweifelt man für einen Augenblick wirklich: Ist man hier in Hamburg – oder vielleicht doch in den Südstaaten der USA gelandet? Wer jetzt weiter in Romantik schwelgen möchte, sollte die kommenden Zeilen überspringen. Denn die nüchterne Wahrheit lautet: Das Schaufelrad, das die »Louisiana Star« scheinbar so kraftvoll und mühelos durch die Fluten schiebt, ist in Wirklichkeit nur Dekoration. Tatsächlich wird das Schiff von zwei Dieselmotoren mit einer Leistung von über 1000 PS angetrieben. Gleiches gilt für die »MS Mississippi Queen«, die ebenfalls im Hafen ihre Runden dreht und sich sogar mit einem Doppel-Heckrad schmückt. Während Raddampfer heute fast nur noch als Touristenattraktionen eingesetzt werden, spielten sie früher eine wichtige Rolle im Waren- und Personenverkehr. Im 19. Jh. waren sie in Nordamerika nicht nur auf dem Mississippi, sondern auch auf vielen anderen Flüssen unterwegs und wurden zu ihrer Blütezeit mit pompösem Interieur ausgestattet. Wer hier an Bord ging, reiste nicht um anzukommen, sondern um einem besonderen Status Ausdruck zu verleihen. Mit dem Siegeszug der Eisenbahn verloren die Raddampfer dann aber schnell an Bedeutung. Der größte Schaufelraddampfer, der heute in den USA in Betrieb ist, ist die »American Queen«, die erst 1994 vom Stapel lief. Seither schippert sie als schwimmendes Luxushotel betuchte Gäste durch die Landschaften von Mark Twain und Huckleberry Finn. Auch die Hamburger Schaufelradschiffe wurden erst in der zweiten Hälfte des 20. Jh. gebaut und bieten unter Deck elegante Säle mit rotem Teppichboden und glänzendem Messing. Vor allem als Veranstaltungsorte für Partys, Musicals und Dinner-Shows sind sie sehr beliebt. Wer sich das nicht leisten kann oder will, winkt ihnen vom Ufer aus zu – und träumt dabei von New Orleans und dem Mississippi.

www.abicht.de (Louisiana Star),
www.kapitaen-pruesse.de (Mississippi Queen)

Restaurants

Oberhafenkantine

Schief wie ein gestrandeter Kahn liegt sie an der Südseite des Oberhafens und trotzt seit über 90 Jahren dem Zahn der Zeit. Hier gibt es ehrliche, traditionelle Hamburger Küche: Auf die Teller kommen Aalsuppe, Pannfisch, Frikadellen – und in die Tasse richtig guter Filterkaffee.
Stockmeyerstr. 39, 20457 Hamburg,
Tel. 040/32 80 99 84,
Di–Sa 12–22, So 12–17.30 Uhr,
www.oberhafenkantine-hamburg.de

Krameramtsstuben

Am Fuße des Michels gibt es die letzte Hofbebauung aus dem 17. Jh., heute mit kleinen Läden, Galerien und einer als Museum erhaltenen Wohnung. Im gleichnamigen, sehr gemütlichen Restaurant genießt man Traditionsgerichte wie Hamburger Aalsuppe, fangfrische Kutterscholle oder Rote Grütze.
Krayenkamp 10, 20459 Hamburg,
Tel. 040/36 58 00, tgl. 12–24 Uhr,
www.krameramtsstuben.de

Sonntagsbrunch in der Fischauktionshalle

Der Sonntagsbrunch mit Live-Musik ist ein echtes Highlight. Ab 5.30 Uhr treffen sich Frühaufsteher und Nachteulen zum abwechslungsreichen Frühstücken, Tanzen und Singen. Nicht umsonst heißt eine Spezialität »Dem Kater zuliebe«.
Große Elbstr. 9, 22767 Hamburg,
Tel. 040/570 10 52 00,
www.fischauktionshalle.com

Elbphilharmonie und HafenCity

Der Rest der Republik ist neidisch, und das völlig zu Recht: Auf einem ehemaligen Kakaospeicher erhebt sich die Elbphilharmonie – ein fast überirdisch schönes Konzerthaus. Jahrelange Verzögerungen, irre Kostensteigerungen? Vergessen. Besucher stürmen die »Elphi« Tag für Tag, sei es, um im Großen Saal auf einem der 2150 Sessel Platz zu nehmen, sei es, um auf der Plaza den fantastischen Rundumblick zu genießen. Am Fuße des grandiosen Neubaus erstreckt sich die HafenCity, das ambitionierteste Stadtentwicklungsprojekt in Europa. 2008 hat man begonnen, den ehemaligen Freihafen aufzuwerten und umzugestalten; bis 2030 sollen hier Zehntausende Menschen wohnen und arbeiten können. Was jetzt schon fertig ist, hat sich zum richtig gut funktionierenden Viertel gemausert, mit Hotels, Restaurants, Bars und Cafés, Läden und Flanierwegen.

Elbphilharmonie: Platz der Deutschen Einheit 1, 20457 Hamburg, Aussicht Plaza tgl. 9–24 Uhr, www.elbphilharmonie.de
InfoCenter der HafenCity: Kesselhaus, Am Sandtorkai 30, 20457 Hamburg, Di–So 10–18, im Sommer Do bis 20 Uhr, www.hafencity.com

Miniatur Wunderland

Das MiWuLa ist die größte Modelleisenbahn der Welt. 15,4 km Gleise liegen auf etwa 1490 qm Fläche und lassen rund 1040 Züge digital gesteuert durch die Welt brausen. Lohnt sich: Führungen, die den Blick hinter die Kulissen zeigen.

Empfehlenswert: Die Wartezeiten auf der Website beachten. Macht Spaß!

Kehrwieder 2–4, Block D, 20457 Hamburg, tgl. 9.30–18, Sa ab 8, So ab 8.30 Uhr, teilweise auch bis 19, 20, 21 und 22 Uhr, www.miniatur-wunderland.de

Maritimes Museum in der Speicherstadt

Hier können Bestände des ehemaligen Instituts für Schifffahrts- und Marinegeschichte von Peter Tamm betrachtet werden. Der ehemalige Vorstandsvorsitzende des Springer-Konzerns wird für die Verherrlichung von Militaria kritisiert. Die Sammlung von Schiffsmodellen, Schiffsminiaturen, Konstruktionsplänen, Gemälden, Aquarellen, Uniformen und Waffen auf ca. 11 000 qm ist dennoch sehenswert, da sie zur Zeitgeschichte gehört.

Koreastr. 1, 20457 Hamburg, tgl. 10–18 Uhr, www.imm-hamburg.de

 Hotel Hafen Hamburg

Wer hätte gedacht, dass aus einem Seemannsheim mal ein Hotel mit so viel Charme und Flair entsteht? Das Haus oberhalb der Landungsbrücken begeistert mit hanseatischer Aura, Tradition und moderner Lebensart und einem tollen Blick auf den Hafen.
Seewartenstr. 9, 20459 Hamburg,
Tel. 040/31 11 30, www.hotel-hafen-hamburg.de, DZ ab 80 €

Da entwickeln Hamburger Jungs einen Sinn für Ästhetik: Im Miniatur Wunderland wird der Hamburger Michel bemalt.

4 St. Michaelis

Seit über 350 Jahren empfängt die evangelische Hauptkirche Sankt Michaelis Besucher aus aller Welt. Die wohl bedeutendste Neobarockkirche im Norden ist mit ihrem 132 m hohen Turm, fast 5 m langen Uhrzeigern (einzigartig in Deutschland!) und ihrer glänzenden Kupferhaube ein Hamburger Wahrzeichen. Wegen seiner fünf Orgeln, dem beeindruckenden Gewölbekeller und der natürlich grandiosen Aussicht ist das stolze Gotteshaus unbedingt zu besuchen. Augenzwinkernder, hanseatischer Spitzname: der Michel. Ein Aufstieg lohnt sich auch bei Dunkelheit: Schwindelfreie können auf der einzigen festen 360°-Plattform Hamburgs das Lichtermeer der Hansestadt bestaunen.

Englische Planke 1, 20459 Hamburg, tgl. 10–18, Mai–Okt. 9–20 Uhr, www.st-michaelis.de

5 Alsterrundfahrt

Wie schön! Einmal um die Außenalster, rund um den ca. 164 ha großen innerstädtischen See. Vorbei an exklusiven Vierteln und Villen, Straßen, Kirchen, Brücken und naturnahen Uferzonen. Wie es gefällt: Segeln, Rudern, Tretbootfahren, Yogakurse, Weinverköstigung oder »Snack op Platt«. Auf der Alsterrundfahrt heißt es: »beleven« (erleben)! Hier kann man wunderbar Ruhiges oder Aufregendes buchen.

Jungfernstieg, 20354 Hamburg, Apr.–Sept. tgl. 10–18, Okt. 10, 11, 16, 17 Uhr, www.alstertouristik.de

6 Kunstmeile

Fünf renommierte Kunsthäuser auf einem Fleck: Mit einem 3-Tage-Pass haben Besucher unbegrenzten Einlass. Für Kunstliebende und Kunstentdecker unverzichtbar. Die Hamburger Kunsthalle, das Bucerius Kunst Forum, die Deichtorhallen mit der Ausstellungshalle »Aktuelle Kunst« und dem »Haus der Photographie«, der Kunstverein Hamburg und das Museum für Kunst und Gewerbe präsentieren Zeichnungen, Malerei, Fotografien, Skulpturen, Kunsthandwerk und Design.

www.kunstmeile-hamburg.de;
Bucerius Kunst Forum: Rathausmarkt 2, Fr–Mi 11–19, Do 11–21 Uhr; Deichtorhallen: Deichtorstr. 1–2, Di–So 11–18 Uhr; Hamburger Kunsthalle: Glockengießerwall, Di–So 10–18, Do bis 21 Uhr; Kunstverein in Hamburg: Klosterwall 23, Di–So 12–18 Uhr; Museum für Kunst und Gewerbe: Steintorplatz, Di–So 10–18, Do bis 21 Uhr

 Fritz im Pyjama

Zentraler geht es fast nicht: Fußläufig zum Messeviertel und direkt gegenüber des S-Bahnhofs Sternschanze liegt das Fritz im Pyjama. Eine gekonnte Inszenierung aus Tradition und Moderne. Minimalistisch im Design, individuell in der Gästebetreuung. Schanzenstr. 101–103, 20357 Hamburg, Tel. 040/ 82 22 28 30, www.fritz-im-pyjama.de, DZ ab 70 €

02 Lüneburger Heide

53° 32' 46" Nord /
09° 58' 00" Ost

Trends sind schnelllebig, und man muss ja nicht immer gleich mitrennen, wenn mal wieder eine bunte Sau durchs Dorf getrieben wird. Aber wer Deutschland erkunden und ganz nebenbei »en vogue« sein möchte, sollte jetzt eine Reise in die Lüneburger Heide planen. Denn Violett ist Farbe des Jahres! Sagt zumindest das zum Gralshüter der Farbenlehre avancierte US-Unternehmen Pantone, dessen schicke Farbkreisel und Musterfächer fast schon zum Pflichtinventar der Kreativbranche zählen. Besonders ursprünglich und sehenswert ist die Heidelandschaft rund um Wilsede, ein winziges, fast schon museales Dorf mitten im Naturschutzgebiet. Rundherum begeistert alljährlich von August bis September die gemeine Besenheide (Calluna vulgaris) ihr Publikum mit einem effektvollen Auftritt: Sobald sich die unzähligen Blüten der Zwergsträucher öffnen, rollt sich über den Sandböden ein schier endloser, leuchtend-violetter Teppich aus, von dem sich lediglich das satte Grün der verstreuten Wachholderbüsche abhebt. Einen ähnlich intensiven Sinnesrausch erlebt man nur in der Provence in Südfrankreich. Touristenmagnet ist hier die lila Lavendelblüte zwischen Juni und Juli. Im Gegensatz zur Besenheide wird Lavendel jedoch geerntet und dann zu Öl sowie Duft- und Arzneistoffen weiterverarbeitet. Beim traumhaften Fernblick vom Wilseder Berg würde man also am liebsten ein Loblied auf Mutter Natur anstimmen: Aber auch die Lüneburger Heide ist eine, wenn auch sehr alte Kulturlandschaft, die von Menschen geschaffen wurde. Schon vor Jahrtausenden laugten Rodungen und Ackerbau das Erdreich der Region so sehr aus, dass hier nur noch genügsames Heidekraut Wurzeln schlug. Heute müssen Naturschützer und Heidschnucken das violette Wunder-biotop pflegen. Überließe man die Heide sich selbst, würde sie verschwinden.

www.lueneburger-heide.de

WILSEDE–AIX-EN-PROVENCE: 1.122 KM

Provence, Südfrankreich
43° 3 l' 40" Nord / 05° 26' 44" Ost

Alle Jahre wieder versprüht die Besenheide im Spätsommer ihren violetten
Zauber. Man findet sie vor allem im
Schutzgebiet im Herzen des Natur-
parks Lüneburger Heide. Rundherum
gibt es jedoch noch andere Heideflächen, deren Besuch sich lohnt.

Der Stintmarkt in Lüneburg: Hier wurde einst der Stint (eine kleine Heringsart) verkauft.

① Hansestadt Lüneburg

Die gut 1050 Jahre alte Hansestadt bezaubert mit romantischen Giebeln im Stil der Backsteingotik und ist gleichzeitig eine junge, bunte Universitätsstadt. Lüneburg hielt lange die Monopolstellung als Salzlieferant für den gesamten Norden. Diese »salzige Vergangenheit« ist überall sicht- und erlebbar. Die Stadt an der Ilmenau blieb im Zweiten Weltkrieg unzerstört und verströmt durch unzählige historische Gebäude einen ganz besonderen Charme. Sehr besuchenswert: das größte mittelalterliche Rathaus Norddeutschlands.

Tourist Info: Rathaus, 21335 Lüneburg, Tel. 08 00/220 50 05, Mai–Okt., Dez. Mo–Fr 9.30–18, Sa bis 16, So 10–16, Nov., Jan.–Apr. Mo–Fr 9.30–18, Sa bis 14 Uhr, www.lueneburg.info

② Deutsches Salzmuseum

Salz prägte mehr als 1000 Jahre das Leben Lüneburgs. Das »weiße Gold« verhalf Einzelnen, aber auch der ganzen Stadt zu Wohlstand, Macht und Wachstum. Wie die Geschichte der Hansestadt von den nur scheinbar unscheinbaren Körnchen beeinflusst wurde, zeigt das 1980 in einem ehemaligen Siedehaus der Lüneburger Saline entstandene Deutsche Salzmuseum.

Sülfmeisterstr. 1, 21335 Lüneburg, tgl. 10–17 Uhr, www.salzmuseum.de

③ Soltau Therme

Rund 200 m tief in der Erde sprudelt die Soltauer Heilquelle. Sie speist das Solebad der Therme mit einem heilenden Gemisch aus Wasser und Salz. Mehrere Schwimmbecken, acht Saunen.

Mühlenweg 17, 29614 Soltau, Tel. 051 91/ 84 480, Mo 10–22, Di–So 9–22 Uhr, www.soltau-therme-online.de

④ Kunststätte Bossard

In der Nordheide entstand zwischen 1911 und 1950 ein Gesamtkunstwerk aus Architektur, Bildhauerei, Malerei, Kunstgewerbe und Gartenkunst. Das Wohn- und Atelierhaus steht neben einem 1926 in Backsteinexpressionismus errichteten Kunsttempel.

Bossardweg 95, 21266 Jesteburg, März–Okt. Mi–So 11–18, Nov.–Feb. So 11–16 Uhr, ww.bossard.de

⑤ Lauenburg

Die südlichste Stadt Schleswig-Holsteins befindet sich im Dreiländereck mit Meck-

 **Hotel Einzigartig**

Zwei über 400 Jahre alte Häuser ergeben das Hotel Einzigartig. Mauern, Balken und Malereien wurden bei der Restaurierung freigelegt und kontrastieren reizvoll mit dem schlichten Design und moderner Kunst. Im Restaurant wird mediterran gekocht. Lünertorstr. 3, 21335 Lüneburg, Tel. 041 31/40 0 60 00, www.hoteleinzigartig.de, DZ ab 149 €

Ein Salzsieder bei der Arbeit im Salzmuseum. Pro Tag sind höchsten 6 Gramm Kochsalz empfehlenswert, so die Weltgesundheitsorganisation.

lenburg-Vorpommern und Niedersachsen. Das Schifferstädtchen liegt an einem bewaldeten Steilufer und ist von der Elbe und der Alten Salzstraße geprägt: Wie Lebensadern ziehen sie sich durch das gesamte Herzogtum mit seinen 40 Seen.

 ## Hotel Bergström

Das Hotel liegt im Wasserviertel am historischen Hafen. Die Zimmer und Suiten verteilen sich auf mehrere liebevoll restaurierte Gebäude: Wassertürme, Speicher und Wassermühlen. Mit Fitness, Pool, Wellness-Arrangements und feinen Restaurants.
Bei der Lüner Mühle, 21335 Lüneburg, Tel. 041 31/30 80,
www.bergstroem.de, DZ ab 169 €

Vor allem die Unterstadt lädt mit ihren farbenprächtigen Fachwerkhäusern aus vier Jahrhunderten und Kunst im öffentlichen Raum zu einem Spaziergang ein. In der Oberstadt thront hoch über dem Fluss das alte Schloss, dessen runder Uhrturm bestiegen werden kann und eine traumhafte Aussicht garantiert. Beeindruckend ist auch die Palmschleuse, die älteste, zwischen 1390 und 1398 erbaute Kammerschleuse Europas. Lauenburg bietet zahlreiche Sehenswürdigen wie die Bronzestatur von Karlheinz Goedtke auf dem Ruferplatz oder den 115 Jahre alten, letzten kohlebefeuerten Raddampfer »Kaiser Wilhelm«.

Tourist Info: Elbstr. 59, 21481 Lauenburg/ Elbe, Tel. 041 53/590 92 20, Mär–Okt. Mo–Fr 10–18, Sa/So bis 17, Nov.–Feb. tgl. 10–16 Uhr, www.lauenburg.de

 ## Restaurants

Café Zeitgeist

Handgemachte Cupcakes, Torten und Kuchen sowie herzhafte italienische Leckereien laden zum Besuch ein. Der Kaffee von einer preisgekrönten Hamburger Rösterei wird mit einer original La Marzocco-Siebträgermaschine gebrüht und ist ein wahrer Genuss.
Heiligengeiststr. 36, 21335 Lüneburg, Tel. 041 31/40 24 56, Di–Sa 8.30–18, So 10–18 Uhr, www.cafe-zeitgeist.de

Landhaus Haverbeck

Hier kann man inmitten des Naturschutzparks mit Blick über den Haverbeeker Dorfteich oder im Schutze von Haselnuss und Buchenhecke speisen. Die raffinierte, auf die Jahreszeiten abgestimmte Regionalküche schmeckt auch gut in den schönen Räumen des reetgedeckten Heidehauses.
Niederhaverbeck 2, 29646 Bispingen, Tel. 051 98/989 80, Mo–Fr 17–20.30, Sa/So ab 12 Uhr, www.haverbeckhof.de

Hof Tütsberg

Spezialitäten aus der Region, wie Bioland-zertifiziertes Heidschnuckenfleisch oder Karpfen aus den Holmer Teichen, sind die Besonderheiten der kreativen Landküche des Hof Tütsberg. Und sie schmecken hervorragend, ob im Biergarten, Wintergarten oder dem liebevoll gestalteten Restaurant.
Hof Tütsberg, 29640 Schneverdingen-Heber, Tel. 051 99/900, Mi–Sa 12 bis 20.30, So 12–17 Uhr, www.tuetsberg.de

BREMERHAVEN–DUBAI: 4.970 KM

Dubai an der Wesermündung: Das Hotel
Sail City ist exotisch-moderner Blickfang
der »Havenwelten«. Entworfen hat das
Gebäude das Bremer Architekturbüro
Klumpp – das Burj al Arab hingegen
stammt aus der Feder des britischen
Architekten Tom Wright.

03 Atlantic Hotel Sail City, Bremerhaven

53° 32' 35" Nord / 08° 34' 25" Ost

»Geduld und Humor sind zwei Kamele, die dich durch jede Wüste bringen«, lautet ein arabisches Sprichwort, das zweifellos auch an der Nordsee Gültigkeit besitzt. In Bremerhaven waren hohe Arbeitslosigkeit und eine lahmende Wirtschaft die sinnbildliche Durststrecke, die den Bürgern jahrzehntelang zusetzte: Auf den Boom Mitte des 20. Jahrhunderts folgten die Werftenkrise der 1980er- und der Abzug der US-Truppen in den 1990er-Jahren – und schließlich ein schleichender Niedergang. Fortan machte die Stadt nur noch als »Armenhaus Deutschlands« Schlagzeilen. Doch hier oben im Norden lässt man sich nicht so leicht unterkriegen. »Havenwelten« heißt das Großprojekt, das zur Jahrtausendwende hinterm Weserdeich zu wachsen begann und mit dem Atlantic Hotel Sail City sein futuristisches Wahrzeichen erhielt. Die Segelform des 147 m hohen Gebäudes erinnert stark an das berühmte Burj al Arab in Dubai, und auch die umliegende Architektur dürfte jeden Ölscheich entzücken: Von der Aussichtsplattform auf dem Hoteldach schweift der Blick von der glänzenden Kuppel des Einkaufstempels Mediterraneo zum Columbus-Center und bis zur organischen Glashülle des Klimahauses, in dem sich Besucher auf Wetterweltreise begeben können. Über eine Million Gäste besuchen die Havenwelten pro Jahr – und der Wind weht wieder in Richtung Zukunft. Jetzt fehlen eigentlich nur noch die Kamele.

www.bremerhaven.de,
www.atlantic-hotels.de

Hotel Burj al Arab, Dubai, VAE
25° 08' 28" Nord / 55° 11' 08" Ost

Restaurants

Seute Deern

Gut essen und sich dabei wie ein Seemann fühlen, das ist hier möglich. Auf dem einzigen original erhaltenen, historischen Frachtsegler der Welt werden in Laderaum, Salon und Kapitänskajüte heimische Spezialitäten wie Klare Fischsuppe, Limandesfilet oder Rumpsteak »Land & Meer« serviert. Hans-Scharoun-Platz 1, 27568 Bremerhaven, Tel. 04 71/41 62 64, tgl. 11–15, 18–23 Uhr, www.seutedeern.de

Treffpunkt Kaiserhafen

Fragt man nach der letzten Kneipe vor New York, so landet man hier. Seeleute, Touristen, Bremerhavener kommen zusammen und genießen Hafenatmosphäre bei feiner Muschelpfanne, Brataal oder einem Fischerfrühstück. Franziusstr. 92, 27568 Bremerhaven, Tel. 04 71/422 19, tgl. 11–24 Uhr, www.treffpunktkaiserhafen.de

Siebhaus

Bekannt für herrliche, selbst gemachte Köstlichkeiten wie warmen Apfelkuchen und Nordseekrabben in vielen Variationen, gilt das originelle Siebhaus als besonderer Tipp. Das ehemalige Krabbensiebgebäude direkt am Wremer Tief liegt direkt am Wasser. Klein und gemütlich innen, weitläufig und nordisch-charmant außen. Flur 7/Am Wremer Hafen, 27638 Wremen, Tel. tgl. 10–18 Uhr, www.siebhaus.de

Klimahaus

Am Alten Hafen, im maritim geprägten Stadtviertel Havenwelten, kann man im 18 800 qm großen Klimahaus alles über Klima, Klimawandel und Wetter erfahren. Und zwar im wahrsten Sinne des Wortes. Denn man reist auf dem achten Längengrad und unterschiedlichen Breitengraden mit allen Sinnen um die Welt. Neun Stationen in acht Ländern auf fünf Kontinenten repräsentieren die unterschiedlichen Klimazonen der Erde. Jede Station ist real konzipiert, so herrschen an Station Kanak im Niger 35 Grad Celsius, an der Station Königin-Maud-Land in der Antarktis –6 Grad Celsius. Jede Reise ist ungeheuer spannend inszeniert: So schrumpft man in Sardinien auf Insektengröße, um den Mikrokosmos einer italienischen Wiese zu betrachten oder riecht in der Schweiz die Alm und übt sich im Jodeln. Einheimische erzählen in digitalen Installationen, wie sie ihr Leben und die klimatischen Bedingungen ihrer Heimat empfinden und bewältigen. Neben dem Ausstellungsbereich Reise finden sich die Bereiche Perspektiven und Chance für das Klima unserer Erde. Bob Geldof, irischer Musiker und Menschenrechtsaktivist, eröffnete 2009 das auch architektonisch beeindruckende Gebäude und nannte es in seiner Rede einen »Liebesbrief an unseren Planeten«. Wer das Klimahaus besucht hat, wird sinnliche, reale und nachhaltig beeindruckende Erlebnisse mit nach Hause nehmen.

Am Längengrad 8, 27568 Bremerhaven, Apr.–Aug. Mo–Fr 9–19, Sa/So 10–19, Sept.–März tgl. 10–18 Uhr, www.klimahaus-bremerhaven.de

Auswandererhaus

Zwischen 1830 und 1974 suchten 7,2 Millionen Menschen ihr Glück in der sogenannten Neuen Welt und brachen von Bremerhaven aus auf. Die »Galerie der sieben Millionen« gibt diesen Menschen Gesicht und Biografie und beleuchtet die historischen Hintergründe der europäischen Massenauswanderung. Vom emotionalen Abschied – inklusive Stimmengewirr an der Gangway – über die beschwerliche Reise unter Deck, die Einreiseformalitäten in New York bis zur weiteren Lebensgestaltung der Nachkommen – das Auswandererhaus entführt den Besucher mit einem elektronischen Boardingpass in detaillierte Erlebniswelten. Das Studio Migration behandelt aktuelle Ereignisse und Debatten rund um das Kernthema dieses faszinierenden Museums.

Columbusstr. 65, 27568 Bremerhaven, März–Okt. tgl. 10–18, Nov.–Feb. bis 17 Uhr, www.dah-bremerhaven.de

 ## Hotel Haverkamp

Seit dem Jahr 1969 führt die Familie Haverkamp ihr Haus mit Liebe und Leidenschaft. In der Seestadt findet man nur hier einen kostenfrei benutzbaren Wellnessbereich mit Schwimmbad, Sauna und Aroma-Dampfbad. Das Team des Restaurants kocht für jeden Ernährungstyp. Prager Str. 34, 27568 Bremerhaven, Tel. 04 71/483 30, www.hotel-haverkamp.de, DZ ab 129 €

Im Klimahaus simuliert man die Temperaturen der jeweiligen Zone. Hier sind wir in der Schweiz und eine Jacke ist empfehlenswert.

③ Stadtspaziergang Bremen

Tipp für den Start des Stadtspaziergangs: Mit einem Schiff an der Weserpromenade landen und am Fluss entlang zum Bremer Roland laufen. Auf dem Weg zu diesem 1404 errichteten Wahrzeichen auf dem Marktplatz geht es durch historische Gassen, vorbei an Fragmenten und sorgsam sanierten Bauten der im Zweiten Weltkrieg fast völlig zerstörten Stadt.

Tourist Info: Langenstr. 2–4, 28195 Bremen, Tel. 04 21/308 00 10, Mo–Fr 9.30–18.30, Sa 9.30–17, So 10–16 Uhr, www.bremen-tourismus.de

④ Kunsthalle Bremen

Das bedeutende Kunstmuseum befindet sich in unmittelbarer Nähe der Bremer Altstadt in den Wallanlagen an der Kulturmeile. Die umfangreiche Sammlung des 14.–21. Jh. zeigt u. a. 200 000 Handzeichnungen und druckgrafische Blätter im sog. Kupferstichkabinett und ist Deutschlands einziges Museum in privater Trägerschaft. Sehenswert in dem imposanten Gebäude sind auch die zeitgenössische Medienkunst und die mit Hingabe ausgewählten und gestalteten Sonderausstellungen.

Am Wall 207, 28195 Bremen, Mi–So 10–17, Di 10–21 Uhr, www.kunsthalle-bremen.de

⑤ Künstlerdorf Worpswede und Teufelsmoor

Fritz Mackensen, Hans am Ende, Otto Modersohn, Fritz Overbeck und Heinrich Vogele waren die Ersten: Sie gründeten 1889 in Worpswede die Künstlerkolonie, die Besucher noch heute in die Museen, die Galerien und Werkstätten am Teufelsmoor zieht. Die Magie des Ortes mit seinen faszinierenden Wolkenformationen und seinem ungewöhnlichen Licht hat nichts von ihrer Wirkung verloren. Das größte zusammenhängende Moor im Norden machte es seinen ursprünglichen Bewohnern nicht leicht: Der Boden war unfruchtbar, der Alltag schwer. Auf einer Fahrt in einem Torfkahn, bis zum Beginn des 20. Jh. einziges Transportmittel in der Gegend, kann man nachempfinden, wie sich die Lebensumstände angefühlt haben müssen. Auch auf naturkundlichen Fahrradtouren und Moorwanderungen lässt sich das einzigartige Gebiet erkunden.

Tourist Info: Bergstr. 13, 27726 Worpswede, Tel. 047 92/93 58 20, Apr.–Okt. Mo–Sa 10–17, So 10–15, Nov.–März tgl. 10–15 Uhr, www.worpswede-touristik.de, www.kulturland-teufelsmoor.de

04 Hummerbuden auf Helgoland

54° 10' 40" Nord / 07° 53' 18" Ost

Wer vorhat, in einer der farbenfrohen Holzhütten auf Helgoland ungestört in seine Badehose zu schlüpfen, sei gewarnt: Das könnte peinlich enden! Anders als am Muizenberg Beach bei Kapstadt werden die Hummerbuden auf der Nordseeinsel nicht als Umkleidekabine genutzt – obwohl man sie von Weitem dafür halten könnte. Früher dienten sie den Fischern als Geräteschuppen, jetzt haben Gastwirte, Händler und Künstler hier schmucke Lokale, Galerien und Souvenirläden eröffnet. Gebaut wurden die Häuschen erst nach 1952, das als »Stunde null« der Inselgeschichte gilt. Schon zur Kaiserzeit war Helgoland wichtiger Militärstützpunkt, und auch die Nazis rüsteten die »Seefestung« vor Englands Haustüre weiter auf. Kein Wunder also, dass die Briten, die nach dem Zweiten Weltkrieg als Besatzer blieben, die ganze Insel am liebsten in die Luft jagen wollten. Was zum Glück nicht gelang. Zwar hinterließ Operation »Big Bang«, bei der 1947 Tausende Tonnen Restmunition per Fernzünder gesprengt wurden, riesige Mondkrater; das Eiland blieb jedoch bewohnbar. Anfang der 1950er-Jahre kehrten die Einheimischen zurück, begannen ein neues Leben und begrüßten bald auch wieder Touristen. Auf wundersame Weise überlebt hat den »Big Bang« ein über 150 Jahre alter Maulbeerbaum nahe der Inselkirche. Dass das exotische Gewächs in diesen Breiten überhaupt gedeiht, liegt an den milden Wintern, die Helgoland auch dem Golfstrom verdankt. Im Schatten des Baumes gab sich Mitte des 19. Jahrhunderts so manch illustres Liebespaar das Jawort – das See- und Heilbad war damals gefragtes Reiseziel der Noblesse. »Unkompliziert heiraten«, wie es die Kurverwaltung formuliert, kann man noch heute in einer der Hummerbuden, in der ein Standesamt untergebracht ist. Besucher erleben auf Helgoland somit nicht nur Südafrikaflair, sondern können sich auch die Reise nach Las Vegas sparen.

www.helgoland.de

Muizenberg Beach bei Kapstadt, Südafrika
34° 06′ 00″ Süd / 18° 28′ 00″ Ost

BUDE
road flint

HELGOLAND–KAPSTADT: 9.860 KM

Die bunten Hummerbuden sind Helgolands Top-Attraktion und sehen aus der Ferne fast wie Badehäuschen aus. Wer Sonne und Meer genießen möchte, ist jedoch an den breiten Sandstränden auf Helgolands Nachbarinsel Düne besser aufgehoben.

Restaurants

Bunte Kuh

Hier werden typische Gerichte serviert wie Helgoländer Knieper (Scheren vom Taschenkrebs), Pannfisch, Seezunge und Dorsch, aber natürlich auch Fleischliches. Am gewaltigen Tresen voller seemännischer Erinnerungen schmeckt auch das Bier bei schönster Aussicht aufs Meer. Hafenstr. 1013–1018, 27498 Helgoland, Tel. 047 25/81 13 43, tgl. ab 12 Uhr, www.buntekuh-helgoland-de.jimdo.com

Aquarium Café

Klein und süß sind hier nicht nur die Leckereien, sondern auch das Lokal selbst. Und der Kaffee schmeckt obendrein. Zwar nicht wirklich italienisch – man ist hier schließlich an der Nordsee! Wer's gerne pikant mag, findet auch Herzhaftes auf der Speisekarte. Siemens-Terrasse 168, 27498 Helgoland, Tel. 047 25/662, Di–So 12–18 Uhr

Weddigs Fischerstube

Auch wenn der Knieper dem Hummer langsam das Wasser abgräbt: Die berühmte Helgoländer Spezialität wird natürlich noch serviert. Genießen kann man sie in Weddigs rustikaler Fischerstube, wo Kulinarik und Gemütlichkeit einander perfekt ergänzen. Und auf der Ofenbank gibt's danach noch ein frisch gezapftes Pils. Friesenstraße 61, 27498 Helgoland, Tel. 047 25/ 72 35, tgl. 12–14.30, 17–21, Nov.–März nur 17–21 Uhr (Vor- und Nachsaison: Mi Ruhetag), www.fischerstube-helgoland.de

»Lange Anna«

Die »Lange Anna« – nach einer langbeinigen Kellnerin benannt – ist Helgolands vergängliches Wahrzeichen. Die markante, frei stehende Felsnadel im Nordwesten ist Naturdenkmal und beliebter Rastplatz für die Seevögel der Insel. 25000 t schwer und auf nur 18 qm Fläche stehend, trotzt die stolze Buntsandsteingestalt seit jeher Brandung und Witterung. Doch wohl nicht mehr lange, denn Anna schwankt und kann vermutlich nicht mehr erhalten werden. Unbedingt besuchen!

Tourist Info: Lung Wai 28, 27498 Helgoland, Tel. 047 25/814 30, Apr.–Okt. Mo–Fr 9–16, Sa/So 11–15, Nov.–März Mo–Fr 9–11.30, 13–16, Sa 12–14.30 Uhr, www.helgoland.de

Insel Düne

Verführerisch weiße Sandstrände locken viele vom felsigen Helgoland hinüber zur kleinen Nachbarinsel Düne. Das Badeparadies wird im Sommer regelmäßig von Fähren angesteuert. Es lohnt sich jedoch, die Rückfahrt hinauszuzögern: Sind alle Tagesgäste abgereist, kann man Wellen, Wind und Weite in aller Ruhe genießen. Teilen muss man die Düne allerdings zu jeder Tageszeit mit Kegelrobben, die hier seit einigen Jahrzehnten wieder heimisch sind.

Dünenfähre: Landungsbrücke oder kleiner Nordosthafen, Apr.–Okt. 8–19 Uhr halbstündlich, danach stündlich bis 21 Uhr (Mitte Juni–Mitte Sept. bis 23 Uhr), Nov.–März 8–12, 13–16 Uhr stündlich, Fahrtzeiten siehe www.helgoland.de

Lummenfelsen

Da kann der kleine Flugplatz auf der Düne nicht mithalten: Helgolands wahres Drehkreuz ist der Lummenfelsen am Nordwestufer des Oberlands. Im Sekundentakt starten und landen hier Dreizehenmöwen, Trottellummen, Eissturmvögel und andere Seevogelarten, die an der Steilwand auch brüten. Ein echtes Spektakel ist der »Lummensprung« Mitte bis Ende Juni, bei dem sich die Küken der Trottellummen waghalsig in die Tiefe und ins Leben stürzen. Exkursionen organisiert die Vogelwarte Helgoland (Anmeldung bei der Tourist Info).

Im Westen der Insel in der Deutschen Bucht

Museum Helgoland

Hier erfährt man alles über die Geschichte Helgolands und seine Bewohner, zu denen auch Franz Schenksy, ein Wegbereiter der deutschen Fotografie, zählte. Neben sei-

 Hotel Rickmers Insulaner

Die Besitzer lassen Besucher an ihrer Liebe zu Helgoland und seiner langjährigen Tradition teilhaben. Auf ca. 250 qm wird Wellness zelebriert. Die Speisekarte zeichnet von scheinbar karg bis luxuriös ein traditionsreiches Bild der Inselgeschmäcker. Am Südstrand 2, 27498 Helgoland, Tel. 047 25/814 10, www.insulaner.de, DZ ab 119 €

Wahrzeichen in Not: Wind und Wetter bringen die »Lange Anna« langsam zum Einstürzen.

nem Leben und Werk widmet sich der hübsche Innenhof auch dem Helgoländer Kinderbuchautor James Krüss (»Tim Thaler«) und zeigt anhand farbenfroher Nachbauten, wie die berühmten Hummerbuden einst tatsächlich einmal aussahen. Sehr beliebt sind auch die Museumsführungen hinab in die dunklen Tiefen der rund 14 km langen Bunkeranlagen.

Kurpromenade 1430, 27498 Helgoland, tgl. 10–14.30 Uhr, Bunkerführung: Mi, Fr, Sa 16.30 Uhr (Voranmeldung), www.museum-helgoland.de

5 Lung Wai

Vorbei sind die Zeiten, in denen Helgoland gegen seinen zweifelhaften Ruf als »Fuselfelsen« ankämpfen musste. Schnäppchen kann man auf der Insel aber immer noch ergattern, denn sie genießt nach wie vor einen Sonderstatus innerhalb der EU und darf Waren daher zoll- und steuerfrei anbieten. Besonders viele Geschäfte gibt es entlang der Einkaufsmeile Lung Wai. Hier findet man Schmuck, Kosmetik, Mode, Süßwaren und natürlich Tabak und Spirituosen. Insbesondere bei Alkohol und Zigaretten schaut der Zoll dann aber doch genauer hin! Über die Mengenbeschränkungen informiert die Tourist Info.

www.helgoland.de

6 Cuxhaven

Lange Zeit stand Cuxhaven als Außenposten Hamburgs im Schatten der Hansestadt, bis es sich im Jahr 1816 als Kurort ganz neu erfand. Heute übernachten hier, am Westufer der Elbmündung, jedes Jahr mehrere Millionen Gäste. Neben dem Tourismus blickt auch die Fische-

rei in Cuxhaven auf eine lange Tradition zurück. Das spürt man vor allem beim Bummel durch den Alten Hafen. Noch immer liefern dort Kutter und Trawler tagtäglich fangfrische Waren an. Sie zu kaufen, zu essen oder auch nur zu beschnuppern macht natürlich auf dem Cuxhavener Fischmarkt am meisten Spaß. Wer sich einen Überblick über das Hafengelände verschaffen oder den Schiffen zuwinken möchte, kann das am besten von der etwas nördlich gelegenen Aussichtsplattform »Alte Liebe« – bevor es ins spektakuläre Wrack- und Fischereimuseum »Windstärke 10« geht, in dem man trockenen Fußes erleben kann, was die Seefahrt seit jeher so abenteuerlich und gefährlich macht.

Tourist Info: Cuxhavener Str. 92, 27476 Cuxhaven, Tel. 047 21/40 42 00, www.cuxhaven.de

SYLT–MARTHA'S VINEYARD: 5.720 KM

05 Nordseeinsel Sylt
55° 01' 07" Nord / 08° 25' 56" Ost

Es regnet. Auf dem schmalen Asphalt-
band, das sich durch wolkenverhangene
Dünen schlängelt, staut sich das Wasser
in dunklen Pfützen. Ewan McGregor
wischt sich die Tropfen aus dem Gesicht
und tritt verbissen in die Pedale. Er muss
es wissen – muss erfahren, wie Mike
McAra, der am Strand von Martha's
Vineyard als blasse Leiche angespült
wurde, ums Leben kam. Hinter einer

Biegung zeichnen sich die verschwomme-
nen Umrisse eines Turms ab, der aussieht
wie ... Moment? Das ist doch das Lister
Leuchtfeuer an der Mautstraße zum
Ellenbogen! Spätestens jetzt freute sich so
mancher Syltfan, der 2010 »The Ghostwriter« im Kino sah, über ein Aha-Er-
lebnis. Oder sogar deutlich früher. Etwa,
wenn zum Auftakt des Thrillers der als
US-Autofähre dekorierte »SyltExpress«

Martha's Vineyard ansteuert, tatsächlich
aber im Lister Hafen andockt. Dass der
skandalumwitterte französisch-polnische
Regisseur Roman Polański den Streifen –
noch dazu mit Stars wie Ewan McGregor,
Pierce Brosnan und Kim Cattrall – ausgerechnet in Nordfriesland drehte, hatte
mehrere Gründe. Zum einen ähneln
sich Sylt und Martha's Vineyard wirklich
sehr. Auch auf dem neuenglischen Eiland

Zwillingsschwestern? Strände und Kliffs der Inseln Sylt und Martha's Vineyard sind sich zumindest sehr ähnlich. Auf Sylt wurden vor allem die Landschaftsaufnahmen von »The Ghostwriter« gedreht, die Szenen rund Villa der Hauptfigur Adam Lang entstanden hingegen auf Usedom.

Martha's Vineyard, Massachusetts, USA
41° 23' 43" Nord / 70° 36' 55" West

gibt es weiße Dünen, weite Strände und etliche Leuchttürme. Blickt man von den schroffen »Gay Head Cliffs« an der westlichen Inselspitze aufs Meer, wähnt man sich am Roten Kliff bei Kampen. Nur ab und an mussten die Szenenbildner etwas nachhelfen: So wurden an besagter Mautstraße alle Verkehrszeichen abmontiert und durch englische Schilder ersetzt. Auch die altmodische, im Film deutlich sichtbare Stromleitung wurde neu aufgebaut, weil es sie im Listland so natürlich gar nicht gibt. Aber wofür all die Mühe, warum nicht gleich in Massachusetts filmen? Für Roman Polański war das keine Option. Bereits Ende der 1970er-Jahre wurde der Regisseur in Amerika wegen Vergewaltigung verurteilt und tauchte später in Europa unter. Seither fordern die USA Polańskis Auslieferung und Auslandsreisen sind für den heute 85-Jährigen brandgefährlich. So verpasste Polański denn auch die Berliner Premiere von »The Ghostwriter«, da er in der Schweiz in Untersuchungshaft festsaß. Die Produktion wurde dennoch mit dem Europäischen Filmpreis ausgezeichnet – auch Sylt sei Dank.

www.sylt.de

❶ Keitum

Das friesische Juwel lockt im Osten mit alten, hingebungsvoll renovierten Kapitänshäusern, die von malerischen Friesenwällen gesäumt sind. So satt grün, mit uralten Kastanien, Buchen und Linden, ist Sylt nur hier. Eine echte Idylle, die auch von Künstlern wie Glasbläsern und Goldschmieden geliebt wird. Verschlungene, wildromantische Pfade führen zu Galerien, Kunsthandwerksstätten, urigen Teestuben, Boutiquen und hervorragenden Restaurants. Unbedingt sehenswerte Schätze wie das Altfriesische Haus, die Hünengräber Harhoog und Tipenhoog aus der Steinzeit oder die spätromanische Seefahrerkirche St. Severin mit ihrem Prominentenfriedhof lassen das Sylter Lebensgefühl der Vergangenheit beeindruckend aufleben.

Tourist Info: Gurtstig 23, 25980 Keitum, Tel. 046 51/99 80, Mo–Fr 10–16 Uhr, www.insel-sylt.de

❷ Altfriesisches Haus

Ob Kööken (Küche) oder Kööv (Wohnstube): Im Altfriesischen Haus scheint die Zeit des 18. bis 19. Jh. stehen geblieben zu sein. In dem im Jahr 1793 errichteten Kapitänshaus lebte der Heimatforscher und Chronist Christian Peter Hansen, der sich den Erhalt der Sylter Traditionen zur Herzensangelegenheit machte. Heute wird das Anwesen mit seiner heimatkundlichen Sammlung vom Verein Söl'ring Foriining liebevoll gehegt. Ein Besuch in diesem originellen Museum –

Die gute Stube im Altfriesischen Haus (Museum). Der Ofen wurde mit Heidekraut, Schafdung und Treibholz beheizt.

möbliert in authentischem, altfriesischem Stil und ausgestattet mit Haushaltsgegenständen und kunsthandwerklichen Arbeiten – lässt den Reichtum einstiger Sylter Seefahrerfamilien erahnen. Eine separate Ausstellung zeigt Gegenstände vom Neolithikum bis ins 19. Jh.

Am Kliff 13, 25980 Keitum, Apr.–Okt. Mo–Fr 10–17, Sa/So 11–17, Nov.–März. Do–So 11–15 Uhr, www.soelring-foriining.de

 Hapag 54° Nord

Cool, stilvoll, modern. Das Hapag 54° Nord ist ein Wohlfühlort für Sportbegeisterte und Ruhesuchende gleichermaßen. Ob Golfer, Wassersportler und Jogger oder Liebhaber finnischer Sauna, Dampfbad und Wärmekabine, hier lässt es sich leben. Dafür sorgt auch das Bistro Dock 2 mit Speisen in regionaler Topqualität.
Strandstr. 2, 25997 Hörnum, Tel. 046 51/44 91 70, www.hotel 54gradnord.de, DZ ab 110 €

❸ Hindenburgdamm

Schon seit dem 1. Juni 1927 fahren Millionen Menschen auf der Bahnstrecke Hindenburgdamm durchs Watt nach Sylt – mit mehr als 1000 Zügen täglich! Das Bauprojekt war eine große Herausforderung an Ingenieure und Arbeiter, denn immer wieder sorgten Sturmfluten und Überspülungen für böse Überraschungen. Schließlich wurden Stahlplatten in den Wattboden gerammt, Spundwände gesetzt und enorme Erdmassen bewegt, um das Wasser zu stoppen. Bis zu 1500 Menschen arbeiteten an dem 18,5 Millionen Rentenmark teuren Transportdamm, der heute längst der wichtigste Reiseweg auf die Insel ist.

Östl. von Morsum

 4 Erlebniszentrum Naturgewalten

Das multimediale Umwelt- und Erlebniszentrum vermittelt Erstaunliches zu den Elementen – und zwar zum Anfassen, Ausprobieren und Mitmachen. Jung und Alt lernen über Stürme und Flauten, Winde und Fluten, das Leben mit den Gezeiten und die Kräfte der Nordsee. Das Kinder- und Jugendprogramm, Seetierbecken, Wissensshows u. v. m. sind nicht nur an Regentagen eine Alternative zum Strand.

Hafenstr. 37, 25992 List, tgl. 10–18 Uhr, www.naturgewalten-sylt.de

 Fährhaus

Ausgezeichnete Kulinarik, herausragender Service und exklusives Ambiente zeichnen das Fährhaus aus. Das Fünf-Sterne-Hotel erfüllt mit edlem Spa und drei verschiedenen Restaurantwelten kleine Träume. Der eine oder andere muss vielleicht ein bisschen dafür sparen. Aber es lohnt sich! Bi Heef 1, 25980 Munkmarsch, Tel. 046 51/939 70, www.faehrhaus-sylt.de, DZ ab 250 €

 5 Braderuper Heide

Die Heide ist von Menschenhand gemacht: Sie entstand, nachdem hier ein Wald abgeholzt worden war. Ab April blühen Besenheide, Glockenheide sowie Krähenbeere und machen das 137 ha große Areal zu einer Augenweide. Apropos Weide: Die hier lebenden Schafe betätigen sich als Landschaftspfleger. Sie sorgen dafür, dass die Pflanzen nicht zu sehr wuchern und die Heide nicht verholzt.

Zugang über Üp de Hiir oder M.T.-Buchholz-Stig, Wenningstedt/Braderup; organisierte Wanderungen unter www.naturschutz-sylt.de/event/heidewanderung

 6 Spaziergang im Wattenmeer

Die Erkundung des Weltnaturerbes Wattenmeer ist unverzichtbar bei einem Sylturlaub. Dieses Erbe mag karg erscheinen, ist jedoch voller Leben, Wandlung und Überraschendem. Der Westen tost, der Osten bleibt zahm. Die Kenntnis der Zeiten von Ebbe und Flut können über Leben und Tod entscheiden. Aber auch Sonnen- und Regenschutz sowie das richtige Schuhwerk helfen dabei, das Erlebnis ohne Reue genießen zu können. Nehmen Sie doch einen zertifizierten Wattführer mit. Und lassen Sie keine Hinterlassenschaften da – damit alle Besucher dieses fast unfassbare Naturschauspiel noch lange genießen können.

Start im Hörnumer Hafen oder an vielen anderen Stellen entlang der Ostküste der Insel, Gezeitenkalender in den Kurverwaltungen und unter www.sylt.de

 Restaurants

Kupferkanne
Aus dem ehemaligen Atelier des Bildhauers Günter Rieck wurde 1950 die Kupferkanne. Kaffee- und Teespezialitäten und wunderbare Kuchen aus der hauseigenen Backstube werden in einem unterirdischen Labyrinth mit magischem Flair oder im herrlichen Kiefergarten mit Blick aufs Wattenmeer serviert. Stapelhooger Wai 7, 25999 Kampen, Tel. 046 517/410 10, Apr.–Okt. tgl. 10–18, Nov.–März Mo–Fr 12–17, Sa/So 11–17 Uhr, www.kupferkanne-sylt.de

Sansibar
Einst ein Kiosk, heute wohl bekannteste Strandbar Sylts – ob Currywurst oder Kaviar, kleiner oder großer Hunger, hier genießen Touristen, Einheimische und der eine oder andere Prominente einen unvergleichlichen Blick auf Sylts majestätische Dünen. Tipp: reservieren! Hörnumer Str. 80, 25980 Rantum, Tel. 046 51/96 46 46, tgl. ab 10.30 Uhr, www.sansibar.de

Badezeit
Das Strandrestaurant serviert einen Erstklasseplatz am Meer. Ob Kleinigkeit, Rib-Eye-Steak, Tandoori-Hühnchen oder Käsekuchen – es schmeckt und wird herzlich serviert. Das Panorama auf die Nordsee macht Lust auf Variationen vom Fisch oder klassische Hausmannskost. Dünenstr. 3, 25980 Westerland, Tel. 046 51/834 02, tgl. ab 11 Uhr, www.badezeit.de

Manchmal wird es richtig eng: Damit die immer größeren Containerschiffe Platz haben, soll der Nord-Ostsee-Kanal bald verbreitert werden.

06 Der Nord-Ostsee-Kanal
04° 17' 37" Nord / 09° 40' 57" Ost

Für echte Leidenschaften muss man manchmal den Wecker stellen. Es ist Spätsommer – ein Samstag, kurz nach Sonnenaufgang. Während sich Otto Normaltourist noch einmal genüsslich im Bett umdreht, ist ein ganz besonderer Menschenschlag bereits auf der Jagd. Kameras mit potenten Objektiven baumeln wie Flinten an den Schultern der Männer und Frauen, die im Morgengrauen nahe der Rendsburger Hochbrücke auf der Lauer liegen. Ihr Beuteschema? Kommt drauf an. Punkt 7 Uhr soll hier ein Kreuzfahrtschiff unter portugiesischer Flagge den Nord-Ostsee-Kanal Richtung Kiel passieren. Einige spielen schon nervös mit dem Finger am Auslöser, andere sind noch ganz entspannt. Sie haben es auf ein nachfolgendes schwedisches Frachtschiff abgesehen. »Shipspotting« nennt sich dieses kuriose Hobby, und wer ihm frönt, scheut oftmals keine Mühe, um Hochseepötte aus der ganzen Welt vor die Linse zu bekommen. Anschließend werden die Fotos wie Trophäen archiviert oder im Netz zur Schau gestellt. Hierzulande eignet sich wohl kein anderer Ort so gut zum Schiffegucken wie der 98 km lange, Ende des 19. Jahrhunderts, also noch zu Kaiserzeiten, ausgehobene Nord-Ostsee-Kanal. Mehr als 80 Ozeanriesen passieren täglich die Direktverbindung zwischen Ost- und Nordsee und sparen sich so 450 km Umweg rund um die Nordspitze Jütlands. Dieses Verkehrsaufkommen ist Weltrekord und fast doppelt so hoch wie auf dem 82 km langen Panamakanal. Im Vergleich zum zentralamerikanischen Pendant punktet der Nord-Ostsee-Kanal zudem mit einem über 320 km langen Fahrradweg, der zwischen Brunsbüttel und Kiel meist flunderflach am Wasser entlangführt – oft so nah, dass man die Schiffe nicht nur grüßen, sondern fast nach ihnen greifen kann!

www.tag-nok.de

RENDSBURG–PANAMA-STADT: 9.144 KM

Panamakanal, Panama
09° 04' 48" Nord / 79° 40' 48" West

1 Kiel

Nichts prägt Kiel so sehr wie die 17 km lange Förde, an deren Südende es im 13. Jh. gegründet wurde. Zeitweise Mitglied der Hanse, war Kiel seit jeher eine bedeutende Hafen- und Handelsstadt. Mit der Fertigstellung des Nord-Ostsee-Kanals wurde Kiel zum wichtigsten deutschen Marinestützpunkt. Ein ausgedehnter Spaziergang am Westufer der Förde führt vorbei an Anlegestellen für Hochseeschiffe und riesige Fähren. Und nicht nur zur Kieler Woche sieht man Yachten jeder Größe. Ein maritimes Erlebnis, das sich im Schifffahrtsmuseum vertiefen lässt.

Tourist Info: Andreas-Gayk-Str. 31, 24103 Kiel, Tel. 04 31/67 91 00, Mo–Fr 9.30–18, Apr. bis Sept. Sa 10–16, Okt.–März Sa 10–14 Uhr, www.kiel-sailing-city.de

»Der Jugend Zauber für und für / Ruht lächelnd doch auf dir, auf dir«, schrieb Theodor Storm über seinen Heimatort Husum in einem Gedicht aus dem Jahr 1852.

2 Rendsburg

Obwohl viel älter und an der Eider entstanden, ist Rendsburg für den Nord-Ostsee-Kanal und die ihn überspannende kühne Eisenbahnbrücke von 1913, die »Eiserne Lady«, berühmt. Deren Schwebefähre wird bis 2020 restauriert. Beginnend am Altstädter Markt, geleitet die 3,5 km lange »Blaue Linie« zu 30 Rendsburger Sehenswürdigkeiten: etwa zur spätgotischen Marienkirche und zum Paradeplatz mit der Barockfestung Neuwerk.

Tourist Info: Altstädter Markt, 24768 Rendsburg Tel. 043 31/211 20, Jan.–März Mo–Sa 10–14, Apr.–Dez. Mo–Fr 10–17, Sa 10–14 Uhr, www.rendsburg.de

3 Schloss Gottorf

Einst Sitz der Herzöge von Holstein-Gottorf, ist das Barockschloss (um 1700) bei Schleswig längst ein kulturgeschichtliches Landesmuseum von Rang mit Themen unterschiedlichster Epochen. Im archäologischen Teil finden sich Exponate von der Steinzeit bis zum Mittelalter, wozu – bizarr, aber lehrreich – gut erhaltene Moorleichen zählen. Die Kunstgeschichtliche Abteilung zeigt Werke vom Mittelalter bis in die Gegenwart. Und das Globushaus im Barockgarten bietet die Kopie eines begehbaren Riesenglobus', der die geografischen Kenntnisse im 17. Jh. wiedergibt.

Schlossinsel 1, 24837 Schleswig, Apr.–Okt. Mo–Fr 10–17, Sa/So 10–18, Nov.–März Di–Fr 10–16, Sa/So 10–17 Uhr, www.schloss-gottorf.de

4 Haithabu

Die Zeit der Wikinger lebt im Freiluftmuseum Haithabu wieder auf. Vom 8. Jh. bis zur Zerstörung 1066 war die stadtähnliche Siedlung einer der bedeutendsten nordeu-

 Waffenschmiede

Unweit der Schleusen zur Kieler Förde liegt das Hotel am Nordufer des Kanals mit sattem Blick auf den internationalen Schiffsverkehr. Momente des Fernwehs sind im Preis inklusive, auch im Spätherbst beim beliebten Labskausessen im Restaurant. Friedrich-Voß-Ufer 4, 24159 Kiel, Tel. 04 31/36 96 90, www.hotel-waffenschmiede.de, DZ ab 95 €

ropäischen Handelsorte. Sie lag zunächst im Grenzgebiet zum Fränkischen, später zum deutsch-römischen Reich. Heute gibt es hier u. a. ein großes Wikingerschiff und mit archäologischen Funden des Frühmittelalters ausgestattete Häuser zu bestaunen. Nach umfangreicher Renovierung ist die Anlage ab Frühjahr 2018 wieder geöffnet.

Am Haddebyer Noor 5, 24866 Busdorf, Apr.–Okt. tgl. 9–17 Uhr, www.schloss-gottorf.de/haithabu

 **Husum**

Husums Tidehafen zeugt vom nahen Wattenmeer. Sehenswert sind Historisches Rathaus (1601), Marktplatz und hübsche Patrizierhäuser. In der lauschigen Wasserreihe liegt das Theodor-Storm-Haus, worin der Autor des »Schimmelreiter« 1866 bis 1880 wohnte. Schifffahrtsmuseum und Nordfriesland Museum lohnen den Besuch. Im Husumer Schloss, dessen Park zur Krokusblüte imponiert, wurde

 **Hotel zur Traube**

Brunsbüttels Ortskern zeigt sich dörflich: mit Heimatmuseum, dem von Giebelhäusern umstellten Markt und der Jakobuskirche. Hier liegt auch das gemütliche Hotel, dessen Restaurantküche die Möglichkeiten der nahen Nordsee zu nutzen weiß.
Markt 9, 25541 Brunsbüttel, Tel. 048 52/546 10, www.zur-traube-brunsbuettel.de, DZ ab 80 €

1871 die Schriftstellerin Fanny zu Reventlow geboren, die um 1900 die Münchner Bohème scharfzüngig aufmischte.

Tourist Info: Großstr. 27, 25813 Husum, Tel. 048 41/898 70, Mo–Fr 9–17, Sa 10–16 Uhr, www.husum-tourismus.de

 Büsum

Seit dem 19. Jh. ein Seebad, bietet Büsum Nordsee pur: Watt, Salzluft, Möwen und einen Bilderbuchleuchtturm. Gezeitenunabhängig ist der Hafen für Krabbenkutter, Yachten und täglich zwei Schiffe nach Helgoland (April–Nov.). Bei Schlechtwetter lockt ein Meerwasserwellenbad. Für laue Nächte mit Nordseerauschen unterm Sternenhimmel gibt es Schlafstrandkörbe in den Sanddünen der Lagune Perlebucht.

Tourist Info: Südstrand 11, 25761 Büsum, Tel. 048 34/90 91 14, Mo–Fr 8–17, Sa/So 10–16 Uhr, www.buesum.de

7 Schleuse Brunsbüttel

Die vier Brunsbütteler Schleusen markieren die westliche Ein- und Ausfahrt des Nord-Ostsee-Kanals. 2020 soll eine fünfte Schleuse eröffnet werden, die bis dahin Deutschlands größte Wasserbaustelle ist. Über Technik und Geschichte des viel befahrenen Kanals informiert vor Ort das Schleusenmuseum Atrium ausführlich.

Gustav-Meyer-Platz 2, 25541 Brunsbüttel, Tel. 048 52/39 11 86, Mitte März–31. Okt. tgl. 10.30–17 Uhr, www.brunsbuettel.de

 Restaurants

ConventGarten

Schick sitzt man im Restaurant »Achterdeck«, vorbeifahrende Dickschiffe stets im Blick, erst recht von der Terrasse zum Kanal. Das stilvoll-moderne 4-Sterne-Hotel ist Rendsburgs erstes Haus am Platze. Die Küche bietet viel Fischiges nebst Büsumer Krabben und orientiert sich am saisonalen Angebot der Region.
Hindenburgstraße 38–42, 24768 Rendsburg, Tel. 043 31/590 50, tgl. 11–24 Uhr, www.conventgarten.de

Restaurant Weinstein

Ehre, wem Ehre gebührt: Im Michelin 2018 erneut mit dem »Bib Gourmand« versehen, tischt das legere Restaurant ohne viel Etepetete so exzellente wie erschwingliche Gerichte auf. Die Küche kreiert regionale Zutaten mit mediterranen Ideen.
Holtenauer Str. 200, 24105 Kiel, Tel. 04 31/55 55 77, Di–So ab 18 Uhr, www.weinstein-kiel.com

Störtebeker Steakhouse

Büsum ist berühmt für seine Krabben – die aber nicht jedermanns Sache sind. Und wem auch nicht nach Fisch ist, der ist hier richtig und isst (ungeachtet, dass der Pirat Störtebeker sich eher aus dem Meer ernährte) Steaks vom Rind oder Schwein. Modern eingerichtetes Lokal mit offener Küche; nahe Museumshafen.
Hohenzollernstr. 12, 25761 Büsum, Tel. 048 34/984 34 15, Di–So 17–21 Uhr, www.stoertebeker-steakhaus.de

07 Japanische Keramik an der Ostsee
54° 11' 25" Nord / 10° 59' 10" Ost

»Das war fast wie in einem Kung-Fu-Film«, erinnert sich Jan Kollwitz, Urenkel der Bildhauerin Käthe Kollwitz, und erzählt, wie er sich einst im Herzen Japans, umgeben von den oft nebelverhangenen Bergen der Präfektur Fukui, auf den steinigen Pfad der Erleuchtung begab. Als der damals 25-Jährige zum ersten Mal bei Yutaka Nakamura vorsprach, verspürte der exzentrische Altmeister aus Echizen keine große Lust, den Fremden unter seine Fittiche zu nehmen. Einen Lehrling? Noch dazu aus Deutschland? Doch Kollwitz ließ nicht locker und fand sich im Sommer 1986 tatsächlich in Nakamuras Keramikwerkstatt wieder. Dass sein neuer Schüler das Töpferhandwerk bereits von der Pike auf im Schwarzwald gelernt hatte, beeindruckte den Mentor nicht sonderlich. So musste Kollwitz zunächst wochenlang von morgens bis abends Ton kneten, bis er endlich seinen allerersten Teebecher drehen durfte. Und heute? Ist Jan Kollwitz selbst Meister seines Fachs. Seit über 30 Jahren fertigt er im ostholsteinischen Cismar japanische Teeschalen, Vasen, Tiegel und Töpfe, die so elegant und gleichzeitig urwüchsig wirken, als hätte er sie von einem exotischen Baum gepflückt. Herzstück im Produktionsprozess ist ein traditioneller, hierzulande einzigartiger Anagama-Ofen, den ein japanischer Baumeister 1988 auf dem Werkstattgelände des Künstlers errichtete. Vier Tage und Nächte dauert es, bis die archaische Feuerkammer rund 1350 Grad erreicht und es zur gewünschten Entfesselung der Elemente kommt: Glut und Aschepartikel wirbeln durch den Ofen und verschmelzen mit dem Ton zu einer tropfenden, natürlichen Glasur, die später in reizvoll unregelmäßigen, oft klecksenden Farbverläufen auf der Keramik leuchtet. Bestaunen kann man diese besondere Kunst in Jan Kollwitz' Galerieräumen, nur einen Steinwurf von der Ostseeküste entfernt. Ob der Meister eines Tages selbst einen Lehrling bei sich aufnimmt – vielleicht sogar aus dem fernen Japan?

www.jan-kollwitz.de

Traditionelle Keramikproduktion, Japan
35° 54' 13" Nord / 136° 10' 08" Ost

Um im Anagama-Ofen die notwendige Temperatur von rund 1350 Grad zu erreichen, muss Jan Kollwitz vier Tage und Nächte lang Holzscheite nachlegen – und das im Dreiminutentakt! Damit er während dieser Zeit auch hin und wieder schlafen kann, unterstützt ihn dabei ein Assistent.

Restaurants

Fischtempel Travemünde

Mit Blick auf dicke Pötte schmaust der Gast direkt an Travemündes charmantem Hafen, wo es neben dem Gastraum zu Lande noch einen schwimmenden mit gewölbter, transparenter Überdachung gibt. Auf der Speisekarte stehen nationale, internationale und natürlich regionale Fischspezialitäten.
Auf dem Baggersand 7, 23570 Travemünde, Tel. 045 02/708 98 31, tgl. 11–22 Uhr, www.fischtempel.de

Brauberger zu Lübeck

Mitten im Gastraum glänzt ein großer Braukessel, und drum herum wird alles andere als bierernst der Gemütlichkeit und dem ungefilterten, naturtrüben Lübecker Zwickelbier gehuldigt. In dem urigen Bierkeller anno 1225 – wohl der älteste romanische Keller Lübecks – gibt es deftigen Brauerschmaus vom Brett.
Alfstr. 36, 23552 Lübeck, Tel. 04 51/714 44, tgl. 17–24 Uhr, www.brauberger.de

Schiffergesellschaft

Wie eine Reise in die Vergangenheit: Die Gäste sitzen an langen Bänken, über ihren Köpfen schweben zahlreiche Schiffsmodelle. 1535 erwarben Kapitäne der Schiffergesellschaft das Haus, das heute ein hochpreisigeres Restaurant beherbergt und Feines aus Meeren und Flüssen in guter Qualität serviert.
Breite Str. 2, 23552 Lübeck, Tel. 04 51/767 76, tgl. 10–1 Uhr, www.schiffergesellschaft.de

① Lübeck – Weltkulturerbe und Thomas Mann

Lübeck ist mehr als eine süße Versuchung. Einst als Freie Hansestadt ein unabhängiger Freistaat, gilt sie heute als Kulturhauptstadt des Nordens. Als solche glänzt sie mit Museen, darunter eines, das einem ihrer berühmtesten Söhne und dessen nobelpreisprämiertem Werk gewidmet ist: Im »Buddenbrookhaus«, das die Vorfahren des Schriftstellers Thomas Mann bis 1891 tatsächlich besessen haben, sind zwei Räume zu einem begehbaren Roman nachgebildet. Dort vermischt sich literarische Fiktion mit Wirklichkeit. Wie übrigens auch in Lübeck selbst, denn jeder Schauplatz des laut Mann »an einem mäßigen Handelsplatz an der Ostsee« spielenden Romans ist wiederzuerkennen. Das Wahrzeichen Lübecks indes ist alles andere als mäßig: Das mächtige, 1478 vollendete Holstentor hatte die auf einer Insel in der Trave gelegene Altstadt abzuschirmen. Auch das spätgotische Rathaus daneben ist mit seinen Türmen, Erkern und der Renaissancelaube ein Schmuckstück, und wie eh und je beherrschen die sieben Türme der mittelalterlichen Kirchen die Stadtsilhouette – kein Wunder, dass die Unesco das einzigartige, verwinkelte Altstadtensemble in Backsteinrot 1987 zum Weltkulturerbe erklärte.

Tourist Info: Holstentorplatz 1, 23552 Lübeck, Tel. 04 51/88 99 700, Mo–Fr 9 bis mind. 17, Sa 10 bis mind. 15, So 10–15 Uhr, Jan.–Ostern, Nov. So geschl., www.luebeck-tourismus.de; Buddenbrookhaus: Mengstr. 4, 23552 Lübeck, Jan. Di–So 11–17, Feb., März Mo–So 11–17, Apr.–Dez. tgl. 10–18 Uhr, www.buddenbrookhaus.de

② Europäisches Hansemuseum

Als Mutter der Hanse, jenem Städte- und Wirtschaftsbündnis, zu dem sich im 12. Jh. niederdeutsche Kaufleute zusammentaten, gilt Lübeck. Daher befasst sich das 2015 eröffnete Museum umfassend wie weltweit kein anderes mit der Geschichte der Hanse. Die perfekte Kulisse bilden ein moderner Neubau, das mittelalterliche Burgkloster und eine in das Museumsareal integrierte archäologische Ausgrabungsstätte. Nachgebaute Szenerien führen über einen Markt in Brügge oder zeigen einen Hansetag im mittelalterlichen Lübeck; lesend und schauend erschließt sich der Rundgang durch die Jahrhunderte.

An der Untertrave 1, 23552 Lübeck, tgl. 10–18 Uhr, www.hansemuseum.eu

③ Ratzeburg

Auf ihrer eigenen Insel liegt die geschichtsträchtige Domstadt Ratzeburg in

 Klassik Altstadt Hotel Lübeck

Wie der Name verspricht, offeriert das im alten lübischen Stil wiederaufgebaute Hotel 29 klassisch-romantische Gästezimmer. Jedes ist einer bekannten Persönlichkeit gewidmet, u. a. der Autorin Franziska zu Reventlow. Fischergrube 52, 23552 Lübeck, Tel. 0451 702980, www.klassik-altstadt-hotel.de, DZ ab 130 €

Abenteuer am Abend: Seit dem Jahr 1952 werden am Kalberg die Karl-May-Festspiele in Szene gesetzt.

lieblichen Buchten. Dieksee, Langensee, Behlersee, Höftsee und Edebergsee sind durch die Schwentine verbunden, Schleswig-Holsteins längsten Fluss.

Bahnhofstr. 5, Bad Malente, www.5-seen-fahrt.de

 Bad Segeberg

Knallende Colts und wilde Reiter, Feuerzauber und Wildwestromantik: Das sind die Karl-May-Spiele in Bad Segeberg. Dort reiten unterhalb des 91 m hohen Kalksteinfelsens Winnetou und Old Shatterhand jeden Sommer aufs Neue zu ihren Abenteuern.

Oldesloer Str. 20, 23795 Bad Segeberg, Tel. 045 51/964 90, Mo–Fr 9–16, Sa bis 12 Uhr, www.bad-segeberg.de, www.karl-may-spiele.de

Radisson Blu Senator

Ruhige Zimmer sind garantiert im eleganten Hotel, das neben der Musik- und Kongresshalle liegt. Mit 224 Zimmern ist es das größte Hotel Lübecks, und wem der Blick auf die Trave nicht genügt, der kann im hoteleigenen Indoorpool baden gehen.
Willy-Brandt-Allee 6, 23554 Lübeck, Tel. 04 51/14 20,
www.senatorhotel.de, DZ ab 120 €

einem großen Gewässer; drei Dämme bzw. Brücken verbinden sie mit dem Festland und schaffen so den Ratzeburger, den Dom- und den Küchensee. Hier sollte man die Kathedrale, das Schloss und das dem expressionistischen Künstler Ernst Barlach gewidmete Museum besuchen. Vor dem Gotteshaus steht eine Löwenskulptur, die Braunschweigern bekannt vorkommen dürfte, und richtig: Es ist das Symbol Heinrichs des Löwen, der den Ratzeburger Dom gestiftet hat und den Originallöwen zu seinen Lebzeiten im 12. Jh. errichten ließ. Das Ratzeburger Exemplar ist eine Kopie und 700 Jahre jünger. Ähnlich den Ratten in Hameln führen abstrahierte Pfotenabdrücke zu Sehenswürdigkeiten und historisch bedeutsamen Orten der Stadt.

Tourist Info: Unter den Linden 1, 23909 Ratzeburg, Tel. 045 41/800 00, Mai–Sept. Sa 10.30 Uhr Stadtführung ab Alte Wache am Markt, www.ratzeburg.de

④ Klützer Winkel

Wunderschön winkelt sich die Hügellandschaft mit waldiger Steilküste zwischen Trave und Wismar in die Ostsee hinein – der Klützer Winkel ist immer einen Abstecher wert. Am besten dampfend und schnaubend mit »De lütt Kaffebrenner«, einer historischen Schmalspurbahn von Klütz aus. Dort hat man zu Ehren Uwe Johnsons (1934–1984), dem »Dichter beider Deutschland«, ein Literaturhaus errichtet.

www.kluetzer-winkel.m-vp.de; Literaturhaus Uwe Johnson: Im Thurow 14, 23948 Klütz, April–Okt. Di–So 10–17, sonst Mi–Sa 10 bis 16 Uhr, www.literaturhaus-uwe-johnson.de

⑤ Fünf-Seen-Fahrt bei Malente

Ein geschlungener Wasserweg führt durch fünf Seen mit kleinen Inseln und

Labile Schönheit: Die weißen Kreidefelsen im Nordosten Rügens sind stolzes Wahrzeichen der Insel. Die Steilküste ist jedoch Regen, Sturm und Strömung nahezu schutzlos ausgeliefert; Jahr für Jahr krachen daher Teile des Naturwunders zu Boden oder werden weggespült.

08 Kreidefelsen, Rügen

54° 34' 23" Nord /
13° 39' 45" Ost

Kreide? Da denkt so mancher mit Schrecken an die eigene Schulzeit zurück. An jenes Schreibgerät, das zwar sanft und zerbrechlich in den Händen lag, an der Tafel jedoch oftmals eine staubtrockene und schier undurchdringliche Materie hinterließ, die es gedanklich zu durchbohren galt: Nominalverteilung, Endoplasmatisches Retikulum, unregelmäßige Verben. Vielleicht gibt es keinen besseren Ort als Rügen, um solche Traumata ein für alle Mal zu überwinden. Am besten funktioniert das auf der nordöstlichen Halbinsel Jasmund im gleichnamigen Nationalpark, der zweifellos zu den schönsten Landstrichen Deutschlands zählt. Kreide gibt es hier tonnenweise; schweift der Blick jedoch über die majestätisch aufragenden, weiß leuchtenden Felsen zur blaugrauen Ostsee, weckt das vor allem Sehnsüchte. Bis heute gilt die grandiose Steilküste Rügens, gesäumt von verwunschenen Buchenwäldern, als Sinnbild der deutschen Romantik, das viele Künstler inspirierte. Eines der populärsten Werke dieser Epoche sind Caspar David Friedrichs »Kreidefelsen auf Rügen« (1818). Der Maler war regelrecht vernarrt in die Insel und erkundete, mit Skizzenblock unterm Arm, nahezu jeden Winkel. Wer diese Begeisterung hautnah nachempfinden möchte, wandert am besten vom Fischerort Lohme in die Stubbenkammer zum 118 Meter hohen Königsstuhl, dem Superstar unter den weißen Riesen im Nationalpark. Es lohnt sich, früh aufzustehen, weil auf der Aussichtsplattform morgens meist noch wenig los ist und zudem das zarte Farbenspiel des Sonnenaufgangs für Endorphinschübe sorgt. Spektakuläre Kreideklippen gibt es freilich auch in anderen europäischen Ländern. Weltbekannt sind die »White Cliffs of Dover« in Südengland sowie die Kreideküste von Étretat in der Normandie. Oder doch lieber Rügen? Sie wissen schon, damals an der Schultafel im Französischunterricht – die vielen unregelmäßigen Verben!

www.nationalpark-jasmund.de

Étretat, Normandie, Frankreich
49° 42' 23" Nord / 00° 12' 24" Ost

SASSNITZ–ÉTRETAT: 1.059 KM

❶ Binz

Eine einzigartige Bäderarchitektur und prachtvolle Villen in der verspielten Architektur des ausgehenden 19. Jh. geben Binz sein unverwechselbares Gesicht. Mondän ist die 3,2 km lange Promenade, die mit dem prächtigen Kurhaus, den Sternerestaurants, Edelboutiquen und exklusivem Kunsthandwerk luxuriöses Flair versprüht. Von der Seebrücke kann man zu den Kreidefelsen und Kap Arkona ablegen oder andere Ostseebäder besuchen.

Haus des Gastes: Heinrich-Heine-Str. 7, 18609 Binz, Tel. 03 83 93/14 81 48, Feb.–Okt. Mo–Fr 9–18, Sa, So 10–18, sonst bis 16 Uhr, www.ostseebad-binz.com

102 Stufen sind es bis zur Aussichtsgalerie des Leuchtturms Dornbusch im Norden der Insel Hiddensee. Das schmucke Wahrzeichen durfte schon zwei Mal eine Briefmarke zieren.

❷ Zugfahrt zum Jagdschloss Granitz

Ein besonderer Ausflug ist die Fahrt mit dem Rasenden Roland (Rügensche Bäderbahn) nach Binz oder Selin (jeweils Haltestelle Jagdschloss), um anschließend eine Wanderung zum Jagdschloss Granitz auf dem Tempelberg (107 m) zu unternehmen. Das zwischen 1837 und 1846 erbaute, luxuriöse Schloss – »Krone Rügens« genannt – war einst Jagdsitz der Putbuser Fürstenfamilie und bietet vom Mittelturm (38 m hoch) beste Aussichten über die Insel bis zur Binzer Bucht.

Schloss: Granitz 1, 18609 Binz, Apr., Okt. tgl. 10–17, Mai–Sept. 10–18, Nov. –März 10–16 Uhr, www.mv-schloesser.de; Rasender Roland: von Putbus nach Gören, 8–21 Uhr, Fahrplan unter www.ruegensche-baederbahn.de

❸ Zickersches Höft mit Pfarrwitwenhaus

Im Südosten der Insel finden sich die Zickerschen Berge und mit dem 69 m hohen Baken die höchste Erhebung der Halbinsel Mönchgut. Die Panoramawanderung im auch »Zicker Alpen« genannten Gebiet führt zu dem liebenswerten Ort Groß Zicker mit einem der fotogensten Wahrzeichen des Bundeslands Mecklenburg-Vorpommern, dem Pfarrwitwenhaus. Das denkmalgeschützte, im Jahr 1723 erbaute Anwesen diente einst mittellosen Pfarrwitwen als Unterkunft und beherbergt heute ein Museum.

Pfarrwitwenhaus: Boddenstr. 35, 18586 Gager/Groß Zicker, Apr., Mai, Okt. Mo–Fr 11–16, So 13–16, Juni, Sept. Mo–Fr 10–17, So 13–17, Juli, Aug. Mo–Fr 10–18, So 13–18 Uhr

❹ Dokumentationszentrum Prora

»MACHTUrlaub«, die Dauerausstellung im Dokumentationszentrum Prora, widmet sich der größten baulichen Hinterlassenschaft des Dritten Reichs. Die Organisation »Kraft durch Freude« baute hier, an der Prorer Wiek, in den 1930er-Jahren eine 4,5 km lange Gebäudezeile, bestehend aus acht Blöcken mit einer Länge von jeweils fast 500 m. Das »KdF-Seebad Rügen« sollte für bis zu 20 000 Menschen organisierte Erholung bieten. Neben dieser historischen Auseinandersetzung ist auch der Ort Prora selbst einen Besuch wert. Hier kann man zum Beispiel im Naturerbe-Zentrum von einem 1250 m langen und bis zu 20 m hohen Baumwipfelpfad eine atemberaubende Aussicht genießen.

Strandstr. 1, 18609 Prora, Jan., Nov. tgl. 10–16, Feb. 10–17, März, Apr., Sept., Okt. 10–18, Mai–Aug. 9.30–19 Uhr, www.proradok.de

5 Robbenexpedition

Mit ein bisschen Glück entdeckt man seltene Kegelrobben auf einer Fahrt vom Lauterbacher Hafen in den Greifswalder

 meerSinn

Maximale Erholung und Entschleunigung: Das ist das Motto des meerSinn. Mit seinem Wellnessbereich, einem eigenen Bio-Restaurant sowie vielen Sehenswürdigkeiten und möglichen Aktivitäten in der Nähe ist es ein guter Anlauf- und Ausgangspunkt. Schillerstr. 8, 18609 Binz, Tel. 03 83 93/66 34 00, www.hotel-meersinn-ruegen.de, DZ ab 99 €

Bodden. Auf der ca. 2,5-stündigen Exkursion informieren Meeresbiologen über die Entwicklung der sympathischen Tiere und integrieren die Teilnehmer in ihre Arbeit an Bord.

Ab Hafen Lauterbach Mitte Mai–Okt. Do ab 9.30 Uhr oder ab Hafen Baabe Mo 10.45 Uhr, Anmeldung Tel. 038 31/268 10, www.weisse-flotte.de

6 Hiddensee

»Dat söte Länneken« (etwa »das süße Ländchen«) ist der plattdeutsche Kosename von Hiddensee: eine Insel der Ruhe, Besinnung und völligen Entspannung im Nationalpark Vorpommersche Boddenlandschaft. Von Stralsund kommt man mit der Fähre im Hafen Vitte an, und hier beginnt auch gleich das Loslassen vom Alltag. Unterwegs ist man zu Fuß, mit dem Rad oder der Pferdekutsche. Wanderwege und Trampelpfade verteilen sich anstelle von Straßen auf dem nur 16,8 qkm großen Eiland. Maler, Dichter, Schauspieler, Künstler und Intellektuelle machten Hiddensee als Kulturinsel bekannt. Ihren Spuren kann man in den nur vier Dörfern – Vitte, Neuendorf, Kloster und Grieben – folgen. Hiddensee zeigt seine Schönheit im Nordwesten am Leuchtturm Dornbusch, wo die imposante Steilküste aufragt, oder in Kloster, dem kulturellen Zentrum der Insel. Erwandernswert!

Tourist Info: Achtern Diek 18a, 18565 Vitte/Hiddensee, Tel. 03 83 00/60 86 85, Mo–Fr 9–15.30 Uhr, www.seebad-hiddensee.de

 Restaurants

Gutshaus Kubbelkow

Seit 2002 restauriert die Familie Diembeck liebevoll das über 100-jährige Gutshaus in einer denkmalgeschützten Parkanlage. Sie verspricht herrschaftliches Speisen und Residieren – und erfüllt alle damit verbundenen Vorstellungen. Das vielfach ausgezeichnete Restaurant gefällt aufgrund seiner kleinen, ständig wechselnden, herausragenden Karte. Im Dorfe 8, 18528 Klein Kubbelkow, Tel. 038 38/822 77 77, Mi–So ab 18 Uhr, www.kubbelkow.de

Schillings Gasthof

Direkt am Hafen des beschaulichen Fischerdorfes Schaprode liegt dieses legendäre Restaurant. Das Fleisch stammt aus eigener Landwirtschaft von der Insel Öhe, der Fisch kommt von den Hiddenseer Kutterfischern. Ausgezeichnete regionale Qualität. Hafenweg 45, 18569 Schaprode, Tel. 03 83 09/12 16, Jan.–März Mo–Fr ab 15 Uhr, Sa/So ab 12 Uhr, Apr.–Dez. tgl. 12–23 Uhr, www.schillings-gasthof.de

Café Froschkönig

Von dem romantischen Café auf der Halbinsel Mönchgut hat man einen Blick über den Bodden bis zu den Zicker Alpen. Der Familienbetrieb zaubert handgemachte, köstliche Torten und Kuchen und deftige Kleinigkeiten. Dorfstr. 24, 18586 Middelhagen, Tel. 03 83 08/256 63, Ende März bis Anf. Okt. Di–So 12–17 Uhr

Ostsee und Mecklenburgische Seenplatte? Kennt natürlich jeder. Doch nur wenige Urlauber in der Region haben das Peenetal auf dem Radar. Die urwüchsige, skandinavisch anmutende Flusslandschaft erkundet man am besten mit dem Kanu oder Kajak. Idealer Startpunkt ist der Kummerower See – hier kann man auch Boote mieten.

Halbinsel Kållandsö, Vänersee, Schweden
58° 39' 54" Nord / 13° 07' 10" Ost

ANKLAM–LIDKÖPING: 518 KM

09 Wasserlandschaften im Peenetal

53° 51' 20" Nord / 13° 41' 19" Ost

Was bedeutet eigentlich Entschleunigung? Ein verlängertes Wochenende im Bademantel mit Vollpension und Klangschalensauna? Vielleicht. Im Vorpommerschen Peenetal zerbricht man sich darüber nicht den Kopf. Hier schwingt vielerorts noch die Natur den Taktstock, bestimmt Tempo und Lebensrhythmus von Mensch und Tier: Adagio. Auch als Besucher kann man sich auf der Peene einfach treiben lassen. Und sollte es auch unbedingt tun! Am besten funktioniert das beim Wasserwandern mit dem Kanu. Über eine Strecke von 85 Kilometern mäandert der Fluss in aller Seelenruhe vom Kummerower See im Westen bis zur Südwestspitze Usedoms, wo er in den Peenestrom übergeht, der sich kurz darauf in die Ostsee ergießt. Dabei durchquert das nahezu unverbaute Gewässer Feucht- und Trockenwiesen, Bruchwälder und geheimnisvolle Flusstalmoore, die im Morgengrauen Dampf und Nebel atmen. Links und rechts zweigen immer wieder Kanäle und Gräben ab. Sie fluten alte, stillgelegte Torfstiche und verwandeln die flachen Uferzonen nach Regenfällen in ein Mosaik aus Gras, Schilf und Sumpf. Oft wird die Gegend daher auch als »Amazonas des Nordens« bezeichnet – obwohl ihr Landschaftsbild eher an Skandinavien erinnert. Wie in Norwegen und Schweden fühlen sich übrigens auch im dünn besiedelten Peenetal Seeadler, Fischotter und Biber wohl. Letztere werden erst in der Dämmerung aktiv, dann kann man sie beim Schwimmen und Nagen beobachten. Da die Peene fast ohne Gefälle und deshalb extrem langsam fließt, können auch Anfänger entspannt und ohne Schwierigkeiten auf ihr paddeln. Zur Übernachtung laden kleine Hotels und Pensionen in Demmin, Loitz und anderen Orten am Flussverlauf ein. Zudem gibt es viele Rast- und Zeltplätze für Wasserwanderer. Leider ohne Sauna, dafür aber unglaublich entschleunigend!

www.naturpark-flusslandschaft-peenetal.de

Restaurants

Gutshaus Stolpe

Am Ende einer herrschaftlichen Auffahrt liegt das Gutshaus Stolpe. Die Gastfreundlichkeit, das Frühstück im Hof und die Küche im Fährkrug sind für ihr hohes Niveau bekannt. Seit Januar 2017 kocht Björn Kapelke, im Jahr 2014 erstmals mit einem Michelin-Stern ausgezeichnet, für die Gäste.
Peenestr. 33, 17391 Stolpe, Tel. 03 97 21/55 00, Feb.–Dez. Di–Sa 18.30–21.30 Uhr, www.gutshaus-stolpe.de

Wasserschloss Mellenthin

Hier trifft Renaissance auf Moderne – Schloss, Restaurant, Livemusik-Location und Hotel ergeben ein attraktives Gesamtangebot. Sehr empfehlenswert ist das mittelalterliche Ritterbüfett. Aber auch die gutbürgerliche Küche und die Waffeln nach geheimer Rezeptur zergehen auf der Zunge.
Dorfstr. 25, 17429 Mellenthin, Tel. 03 83 79/287 80, tgl. ab 12 Uhr, www.wasserschloss-mellenthin.de

Café Koeppen

Eine Oase für Lesebegeisterte: Überregionale und lokale Zeitungen, literarische Zeitschriften und eine kleine Bibliothek laden zum Verweilen bei feinen Kaffeespezialitäten, selbst gebackenem Kuchen und guten Weinen ein.
Bahnhofstr. 4/5, 17489 Greifswald, Tel. 038 34/41 41 89, Mo–Fr 14–24, Sa/So ab 10 Uhr, www.koeppenhaus.de/cafe

Anklam und Otto-Lilienthal-Museum

Das »Tor zur Insel Usedom«, Geburtsstadt des Luftfahrtpioniers Otto Lilienthal (1848–1896), wurde erstmals 1243 urkundlich erwähnt. Zurückgeführt wird dieser Name auf das slawische Wort für »Am Hügel«, was auf die Lage der Ansiedlung hinweist. Anklam liegt zudem an der regionalen Lebensader Peene, die auch »Amazonas des Nordens« genannt wird und den wirtschaftlichen Aufschwung des Orts begründete. Am Marktplatz kann man die Geschichte von der ersten Erwähnung über die Blütezeit im 15. Jh. und die französische Besetzung bis zur Neuzeit nachverfolgen. Interessant ist auch das bemerkenswerte Museum, das sich einzig Otto Lilienthal widmet, viele Flugapparate als Nachbauten präsentiert und zu den national bedeutenden kulturellen Gedächtnisorten gehört.

Tourist Info: Markt 3, 17389 Anklam, Tel. 039 71/83 51 54, Mitte Mai–Mitte Sept. Mo–Fr 9–18, Sa 9–12, Ende Sept.–Anf. Mai Mo–Fr 9–16.30 Uhr, www.anklam.de
Otto-Lilienthal-Museum: Ellbogenstr. 1, 17389 Anklam, Mai, Okt. Di–Fr 11–15.30, So 13–15.30, Juni–Sept. tgl. 10–17, Nov.–Apr. Mi–Fr 11–15.30, So 13–15.30 Uhr, www.lilienthal-museum.de

Greifswald

Heute eine junge und lebendige Studentenstadt (Gründung der Universität: 1456) am Fluss Ryck, geht Greifswald auf das Zisterzienserkloster Eldena und eine Salzarbeitersiedlung zurück. Ihr kann man in der Salzgrotte Alwine noch ein wenig nachfühlen. Mittelalterliche Backsteingotik prägt die schönen Giebelhäuser der Altstadt. Caspar David Friedrich, der die Klosterruine Eldena in Gemälden verewigte und zu einem Wahrzeichen der Romantik machte, begegnet man an vielen Orten. Auch das Staffelgiebelhaus, der Dom St. Nikolai oder die Wiecker Klappbrücke sind eine Reise wert.

Tourist Info: Markt, 17489 Greifswald, Tel. 038 34/85 36 13 80, Nov.–März Mo–Fr 10–17, Apr.–Okt. Mo–Fr 10–18, Sa 10–14, Juli, Aug. zusätzlich So 10–14 Uhr, www.greifswald.info;
Eldena: Wolgaster Landstr. 41, 17493 Greifswald, www.greifswald.de, www.caspar-david-friedrich-greifswald.de

Freest

Freest grenzt im Osten an den Peenestrom und versprüht mit seinen Fischerkaten,

 Herrenhaus Libnow

Sieben baubiologisch sanierte Gästezimmer, individuell ausgestattet mit Kunstwerken, Antiquitäten und maßgetischlerten Möbeln, sorgen für einen besonders angenehmen Aufenthalt. Radierwerkstatt und Herrenhauskonzerte geben Kreativität Raum.
Libnow 12, 17390 Murchin, Tel. 039 71/25 93 87, www.herrenhaus-libnow.de, DZ ab 50 €

Die längste Seebrücke Deutschlands – 508 Meter ragt sie ins Meer – steht in Heringsdorf. 1995 wurde sie eröffnet.

Salzhütten und denkmalgeschützten Bauernhäusern den Charme eines alten Fischerdorfs. In der Heimatstube wird Geschichte erzählt (interessant: die pommerschen Fischerteppiche), und im August tanzen die Freester mit ihren Besuchern beim Fischerfest.

Tourist Info: Dorfstr. 67, 17440 Freest, Tel. 03 83 70/203 39, März, Apr., Nov., Dez. Mo–Fr 9–14, Mai–Okt. Di–Sa 10–15 Uhr, www.kroeslin.de/tourismus/ heimatmuseum-freest

 Kaiserbäder auf Usedom

An der mit 8,5 km längsten Promenade Europas reihen sich die Seeheilbäder Ahlbeck, Heringsdorf und Bansin aneinander. Auf den berühmten Seebrücken kann man das Salz der Luft schmecken und wunderbar spazieren gehen. Einzigartig

ist der Anblick der prunkvollen Villen mit ihren Balustraden, Portalen, Türmchen und Freitreppen. Hier zeigte der Berliner Geldadel des ausgehenden 19. und beginnenden 20. Jh., was er sich leisten konnte. Angesehene Schriftsteller wie Thomas Mann, Theodor Fontane oder Maxim Gorki schufen hier einige ihrer Werke.

Tourist Info: in der Nähe der Seebrücken, 17419 Ahlbeck, 17424 Bansin und 17429 Heringsdorf, Tel. 03 83 78/244 44, Apr.–Okt. Mo–Fr 9–18, Sa/So 10–15, Nov.–März Mo–Fr 9–16, Sa 10–15, So 10–12 Uhr, www.kaiserbaeder-auf-usedom.de

⑤ Neubrandenburg

Die Geschichte der »Stadt der vier Tore am Tollensesee« beginnt 1240 mit einer Klostergründung. Sie erlitt immer wieder folgenschwere Zerstörungen, etwa im

Dreißigjährigen Krieg, bei verheerenden Bränden 1676 und im Zweiten Weltkrieg, beim der Einmarsch der Roten Armee, als nahezu 80 Prozent der Altstadt zerstört wurden. Umso beachtlicher sind die mittelalterliche Wehranlage mit Stadtmauer, die vier gotischen Stadttore und 25 rekonstruierten Wiekhäuser. Auch die Klosteranlage, das Schauspielhaus (Mecklenburgs ältestes Theater) sowie einige barocke und klassizistische Gebäude sind wieder aufgebaut bzw. nachempfunden worden. Gleichzeitig ist Neubrandenburg eine moderne und lebendige Stadt mit vielen Freizeitangeboten in wunderschöner Landschaft.

Tourist Info: Marktplatz 1, 17033 Neubrandenburg, Tel. 03 95/559 51 27, Mo–Fr 10–19, Sa 10–16 Uhr, www.neubrandenburg-touristinfo.de

Wo denn sonst? Der einzige deutsche Ableger der französischen Kaufhauskette Galeries Lafayette befindet sich natürlich in der Hauptstadt. In Anlehnung an das berühmte Pariser Stammhaus hat Architekt Jean Nouvel auch dem Glasbau in Berlin eine riesige Kuppel verpasst.

10 Galeries Lafayette, Berlin

52° 30' 52" Nord / 13° 23' 24" Ost

Angeklickt, eingekauft, ausgepackt: Dieser Dreiklang der unkomplizierten materiellen Bedürfnisbefriedigung wird weltweit immer beliebter. Das Geschäft der großen Online-Händler brummt jedenfalls – und mit ihm die Dieselmotoren der vielen bulligen Kleintransporter, die täglich durch Deutschland rollen, um all die bunten Kartons und Tüten auszuliefern. Und wieder abzuholen – falls der Inhalt missfällt. Kein Problem, der Retourenschein liegt bei! Bedeutet Online-Shopping also das Ende der großen Kaufhäuser? Jener Konsumtempel, die einst selbst mit ihrem verführerischen Glanz den kleinen Läden die Kundschaft abluchsten? Ein Besuch in Berlin-Mitte kann bei dieser Frage weiterhelfen: Schon vor über 20 Jahren eröffnete hier an der Friedrichstraße die bis heute einzige Deutschland-Dependance der Galeries Lafayette, des wohl berühmtesten aller Pariser Luxuskaufhäuser. Der von einer gigantischen Kuppel gekrönte Glaspalast ist Labyrinth und betörendes Schlaraffenland zugleich. Vor allem Schwelgen und ja, auch Einkaufen, kann man hier auf insgesamt 10000 Quadratmetern Fläche, die sich über fünf Etagen verteilen. Mode, Schmuck, Kosmetik, Lebensmittel. Hier gibt es nichts nicht. Zumindest wenn es Stil, einen klangvollen Namen und einen stolzen Preis hat. Noch dazu darf man alles anfassen, beschnuppern, anprobieren – und dann auf dem Nachhauseweg in edlen Einkaufstaschen stolz zur Schau tragen. Zwar klingelt die Kasse in den Galeries nicht so häufig wie in einem typischen Warenhaus, dafür aber umso lauter. Man hat sich eben spezialisiert, auf zahlungskräftige Kundschaft, die Shopping noch als sinnliches Erlebnis und Lebensgefühl begreift. Und was sagt der Online-Handel dazu? Er reagiert. So hat Amazon kürzlich angekündigt, man wolle demnächst in Deutschland stationäre Buchläden eröffnen. In den USA betreibt der Branchenprimus mit Erfolg bereits zwölf dieser neuen analogen Filialen. Es scheint also fast so, als erlebe der gute alte Laden um die Ecke gerade eine kleine Renaissance.

www.galerieslafayette.de

Galeries Lafayette, Paris, Frankreich
35° 08' 45" Nord / 90° 03' 29" West

BERLIN–PARIS: 878 KM

Restaurants

Marjellchen

Eine Zeitreise zu Omas ostpreußischer Küche: Wer deftiges Essen in authentischer Umgebung schätzt, dem sei hier eine Reservierung empfohlen. Hausgemachte Topfsülze, masurischer Sauerbraten und Spickaal (ein Dessert!) schmecken einfach köstlich und werden mit Herz und Liebe serviert.
Mommsenstr. 9, 10629 Berlin,
Tel. 030/883 26 76, tgl. 17–24 Uhr,
www.marjellchen-berlin.de

Wiener Café Einstein

Hier kann man gepflegte Wiener Kaffeehauskultur erleben und dank einer gewissen Promidichte zu Hause ein bisschen angeben. In der ehemaligen Stadtvilla werden Kaffeespezialitäten mit Apfelstrudel, Frittatensuppe und echtes Wieder Schnitzel serviert.
Kurfürstenstr. 58, 10785 Berlin,
Tel. 030/263 91 90, tgl. 8–24 Uhr,
www.cafeeinstein.com

Kopps

Hier kommt kein Tier rein: Im Kopps werden außergewöhnliche Geschmackskompositionen kreiert – veganer Genuss in schlichtem, sehr schönem Ambiente. Wer das Ganze mal ausprobieren möchte: Beim »Come together« gibt es ein Drei-Gänge-Menü zum Sonderpreis.
Linienstr. 94, 10115 Berlin,
Tel. 030/43 20 97 75, tgl. 18–22,
Sa/So Brunch 9.30–16 Uhr,
www.kopps-berlin.de

❶ Brandenburger Tor

Das Brandenburger Tor ist eines der schönsten Gebäude des deutschen Klassizismus. Als einziges erhaltenes Stadttor Berlins galt es von 1961 bis 1989 als Symbol der geteilten Stadt und steht seit dem Mauerfall für die deutsche Einheit. 100 000 Menschen waren bei der offiziellen Öffnung dabei, es ist das Wahrzeichen des wiedervereinigten Berlins schlechthin. Der Elbsandsteinbau auf dem Pariser Platz wurde nach dem Vorbild der Propyläen auf der Akropolis in Athen entworfen.

Pariser Platz, 10117 Berlin

Reichstagskuppel

Um die beeindruckende »Mütze« des Reichstagsgebäudes zu besichtigen, ist seit Juli 2012 eine Anmeldung (auch online) notwendig – doch das lohnt sich ohne Frage, denn man wird mit einem 360-Grad-Blick belohnt. Spiralförmige gegenläufige Rampen führen in die vom Architekten Sir Norman Foster entworfenen Kuppel aus Stahl und Glas und zur Dachterrasse mit kleinem Café. Man kann auch Debatten verfolgen oder sich durchs Haus führen lassen. Interessant: die Ausstellung »Vom Reichstag zum Bundestag«, die in zwölf Vitrinen die Parlamentshistorie erzählt und seit dem 9.11.2016 in der rund 23 m hohen und 40 m breiten Kuppel dauerhaft installiert ist.

Platz der Republik 1, 11011 Berlin,
tgl. 8–24 Uhr (nach Anmeldung), letzter Einlass 22 Uhr, www.bundestag.de

❸ Museumsinsel

Einer der großartigsten Museumskomplexe Europas liegt auf der Nordseite der Spreeinsel in der Stadtmitte Berlins. Bis 1930 entwickelten fünf Architekten im Laufe von 100 Jahren die Museumsinsel – ein Quartier für 6000 Jahre Kunst- und Kulturgeschichte. 1999 in die Unesco-Liste des Weltkulturerbes aufgenommen, zeigt das Areal preußisches Kulturgut in der Alten Nationalgalerie, im Alten und Neuen Museum, im Bode-Museum und im Pergamonmuseum. Mehr als drei Millionen Menschen bestaunen jährlich Sammlungen von der Prähistorie über die Antike bis zur Kunst des 19. Jh. Einem Masterplan folgend, wird die Museumsinsel seit 1999 für die Zukunft weiterentwickelt, drei der fünf Häuser wurden bereits saniert. Ein Pflichtbesuch.

Rund um die Bodestr., 10178 Berlin, Di–So 10–18, Do bis 20 Uhr, Neues Museum und Pergamonmuseum auch Mo 10–18 Uhr, www.smb.museum

 Myer's Hotel

Im Prenzlauer-Berg-Kiez beherbergt das Myer's seine Gäste in familiärem Flair. Kunstausstellungen in der hauseigenen Galerie, Lesungen, Konzerte, ein idyllischer Garten, der rote Salon (Raucher-Lounge) oder der Wellnessbereich verschönern jeden Aufenthalt. Metzer Str. 26, 10405 Berlin, Tel. 030/ 44 01 40, www.myershotel.com, DZ ab 111 €

23,5 Meter ist die Reichstagskuppel hoch, die beiden sich hinaufwindenden Rampen sind jeweils 230 Meter lang.

sich drehenden Café auf 207 m Höhe die ganze Stadt und Teile des Brandenburger Umlands zu Füßen.

Panoramastr. 1a, 10178 Berlin, März–Okt. 9–24, Nov.–Feb. 10–24 Uhr, www.tv-turm.de

7 Berliner Unterwelten

Stillgelegte U-Bahn-Tunnel, Bunker, Flakanlagen und alte Brauereikeller erzählen die Geheimnisse Berlins. Spannende Führungen, Ausstellungen und Touren rufen auch Kuriositäten wie das Rohrpostsystem oder DDR-Fluchttunnel wieder in Erinnerung. Die Ausstellung Germania gibt Einblicke in die Pläne von Hitlers Generalbauinspektor Albert Speer.

Brunnenstr. 105, 13355 Berlin, www.berliner-unterwelten.de

4 Kaiser-Wilhelm-Gedächtniskirche

Weltbekannt ist das Mahnmal für den Frieden im Berliner Westen, das im Zweiten Weltkrieg bombardiert und dessen Turm im zerstörten Zustand belassen wurde. Gleich daneben steht der Neubau von Egon Eiermann aus dem Jahr 1961, und so erinnert die Kaiser-Wilhelm-Gedächtniskirche an brutale Zerstörung und hoffnungsvollen Wiederaufbau zugleich. Die neuromanische Kirche sollte ursprünglich abgerissen werden, wogegen die Bevölkerung leidenschaftlich protestierte. Der Kompromiss integriert die Ruine des alten Hauptturms, umgeben von vier neuen Bauten, die nachts durch ihre blauen Chartres-Glasbausteine einzigartiges Licht auf das Gesamtkunstwerk werfen.

Breitscheidplatz, 10789 Berlin, tgl. 9–19 Uhr, www.gedaechtniskirche-berlin.de

5 Jüdisches Museum

Das mit 3000 qm größte jüdische Museum Europas zeigt gut 2000 Jahre jüdische Kultur und jüdisch-deutsche Geschichte. Der Architekt Daniel Libeskind empfand mit seinem Bau aus schiefen Ebenen, Achsen, spitzen Winkeln und Kunstinstallationen einen zerstörten Davidstern nach.

Lindenstr. 9–14, 10969 Berlin, Mo 10–22, Di–So 10–20 Uhr, www.jmberlin.de

6 Fernsehturm

Einst das DDR-Nationalsymbol, ist der 368 m hohe, stadtprägende Fernsehturm nun eins der markanten Wahrzeichen des wiedervereinigten Berlins. Bei Eröffnung 1969 war er der zweithöchste Fernsehturm der Welt und ganzer Stolz des Ostens. Heute liegen dem Besucher im

🛏 The Dude

Persönlich geführt, individuelle, luxuriöse Ausstattung, doch nur 27 Zimmer: Das Dude ist ein schickes und sehr herzliches Boutiquehotel in einem der ältesten Gebäude (1822) im Zentrum Berlins. Im Souterrain speist man fein im Steak-Haus The Brooklyn.
Köpenicker Str. 92, 10179 Berlin, Tel. 030/411 98 81 77, www.thedudeberlin.com, DZ ab 99 €

Jordaan-Viertel in Amsterdam, Niederlande
52° 22' 45" Nord / 04° 52' 49" Ost

Holland an der Havel: Das Holländische Viertel mit seinen 135 roten Backsteinhäuschen entstand im 19. Jahrhundert und ist ein europaweit einzigartiges Architekturensemble, das man in dieser Größe nur in den Niederlanden findet.

11 Holländisches Viertel, Potsdam

52° 24' 10" Nord / 13° 03' 40" Ost

Die Holländer mögen's eben niedlich. Das offenbart sich auch in ihrer Sprache. So verwendet man in den Niederlanden leidenschaftlich gerne den Diminutiv, also jene grammatikalische Form, die normale Hauptwörter in etwas Kleines, Knuffiges und Liebenswertes verwandelt. Was beim »kopje koffee«, dem »Tässchen Kaffee«, noch einleuchtet, lässt bei der Kondensmilch, die sich »drupje voor drupje« ins Heißgetränk ergießt, schon aufhorchen: Warum aus einer ohnehin spärlichen Menge an Flüssigkeit noch winzigere »Tröpfchen« machen? Weil es schön klingt! Und zudem zum Ausdruck bringt, dass das, was man da gerade tut oder erlebt, Freude macht. So gönnt sich der Holländer zum Kaffee auch gerne ein »koekje«, also ein süßes »Keks-chen«. Bei Sonnenschein am liebsten unter freiem Himmel: »Wat een mooi weertje vandaag!« – »ein herrliches Wetterchen heute!« Geopsychologisch betrachtet, ist dieser Hang zur Dauerverniedlichung nachvollziehbar. Die Niederlande sind nun einmal winzig. Und so stört es nicht weiter, dass auch das Holländische Viertel in Potsdam einer Miniaturwelt gleicht, die dafür aber umso mehr Charme versprüht. Kreuzt man die Kurfürstenstraße in südliche Richtung, findet man sich inmitten roter Backsteingiebel, weißer Tür- und Fensterzargen, Holzschuhen, aus denen Blumen ranken und unzähliger kleiner Cafés und Läden wieder. Ausgedacht hat sich das alles Friedrich Wilhelm I., einst bekennender Fan niederländischer Baukunst und Lebensart. Mit seinem schmucken Paralleluniversum wollte der Preußenkönig Mitte des 18. Jahrhunderts Facharbeiter von der Nordsee nach Potsdam locken. Dort sollten sie sich wie zu Hause fühlen – und natürlich ihr Know-how preisgeben. Nur wenige kamen, denn Heimat gab's schließlich in Holland genug. So genießen heute vor allem Touristen die Pracht und Exotik dieses malerischen Stadtteils.

www.potsdamtourismus.de

POTSDAM–AMSTERDAM: 554 KM

1 Schloss und Park Sanssouci

»Ein jeder möge nach seiner Façon selig werden«, ließ er wissen, der reformatorische, flötenspielende Friedrich der Große. Als tolerant (und auch als etwas taktlos) bekannt, machte der König aus seinem Reich eine Großmacht und aus seinem Schloss einen Weltstar. Was als Papierkritzelei begann, wurde zwischen 1745 und 1747 zu einem der schönsten Rokokogebäude Deutschlands. Auf 289 ha mit fast 70 km Wegen kann man neben dem prächtigen Schloss etwa das Neue Palais, die Orangerie, das Drachenhaus und das Chinesische Teehaus bestaunen. Der Architekt Georg Wenzeslaus von Knobelsdorff setzte die künstlerischen Ambitionen des Regenten als Gesamtkunstwerk aus Bau-, Bildhauer- und Gartenkunst um. Auch der Neue Garten mit Schloss Cecilienhof gehört zum Ensemble. Aufgrund der großen Beliebtheit sollte man rechtzeitig Tickets reservieren und den Besuch am besten vormittags planen.

Maulbeerallee, 14469 Potsdam, Jan.–März Di–So 10–16.30, Apr.–Okt. Di–So 10–17.30, Nov./Dez. 10–17 Uhr, www.spsg.de

2 Filmpark Babelsberg

Mit 7355 qm steht in Babelsberg das größte Filmstudio der Welt. Wer die Luft von Metropolis oder Nosferatu, von Streifen mit Tom Cruise oder Brad Pitt schnuppern möchte, ist in dem bereits 1899 gegründeten Zeitzeugnis des Films bestens aufgehoben. Alfred Hitchcock sagte: »Alles, was ich über das Filmemachen wissen musste, habe

Rund 130 verschiedene Tierarten leben in der Biosphäre Potsdam, davon etliche am und unter Wasser. Die Aquasphäre spannt den Bogen von Küstenwäldern bis zur Tiefsee.

ich in Babelsberg gelernt.« Auch Besucher können allerlei über Kulissen, Requisiten, Stunts, 4D-Kino sowie Film- und Kameratechnik erfahren. Die GZSZ-Führung zeigt, wie in aktuellen deutschen Produktionen gearbeitet wird, die Filmtiershow ist nicht nur für Kinder ein Highlight. In der historisch gestalteten Ritterburg können Groß und Klein sich reichlich und lecker für weitere Höhepunkte stärken.

Großbeerenstr. 200, 14482 Potsdam, Apr.–Sept. 10–18, Okt.–Anf. Nov. 10–17 Uhr, www.filmpark-babelsberg.de

3 Pfaueninsel im Wannsee

Der 67 ha große Landschaftspark wurde einst als verwilderte Insel von König Friedrich Wilhelm II., dem Neffen und

Nachfolger Friedrichs des Großen, als romantisch-erotischer Rückzugsort für sich und seine Geliebte entdeckt. Für den dicken Lüderjahn (so sein volkstümlicher Name) und Gräfin Wilhelmine von Lichtenau, Tochter eines Hoftrompeters

 NH Potsdam

Die Zimmer verteilen sich auf das unter Denkmalschutz stehende Palais Brühl aus der Zeit Friedrichs des Großen und einen schicken Neubau von 1996. Ideale Lage für Stadterkundungen, mitten im reizenden Holländischen Viertel gelegen. Friedrich-Ebert-Str. 88, 14467 Potsdam, Tel. 03 31/231 70, www.nh-hotels.de, DZ ab 85 €

und Gastwirts, baute Hofzimmermeister Johann Gottlieb Brendel ein Schlösschen im klassizistischen Stil, das heute besichtigt werden kann. Mit einer kleinen Fähre setzt man über, um neben dem Schloss mystische Natur, Pfauen und den zeitlosen Blick über den Wannsee zu genießen. Das Naturreservat (Weltkulturerbe) bietet – besonders am frühen Morgen – einen Ort himmlischer Ruhe unter jahrhundertealten Eichen inmitten naturschutzfachlich bedeutsamer Flächen wie Sandtrockenrasen, Hechtlaichwiese oder Parschenkessel.

Anlegestelle: Nikolskoer Weg, 14109 Berlin, Fähre März, Okt. tgl. 9–18, Apr., Sept. 9–19, Mai–Aug. 9–20, Nov.–Feb. 10–16 Uhr, Schloss und Meierei Apr.–Okt. Di–So 10–17.30 Uhr, www.spsg.de, www.pfaueninsel.info

❹ Biosphäre Potsdam

Der botanische Garten stand noch Ende 2017 vor dem Aus: Das defizitäre Tropenparadies sollte aus Kostengründen

🛏 Villa Monte Vino

Oberhalb des königlichen Weinbergs von Sanssouci empfängt eine Turmvilla von 1896 Gäste auf der Suche nach Ruhe und Erholung. Das hervorragend familiengeführte Hotel ist für seine Architektur, Lage und das ausgezeichnete Frühstück bekannt.
Gregor-Mendel-Str. 27, 14469 Potsdam, Tel. 03 31/201 33 39, www.hotelvillamontevino.de, DZ ab 90 €

geschlossen werden. Doch Schönheit und pädagogischer Mehrwert scheinen die Verantwortlichen überzeugt zu haben: Die 2001 zur Bundesgartenschau entstandene Halle soll saniert und erhalten bleiben. Besuchern ist geraten, sich vor einer Reise online nach dem Stand der Dinge zu informieren. Es warten eine Dschungellandschaft mit rund 130 Tierarten, über 20 000 Tropenpflanzen, ein stündlich inszeniertes Gewitter und zahlreiche Veranstaltungen, die als Naturerlebniswelten gestaltet sind. Man darf gespannt sein, wie sich dieses faszinierende Projekt weiterentwickeln wird.

Georg-Hermann-Allee 99, 14469 Potsdam, Mo–Fr 9–18, Sa/So 10–19 Uhr, www.biosphaere-potsdam.de

❺ Schloss Caputh

1671 erwarb Kurfürst Friedrich Wilhelm von Brandenburg das im Dreißigjährigen Krieg fast vollständig zerstörte Schloss, das als frühbarockes Lusthaus wiederaufgebaut wurde, und schenkte es seiner zweiten Ehefrau Dorothea. Ihre Vorstellung von Wohnkultur und Raumgestaltung kann man heute noch betrachten: Beeindruckend sind beispielsweise ein Saal mit 7500 Fayencefliesen und die Gemäldesammlung mit mehr als 100 Werken italienischer und niederländischer Malerei. Bei der Gestaltung des Parks hat Peter Joseph Lenné ein Wörtchen mitgeredet.

Straße der Einheit 2, 14548 Caputh, Apr.–Okt. Di–So 10–17.30 Uhr, Nov.–März Sa/So 10–16 Uhr, www.caputh.de, www.spsg.de

Restaurants

Juliette

Der Brandenburger Meisterkoch des Jahres 2014, Carsten Rettschlag, macht Juliette zu den besten Adressen am Ort. Moderne Eigenkreationen und klassische französische Küche sind ihren Preis wert. In einem Fachwerkhaus aus dem 17. Jh. lässt man es sich bei feinen Speisen und individueller Weinempfehlung gut gehen.
Jägerstr. 39, 14467 Potsdam, Tel. 03 31/270 17 91, Mi–Mo 12–15.30, 18–22 Uhr, www.restaurant-juliette.de

Maison du Chocolat

Lassen Sie sich vom Namen nicht täuschen: Es gibt hier auch ganz zuckerarme Speisen. Neben Schokolade aus aller Welt, Pralinés und Maccarons werden z. B. Ochsenbäckchen und Kalbsfilet, hausgemachte Pasta und Käsevariationen serviert.
Benkertstr. 20, 14467 Potsdam, Tel. 03 31/237 07 30, tgl. 10–20 Uhr, www.schokoladenhaus-potsdam.de

Restaurant Waage

Das Haus steht schon seit 1836 am Neuen Markt und beherbergte einst tatsächlich eine Waage, für Mehl nämlich. Irgendwie passt das immer noch, denn heute wird hier Italienisch, also durchaus mit einigen Mehlprodukten gekocht. Ein kleines Restaurant, aber das Interieur mit seinen warmen Farben ist sehr gemütlich.
Am Neuen Markt 12, 14467 Potsdam, Tel. 03 31/817 06 74, Di–Sa 12–24, So 12–22 Uhr, www.restaurant-waage.de

12 Highland Games, Trebsen

51° 16' 59" Nord / 12° 45' 00" Ost

Muss man sich Sorgen machen, wenn muskelbepackte Männer mit Baumstämmen oder Steinbrocken um sich werfen – und dabei auch noch Röcke tragen? Natürlich nicht. Zumindest dann nicht, wenn diese Kerle waschechte Schotten sind. Oder in Trebsen so tun, als ob. Zugegeben: Die meiste Zeit des Jahres duftet es in und um die Kleinstadt östlich von Leipzig eher nicht nach großer weiter Welt. Der Dialekt ist hier breit, das Angebot echter Sehenswürdigkeiten im Ort eher schmal. Umso aufregender ist das Spektakel, das alljährlich am dritten Septemberwochenende im Schloss und Park zu Trebsen für Furore sorgt und Tausende Schaulustige anlockt: Bei den Internationalen Highland Games treten Kraftprotze aus aller Herren Länder in Disziplinen wie Baumstamm-Werfen, Steinkugel-Stemmen oder Whiskyfass-Rollen an. »Heavy Games« nennt sich denn auch jene Kategorie der Schottenspiele, deren Wettbewerbe körperlich besonders anstrengend und daher – zumindest beim Publikum – am beliebtesten sind. Besagte Steinkugeln beim »Stone Carry« wiegen über 100 Kilo und müssen von den Athleten nicht nur angehoben, sondern auch über etliche Meter gewuppt und dann präzise wieder abgelegt werden. Wem es da schon beim Zusehen in der Bandscheibe zwickt: Natürlich gibt es auch rückenfreundlichere Disziplinen. Die prallen Jutesäcke etwa, die beim Strohsack-Hochwurf mit einer Gabel in die Luft katapultiert werden, wiegen nur rund 7 Kilo. Und beim sonoren Wettstreit der Dudelsackbläser, der »Pipe Bands«, ist das Gewicht der Instrumente völlig unerheblich. Hier geht es um Virtuosität! In fast allen Disziplinen treten übrigens auch Frauen an. Wie ihre männlichen Mitstreiter tragen sie stets knielanges Karo. Doch Vorsicht – wie im schottischen Hochland gilt auch im sächsischen Trebsen: Wer es wagt, die traditionellen Kilts als »Röcke« zu bezeichnen, hat sich schon disqualifiziert, bevor die Spiele überhaupt beginnen.

www.highlandgames-trebsen.de

Schottisches Hochland, Großbritannien
57° 00' 21" Nord / 03° 23' 53" West

TREBSEN–DUNOON: 1.272 KM

Restaurants

Herr Käthe

Unten knarrt der Eichenfußboden, oben stützen wuchtige Balken die Decke der historischen Räumlichkeiten. Gekocht wird recht international – orientalische Gewürze und Curry begleiten regionale Zutaten. Mit »Herr Käthe« soll Martin Luther übrigens seine Frau Katharina von Bora scherzhaft angesprochen haben.
Katharinenstr. 4, 04860 Torgau, Tel. 0 34 21/77 86 65, tgl. ab 11.30 Uhr, www.herrkaethe-torgau.de

Wassermühle Höfgen

Direkt an der Mulde liegt die Wassermühle aus dem 18. Jh. (Technikdenkmal!) mit dem gleichnamigen Gasthaus. Wer auf den Spreuboden hinaufklettert, genießt einen Panoramablick auf das Flusstal. Probieren: Grimmaer Augustinertropfen, nach einem fast 100 Jahre alten Rezept hergestellt.
Höfgener Dorfstr. 10, 04668 Grimma/ Höfgen, Tel. 034 37/ 91 71 53, Di–Sa ab 11.30, So und feiertags ab 11 Uhr, www.wassermuehle-hoefgen.de

Ratskeller Grimma

Auf den weißen Tischdecken funkeln die Gläser – ein edler Kontrast zur dunklen Holzbalkendecke. Die modern interpretierte sächsische Küche wird nachmittags von Kaffee und Kuchen und abends von Cocktails eingerahmt.
Markt 27, 04668 Grimma, Tel. 034 37/ 941 84 44, Di–So 11.30–22 Uhr, www.ratskellergrimma.de

 Naturpark Dübener Heide

Am besten steigt man erst mal auf den Burgturm von Bad Düben und lässt die Landschaft auf sich wirken. Sie ist von Kiefern, Buchen und Birken geprägt und bildet die größte zusammenhängende Waldfläche dieser Art in Ostdeutschland. 77 000 ha ist der Naturpark groß – da kommt man zu Fuß schon weit, auf dem Pferderücken oder Fahrradsattel aber noch viel weiter. Zahlreiche Wege durchziehen das Gebiet, etwa zur Hammermühle oder zum Wildenhainer Bruch. Wem das zu viel Action ist, der besteigt eine Pferdekutsche und lässt die zwei PS das Tempo machen.

Burgturm: Neuhofstr. 3, 04849 Bad Düben, Wiedereröffnung nach Renovierung im Frühjahr 2018; Naturparkhaus Dübener Heide: Neuhofstr. 3a, 04849 Bad Düben, naturpark-duebener-heide.de/naturparkhaus; Ausritte: Gabi Pätz, Löbnitzer Str. 15, 04849 Bad Düben OT Tiefensee, www.freizeitreiten-paetz.de

 Torgau

Rund 20 000 Einwohner zählt Torgau, eine der sehenswertesten Städte der Region. Das prachtvolle Schloss Hartenfels wurde im 16./17. Jh. an der Stelle einer mittelalterlichen Burg errichtet. In seinem Innenhof begeistert ein sog. Wendelstein – ein vor der Fassade stehender, farblich abgesetzter und verzierter Turm, in dem sich die Treppe spiralförmig nach oben windet. 1544 hat Martin Luther persönlich die Schlosskirche geweiht, die als erster protestantischer Kirchenneubau gilt. In der Stadtkirche St. Marien hängt eines der Hauptwerke Lucas Cranach d. Ä.: die Altartafel »Die vierzehn Nothelfer«. Im 16. Jh. erlebte die Stadt eine wirtschaftliche Blüte, von der die schmucken Renaissancefassaden am Markt zeugen. An der Adresse Markt 4 steht ein wahres Kleinod: eine der ältesten Apotheken Kursachsens – im Jahr 1503 wurde sie erstmals urkundlich erwähnt.

Tourist Info: Markt 1, 04860 Torgau, Tel. 034 21/ 70 14-0, Ostern–Okt. Mo–Fr 10–18, Sa, So 10–16, Nov.–Ostern Mo–Sa 10–16 Uhr, www.tic-torgau.de

 Schloss Machern

Im 18. Jh. wurde rund um das Schloss ein englischer Landschaftspark angelegt, mit künstlicher Burgruine und Pyramide. Im Mai und Juni blühen Tulpenbäume, umgeben von schönen Ginkgos.

Schloßpl. 1, 04827 Machern, www.schlossmachern.de

 Schloss Wurzen

In diesem ehrwürdigen Gemäuer kann man heiraten, wie ein Ritter speisen, sich vom Herold durch das Schloss führen lassen – und übernachten. Der Renaissancebau steht direkt neben dem Dom, die Zimmer sind teils opulent, teils modern-schlicht eingerichtet. Amtshof 2, 04808 Wurzen, Tel. 034 25/85 35 90, www.schloss-wurzen.de, DZ ab 90 €

Auf Burg Kriebstein sind jahrhundertealte Wandmalereien auf Holz und Stein erhalten.

4 Wurzen

Schon im 10. Jh. wurde der Ort erstmals erwähnt und gehört damit zu den ältesten Städten des Freistaats. Auf fast ebenso viele Jahrhunderte blickt der Dom zurück, der im 12. Jh. erbaut und später immer wieder nach Bränden restauriert, erweitert und umgestaltet wurde. Heute dominieren die spätexpressionistischen Bronzeskulpturen des Künstlers Georg Wrba das Gotteshaus. Das Museum Wurzen befindet sich in einem Bau aus der Renaissancezeit und erinnert an Hans Gustav Bötticher. Nie gehört? Er ist besser bekannt als Joachim Ringelnatz (1883–1934), Dichter und Kabarettist, zu seiner Zeit so berühmt wie die Comedian Harmonists.

Tourist Info: Domgasse 2, 04808 Wurzen, Tel. 0 34 25/8 56 04 00, Mo–Fr 10–13, 14–18, Sa 11–16 Uhr, www.tourismus-wurzen.de

5 Grimma

Wenn der Name dieses Städtchens fällt, denken viele zunächst an verheerende Hochwasser. Doch ein Besuch in Grimma lohnt sich: Die Frauenkirche mit ihren beiden Türmen stammt aus spätromanischer Zeit. Das Schloss wurde schon im 13. Jh. gegründet, das Gymnasium St. Augustin war einst ein Kloster. Aus der Renaissance wiederum stammen das imposante Rathaus (1538–1585) und das Standesamt (1572). Am Markt werfe man einen Blick auf das Haus mit der Nr. 11, hier ist ein gotischer Erker von 1550 erhalten. Georg Joachim Göschen richtete hier 1797 eine Druckerei ein. Er gilt als wichtigster Verleger der deutschen Klassik.

Tourist Info: Markt 23, 04668 Grimma, Tel. 034 37/9 85 82 85, Mo, Di, Do, Fr 10–17, Sa 10–14 Uhr, www.grimma.de

6 Lutherweg Sachsen

Ein grünes L auf weißem Grund markiert die rund 550 km des Rundwanderwegs, der sich durch ganz Sachsen zieht und Stationen berührt, die mit Martin Luther und Katharina von Bora in Verbindung gebracht werden können. In Torgau beispielsweise hat Luther über 40 Mal in der Stadtkirche St. Marien gepredigt, in Wurzen wurde im Oschatzer Friedensschluss 1542 die Einführung der Reformation beschlossen. In Grimma lebte Katharina von Bora als Nonne im Kloster Nimbschen, bevor sie Martin Luther traf.

www.lutherweg-sachsen.de

7 Burg Kriebstein

Eine echte Preziose steht bei Waldheim auf einem Felsen über dem Fluss Zschopau – Sachsens schönste Ritterburg. Ihr größter Schatz ist das Kriebsteinzimmer, das in seiner gesamten Gestaltung aus dem 15. Jh. erhalten geblieben ist: Die Decke und drei Bohlenwände sind mit Rankenwerk bemalt, an der Außenwand sind Darstellungen des Heiligen Christophorus und der Pilger zu sehen. An einer weiteren Wand erkennt man die Verkündigungsszene nach dem Lukas-Evangelium. In unserer schnelllebigen Zeit muss man es richtig einsinken lassen: Dieses Kunstwerk ist original erhalten; vor 600 Jahren stand genau hier ein Maler und führte den Pinsel.

Kriebsteiner Str. 7, 09648 Kriebstein, April–Okt. Di–Fr 10–17, Sa, So 10–18, Nov. Sa, So, Feiertage 10–16, Feb.–März Di–So 10–16 Uhr, www.burg-kriebstein.eu

 Heide Spa Hotel & Resort

Hier dreht sich alles um Baden und Saunieren, Wellness und Beauty – und Spaß! Wer ein anstrengendes Besichtigungsprogramm vor oder hinter sich hat, schöpft bei einer Massage mit Walnuss oder Honig neue Kraft. Kleinere Kinder planschen im flachen Becken, größere werfen sich in den Strömungskanal.
Bitterfelder Str. 42, 04849 Bad Düben, Tel. 03 42 43/3 36 60, www.heidespa.de, DZ ab 67 €

13 Russische Gedächtniskirche, Leipzig

51° 19' 27" Nord / 12° 23' 50" Ost

In den Händen der Jugend liegt die Zukunft – auch und gerade in Sachen Völkerverständigung. Wer in jungen Jahren länger im Ausland war, kennt das vielleicht: Erst will und weiß man nicht so recht, springt dann ins kalte Wasser und erlebt schließlich die beste Zeit seines Lebens. Die Fremde wird schnell zur zweiten Haut und Heimat. So war das auch in Leipzig im Herbst 2017. Damals besuchten Studenten der Moskauer Kunsthochschule die Messestadt, um dort mit sächsischen Studienkollegen eine interkulturelle Rettungsaktion voranzutreiben. Ihr »Patient« war die St.-Alexis-Gedächtniskirche im Stadtteil Reudnitz – halb Gotteshaus, halb eindrucksvolles Mahnmal, das an die russischen Opfer der Leipziger Völkerschlacht von 1813 erinnert. Seit ihrer Weihe vor über 100 Jahren wurde die Kirche nur notdürftig instandgehalten, eine Rundumsanierung war daher längst überfällig. Nachdem das markante Zeltdach des Bauwerks geflickt und wieder auf Hochglanz poliert worden war, nahmen sich die Nachwuchsrestauratoren Stück für Stück der kostbaren Ikonen im Innern der Kirche an. Vier Wochen lang wurde eifrig getupft, gepinselt, geleimt und retuschiert – abends aber auch viel gelacht, erzählt, gekocht und gefeiert. So glänzen heute nicht nur die 78 Heiligenbilder der Gedächtniskirche wieder in farbenfroher Pracht, auch die Erinnerungen an die gemeinsame Zeit werden wohl noch lange in den Herzen der deutschen und russischen Kunstretter nachhallen. Lust auf einen Gegenbesuch? Als Blaupause für St. Alexi in Leipzig diente die 1532 errichtete Auferstehungskirche in Kolomenskoje, einer ehemaligen Zarenresidenz im Südosten Moskaus. Sehr sehenswert!

www.russische-kirche-l.de

Auferstehungskirche Kolomenskoje, Moskau, Russland
55° 40' 10" Nord / 37° 40' 08" Ost

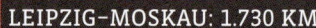

LEIPZIG–MOSKAU: 1.730 KM

Das 55 Meter hohe, exotische Zeltdach mit Goldkuppel ist weithin sichtbarer Blickfang der russisch-orthodoxen Gedächtniskirche in Leipzig. Im Innern verbirgt sich eine 18 Meter breite und zehn Meter hohe altrussische Ikonenwand, die erst 2017 aufwendig restauriert wurde.

Museum der bildenden Künste

Einer der kulturellen Leuchttürme – national bedeutsame Kulturstätten – zeigt auf etwa 7000 qm Fläche Werke vom Spätmittelalter bis in die Gegenwart. Das um 1858 von Leipziger Kaufleuten gegründete Museum lebt von Schenkungen und Stiftungen und beherbergt Werke von Meistern wie Lucas Cranach d. Ä., Max Beckmann und Neo Rauch. Im Herzen der Stadt, in spektakulärer Architektur und mit einer interessanten Dokumentation über die Kunst der DDR.

Katharinenstr. 10, 04109 Leipzig, Di, Do–So 10–18, Mi 12–20 Uhr, www.mdbk.de

Notenspur

Internationaler Ruf und große Tradition: Leipzig ist als Musikstadt bekannt. Ein 5,1 km langer Spaziergang durch die Innenstadt führt zu 23 Stationen, an denen man Wirkungsstätten grandioser Meister erleben kann. Vom neuen Gewandhaus (Start und Ziel) zeigen ins Straßenpflaster eingelassene Markierungen den Weg, Audiofiles, kindgerechte Darstellungen und Musikbeispiele erwecken Bach und Mendelssohn Bartholdy zum Leben.

www.notenspur-leipzig.de

 Thomaskirche

Die dreischiffige Hallenkirche, letzte Ruhestätte des großartigen Thomaskantors

»Wenn ich den See seh, brauch ich kein Meer mehr« – die Leipziger haben's gut, denn am Cospudener See gibt es kilometerlangen Sandstrand und einen quirligen Hafen.

Johann Sebastian Bach, geht auf das 12. Jh. zurück. Martin Luther sprach 1539 zur Einführung der Reformation, seit fast 800 Jahren singen hier die »Thomaner«. Das Dach ist mit 63° Neigungswinkel eines der steilsten Giebeldächern Deutschlands.

Thomaskirchhof 18, 04109 Leipzig, tgl. 9–18 Uhr, www.thomaskirche.org

Zoo Leipzig

Nordwestlich der Innenstadt kann man eine der größten Artenvielfalten Europas bewundern. Der Tierpark wird seit 2000 zum »Zoo der Zukunft« umgebaut. Artenschutz, artgerechte Tierhaltung, Bildung und Entdeckertouren sind der Anspruch der Betreiber. Etwa 850 Tierarten und Unterarten lassen sich kennenlernen. Im

Gondwanaland erlebt der Besucher tropischen Regenwald mitten in der Stadt.

Pfaffendorfer Str. 29, 04105 Leipzig, Apr./Okt. 9–18, Mai–Sept. 9–19, Nov.–März 9–17 Uhr, www.zoo-leipzig.de

 Hotel Fregehaus

Vier Flügel liegen um den schönen Innenhof und geben dem zentralen Boutique-Hotel einen besonderen Charme. Das historische, ehemalige Kaufmannshaus ist ein romantisches Örtchen. Beim Frühstück gibt es Empfehlungen für Restaurants in der Nähe. Katharinenstr. 11, 04109 Leipzig, Tel. 03 41/26 39 31 57, www.hotel-fregehaus.de, DZ ab 86 €

Grassimuseum

Ruhe und Entspannung verspricht das Grassimuseum mit seinen wunderschönen Innenhöfen und dem ältesten Friedhof der Stadt, auf dem der größte Finanzier, der Kaufmann Franz Dominic Grassi, zu Grabe getragen wurde. Das Grassi vereint unter seinem Dach das Museum für angewandte Kunst, das Museum für Musikinstrumente und das Museum für Völkerkunde. 90 000 Exponate lassen fünf Jahrhunderte Musik und die Kultur aller Kontinente aufleben.

Johannisplatz 5–11, 04103 Leipzig, Di–So 10–18 Uhr, www.grassimuseum.de

 Baumwollspinnerei

Das 10 ha große Gelände bei Lindenau entstand 1884. Was mit nur fünf Spindeln begann, wurde zur größten Baumwollspinnerei Kontinentaleuropas – 240 000 Spindeln auf gut 100 000 qm. Die ehema-

lige Fabrikstadt mit Arbeiterquartieren und Badeanstalt ist heute ein faszinierendes Kunstareal mit Galerien, Ateliers und Manufakturen.

Spinnereistr. 7, 04179 Leipzig, Di–Sa 11–18 Uhr, www.spinnerei.de

 Völkerschlachtdenkmal

Der Spitzname »Völki« wird dem monumentalen Denkmal kaum gerecht: Der 91 m hohe Gigant dominiert seit 1913 den Süden Leipzigs. Er erinnert an die erbitterte Völkerschlacht von 1813, aus der nicht nur Napoleon als Verlierer hervorging, sondern auch bis zu 130 000 Menschen ihr Leben lassen mussten. Krypta, Ruhmeshalle, Kuppelhalle und nicht zuletzt die Aussichtsplattform in 90 m Höhe geben Zeugnis und Eindruck von der Schlacht.

Straße des 18. Oktober 100, 04299 Leipzig, Apr.–Okt. tgl. 10–18, Nov.–März 10–16 Uhr, www.stadtgeschichtliches-museum-leipzig.de

 arcona Living Bach14

In bester Innenstadtlage präsentiert sich das kleine, adrett eingerichtete Hotel im denkmalgeschützten Thomaskirchhof. Renaissancehaus und historisches Vorderhaus werden vom neuen Rückgebäude modern ergänzt. Mediterrane Küche, feiner Käse, Tapas. Thomaskirchhof 13/14, 04109 Leipzig, Tel. 03 41/496 14 01, www.bach14.arcona.de, DZ ab 100 €

❽ Cospudener See im Neuseenland

Ab an den Strand, nur 12 km südlich von Leipzig: Seele baumeln lassen, picknicken, radfahren, inlineskaten, mit Segel oder Kite surfen und paddeln. Nicht umsonst ist die ehemalige Sünde des Braunkohletagebaus seit 2000 mit ihrer Uferlänge von mehr als 10 km beliebtester See der Leipziger.

www.leipzigerneuseenland.de, www.leipzigseen.de

 Restaurants

Auerbachs Keller

Goethe soll geschwärmt haben, man hätte Leipzig nicht gesehen, wenn man nicht hier gewesen sei. Im Großen Keller wird klassische sächsische Küche aufgetischt. Hausmannskost in großen Schüsseln (an Wochenenden und Feiertagen), Schwarzbierfleisch und Leipziger Quarkkäulchen mit Apfelflan sind ein Gedicht. Grimmaische Str. 2–4, 04109 Leipzig, Tel. 03 41/21 61 00, tgl. 12–24 Uhr, www.auerbachs-keller-leipzig.de

Suedbrause

Richtig zentral liegt das Café auf der »Karli«. Früher mal Badeanstalt, können sich heute Frühaufsteher und Nachtschwärmer kulinarisch verwöhnen lassen. Ob Frühstücksbüfett am Samstag, Brunch am Sonntag, Törtchen am Nachmittag oder Drei-Gänge-Menü: es schmeckt. Karl-Liebknecht-Str. 154, 04277 Leipzig, Tel. 03 41/391 01 81, tgl. ab 9 Uhr, www.suedbrause.dex

Drogerie-Leipzig

Die Drogerie lebt von französischem Flair, herzlichem Service und natürlich von ihrer überraschenden Küche. Bei gebackenem Wildgeflügelbäckchen, Strudel vom Karamellkraut oder Pulpo mit fruchtig-würzigen Kichererbsen können die Geschmacksnerven auch mal neue Horizonte entdecken. Schillerweg 36, 04155 Leipzig, Tel. 03 41/22 28 64 66, Mo–Sa 18 bis 24 Uhr, www.drogerie-leipzig.net

Flach wie die Serengeti erstreckt sich die Magdeburger Börde rund um die Gemeinde Zielitz, über der sich der »Kalimandscharo« erhebt. Je frischer die Salzrückstände, die hier nach der Kaligewinnung aufgeschüttet werden, desto heller leuchtet der Berg.

14 Kalimandscharo in Zielitz

52° 18' 00" Nord / 11° 40' 48" Ost

Wer Kilimandscharo denkt oder sagt, meint damit meistens »Kibo« – den höchsten Berg Afrikas, dessen schneeweißer, oft von Wolken umschmeichelter Gipfel im Norden Tansanias fast 6000 Meter hoch über dem weiten Grasland der Serengeti aufragt. Der erloschene Vulkan ist einer von insgesamt drei Riesen des Kilimandscharo-Massivs und zudem Mitglied im Club der »Seven Summits«, der sieben

gewaltigsten Berge aller Kontinente dieser Welt. Tollkühne Bergfexe auf der Jagd nach dem Kick und Rekorden haben sie längst alle bestiegen. Rund fünf bis acht Tage muss man dafür beim Kibo einplanen. Während der leuchtende Gletscher auf seinem Gipfelplateau immer weiter schrumpft und wohl bald verschwinden wird, weiß man im sachsen-anhaltischen Zielitz nicht so recht, ob jubeln oder

schimpfen. Denn auch hier gibt es einen majestätisch-weißen Berg, der sich weithin sichtbar über der Magdeburger Börde erhebt. Rund 120 Meter ist er schon hoch, soll aber noch weiterwachsen! Das hat zumindest der Düngemittel- und Salzproduzent K+S angekündigt. Ihm verdanken die Zielitzer ihren »Kalimandscharo«, eine riesige Abraumhalde vor den Toren der Gemeinde. Die Geschäfte

ZIELITZ–MOSHI: 6.652 KM

Kilimandscharo-Massiv, Tansania
03° 03' 54" Süd / 37° 21' 32" Ost

mit dem Kalisalz laufen bestens. Daher will sich das Unternehmen, das in der Region jährlich zwölf Millionen Tonnen des Rohstoffs zutage fördert, weiter vergrößern. Viel Platz benötigt der Kalibergbau vor allem für den sogenannten Abraum. Das sind Rückstände, die man vom Kalisalz trennt und dann auf riesigen Halden aufschüttet. Großteils bestehen sie aus Sand und Natriumchlorid, was

wiederum Umweltschützern Sorgen bereitet. Denn durch Wind und Wetter wird dieses Kochsalz freilich ins Grundwasser gespült und schadet Tieren und Pflanzen. Viele Menschen, die hier in der Gegend leben, zerbrechen sich darüber nicht so sehr den Kopf. Schließlich ist das Kaliwerk der wichtigste Arbeitgeber in der Region – und der »Kalimandscharo« mittlerweile eine beliebte Touristenattrak-

tion. Mehrmals pro Jahr wird der weiße Berg als exotische Kulisse für Kultur- und Sportveranstaltungen genutzt, und auch geführte Bergtouren werden regelmäßig angeboten. Einen Höhenrausch darf man dabei nicht erwarten – aber den herrlichen Ausblick, den kann man genießen.

www.kalimandscharo.com,
www.zielitz.de

Restaurants

Ratskeller

Schon seit 1631 ist Gastronomie in dem imposanten Gebäudekeller angesiedelt. Hier trifft man auch auf große Gruppen, was ein bisschen laut werden kann. Würzfleisch, Himmel und Erde und die deftigen Ratskeller-Spezialitäten sind trotzdem ein echter Genuss.
Alter Markt 6, 39104 Magdeburg, Tel. 03 91/59 77 89 76, tgl. ab 11.30 Uhr, www.ratskeller-magdeburg.de

Le Frog

Nach einer schönen Runde durch den Stadtpark kann man in der modernen Brasserie am See einkehren. Der Biergarten ist einer der größten Magdeburgs, der Spielplatz freut die Kinder, und die bunt gemischte, kleine Karte bietet ordentliche Speisen zu angenehmen Preisen.
Heinrich-Heine-Platz 1, 39114 Magdeburg, Tel. 03 91/531 35 56, Di–Fr ab 11, Sa/So ab 10 Uhr, www.lefrog-magdeburg.de

Landhaus Hadrys

Es gehört zur Bestenliste des Gault&Millau in Sachsen-Anhalt. Dementsprechend sind die Preise, doch jeder Cent lohnt sich. Innen elegant, außen eine tolle Terrasse in einem Garten, lässt sich hier traditionell-gutbürgerlich dinieren.
An der Halberstädter Chaussee 1, 39116 Magdeburg, Tel. 03 91/662 66 80, Di–Do ab 14.30, Fr/Sa ab 12 Uhr, www.landhaus-hadrys.de

 ## Magdeburg: Dom und Grüne Zitadelle

Diese beiden sollte man in Magdeburg gesehen haben. Die im Zweiten Weltkrieg schwer getroffene Altstadt wurde nur teilweise wiederaufgebaut. Den Dom restaurierte man jedoch vollständig. Die gotische Kathedrale wurde ab 1207 gebaut und 1363 geweiht. Sie ist die am frühesten fertiggestellte Kirche der Gotik in Deutschland, hier wurde der erste Kaiser des Heiligen Römischen Reichs, Otto der Große, beerdigt. Ihre beiden Türme (einen kann man besteigen) ragen als historisches Wahrzeichen mächtig über die Stadt. Ein moderneres Wahrzeichen ist die Grüne Zitadelle in unmittelbarer Nähe zum Dom. Entworfen von Friedensreich Hundertwasser (1928–2000) wurde sie 2005 finalisiert. Bis 1959 die Nikolaikirche, in den 1970er-Jahren ein schnöder Plattenbau, schuf Hundertwasser darin einen lebendigen, atmenden Wohnbau mit Café, Restaurant, Theater und Hotel in charakteristischen Formen und Farben.

Dom: Am Dom 1, 39104 Magdeburg, Mai bis Sept. 10–18, Apr., Okt. 10–17, Nov.–März 10–16 Uhr, www.magdeburgerdom.de
Grüne Zitadelle: Breiter Weg 10, 39104 Magdeburg, www.gruene-zitadelle.de

 ## Jahrtausendturm

Mit 60 m Höhe ist der Jahrtausendturm das höchste Holzgebäude der Welt. Das Konzept, entworfen für die Bundesgartenschau 1999, stammt von Johannes Peter Staub, einem Schweizer Maler, Bildhauer

Das höchste Holzgebäude der Welt ist zugleich Ausstellungsort: der Jahrtausendturm.

und Baugestalter. Der selbst ernannte »schlauste Turm der Welt« führt über fünf Ebenen durch die Wissenschafts- und Technikgeschichte der Mathematik, Chemie, Physik und Gerichtsmedizin. Von den frühen Hochkulturen über das

 Herrenkrug Parkhotel

In prächtiger Jugendstilarchitektur wohnt man mitten im Herrenkrugpark an der Elbe. Sauna, Whirlpool und Schwimmbecken laden zur Erholung ein. Das reichhaltige Frühstück geht kaum besser, das Restaurant ist im doppelten Sinne ausgezeichnet.
Herrenkrug 3, 39114 Magdeburg, Tel. 03 91/850 80, www.herrenkrug.de, DZ ab 70 €

Verkehrstechnisches Megabauwerk: Am Wasserstraßenkreuz Magdeburg gehen große Pötte einander aus dem Weg.

 Altstadt Tangermünde

1275 erstmals urkundlich erwähnt, weht ein besonderes historisches Flair über die Altstadt. Eine fast vollständig erhaltene Stadtmauer mit den drei mittelalterlichen Stadttoren bezeugen den einstigen Wohlstand der alten Hansestadt. Ein 24 m hoher Rathausbau der Spätgotik mit Schmuckgiebel von 1430 ziert den Marktplatz, der Turm der St. Stephanskirche (mit einer der zehn wertvollsten Orgeln Europas) überragt sämtliche Kirchtürme der Altmark. Nach einem ausgedehnten Stadtbummel kehrt man am besten in eines der urigen Kellergewölbe ein und genießt ein Tangermünder Kuhschwanzbier.

Tourist Info: Markt 2, 39590 Tangermünde, Tel. 03 93 22/223 93, Sa/So 10–18, Nov. bis März Mo–Fr 10–17, Sa 10–16, So 13–16 Uhr, www.tourismus-tangermuende.de

Mittelalter und die Neuzeit bis zur Gegenwart werden Errungenschaften lebendig gemacht. Focaultsches Pendel, Alchimistenküche, Galaxiehaufen – 6000 Jahre Entdeckungen an einem Fleck.

Elbauenpark/Herrenkrugstraße, 39114 Magdeburg, Apr.–Okt. Di–So 10–18 Uhr, www.jahrtausendturm-magdeburg.de

 Wasserstraßenkreuz

Gigantische Hebewerks- und Schleusenkonstruktionen und die größte Trogbrücke der Welt bilden ein monumentales technisches Meisterwerk. Inmitten von Auen-Urwäldern wurde das Wasserstraßenkreuz geschaffen, an dem Frachtschiffe unten auf der Elbe, andere Frachtschiffe gleichzeitig obendrüber auf dem Mittellandkanal fahren. Riesige Pfeiler stützen die »Autobahnbrücke des Wassers«, Fußgänger und

Radfahrer nutzen Bürgersteige, um das Schauspiel zu bestaunen. Die Führungen, mit Einblicken in die Binnenschifffahrt, sind unterhaltsam und empfehlenswert.

Zur Schleuse 5, 39126 Magdeburg, www.wasserstrassenkreuz-magdeburg.de

④ Wandern im Colbitzer Lindenwald

Einen der größten (220 ha) Lindenwälder Mitteleuropas kann man auf zwei Wanderrouten erkunden: Der kleine Lindenwaldrundweg (ca. 1,5 km, ein Naturlehrpfad) und der große (ca. 4 km) führen durch diesen weltweit einzigartigen, nicht bewirtschafteten Wald. Hier räumt niemand auf, der Natur wird freier Lauf gelassen.

39326 Colbitz, www.elbe-ohre-heide.de/colbitzer-lindenwald

🛏 **Arthotel**

Für Kunst- und Architekturbegeisterte: Im Hundertwasserhaus Grüne Zitadelle, in unmittelbarer Nähe des Doms, empfängt das Drei-Sterne-Superior-Haus seine Gäste. Manche Zimmer haben von Hundertwasser persönlich designte Bäder. Tolles Frühstück! Breiter Weg 9, 39104 Magdeburg, Tel. 03 91/62 07 80, www.arthotel-magdeburg.de, DZ ab 90 €

WENDEFURTH–RANDA: 667 KM

15 Hängebrücke an der Rappbodetalsperre

51° 44' 26" Nord / 10° 53' 37" Ost

Charles-Kuonen-Hängebrücke, Wallis, Schweiz
46° 06' 06" Nord / 07° 48' 10" Ost

Einfach mal abhängen? Soll ja guttun. Auf der Hängebrücke an der Rappbodetalsperre im Oberharz geht das auf die sanfte oder etwas härtere Tour. Wie das filigrane Drahtseil eines Zirkusakrobaten spannt sich die insgesamt 483 Meter lange Stahlkonstruktion über die tief eingekerbte Schlucht. Noch dazu ist der schmale Laufsteg aus luftig-leichtem Gitterrost gebaut, durch den man 100 Meter in die Tiefe blickt. Menschen mit Höhenangst kann da schon mal der Atem stocken. Also Kopf hoch und lieber den Blick über die von sattgrünem Wald gesäumte Talsperre genießen! Echte Draufgänger befriedigt das freilich wenig. Sie klettern voller Tatendrang in eine weiße, eckige Kabine, die in der Brückenmitte unterm Geländer klebt, und stürzen sich von dort jauchzend mit Gurt und Gummiseil in den Abgrund. Erst nach längerem Auspendeln – praktisch, denn so verteilt sich das Adrenalin noch schneller im Körper – gelangen sie per Seilzug wieder nach oben. Fast immer mit einem Lächeln im Gesicht. Bleibt die spannende Frage, welche Hängebrücke denn nun weltweit die längste ist? Nach der Eröffnung der Brücke an der Rappbodetalsperre feierte man diesen Rekord zunächst in Sachsen-Anhalt. Doch zwei Monate später zogen die Schweizer ihren Trumpf aus dem Ärmel: die neue Charles-Kuonen-Hängebrücke bei Randa im Kanton Wallis. Mit 494 Metern sei sie die längste hängende Fußgängerbrücke der Welt, behaupten die Eidgenossen seither hartnäckig. Und wer hat recht? Auf die Stützweite komme es an, kontert man in Deutschland. Gemeint ist damit die Länge des frei hängenden Brückenabschnitts zwischen der Verankerung. Hier kann der Harz mit rund 459 Metern punkten. Für die zumindest rekordverdächtige Konstruktion im Wallis wurde der Wert bislang nicht bekannt gegeben. Bitte nachmessen!

www.titan-rt.de

So still und einsam erlebt man die Hängebrücke an der Rappbodetalsperre nur selten. Die federleicht wirkende, 483 Meter lange Stahlkonstruktion ist ein echter Publikumsmagnet. Auch Wanderer kreuzen die Brücke sehr häufig – rundherum schlängeln sich viele Routen, darunter auch der beliebte Harzer Hexenstieg, der von Osterode über den Brocken nach Thale führt.

Nationalpark Harz und Brocken

Als erster seiner Art war der Nationalpark Harz 2006 eine länderübergreifende Fusion zwischen Sachsen-Anhalt und Niedersachsen. Doch vermögen Länder überhaupt zu trennen, was ohnehin schon zusammengehörte, nämlich eine einzigartige Landschaft? Die Natur indes stellt solche Fragen erst gar nicht, kann aber seither auf 247 qkm mehr als 7200 Tier- und Pflanzenarten eine geschützte Zuflucht gewähren und (nahezu) treiben, was sie will – bis hin zu urwaldartigen Auswüchsen. Herzstück ist der Brocken (1141 m), in dem das höchste norddeutsche Gebirge gipfelt. Acht Besucherzentren informieren Wanderer über dn Harz.

Nationalparkhaus: Brockenstr., 38879 Schierke, tgl. 8.30–16.30 Uhr, www.nationalpark-harz.de

 Stiege und Hasselfelde

Pittoresk ist das Örtchen Stiege im Selketal nicht zuletzt seiner beiden Seen, der Holzkirche »Zur Hilfe Gottes« und des uralten Jagdschlosses wegen. Dessen Eckturm (um 919) zählt zu den wenigen erhaltenen Gemäuern des frühen Hochmittelalters. Weitere Anziehungspunkte sind die Wendeschleife der Harzer Schmalspurbahn, mit 400 m eine der kleinsten ihrer Art, und ein Mausefallen- und Kuriositätenmuseum, das 10 km östlich an der B 242 liegt. Neben einer »Galerie der stillen Örtchen« gibt es verschiedene Fallen und sogar Galgen, mit denen man Nagern einst den Garaus

Lasst uns noch ein Fachwerkhaus bauen! Das machten die Quedlinburger 600 Jahre lang, nun gehört die Stadt zum Weltkulturerbe.

machte. In Hasselfelde, 5 km westlich von Stiege, herrscht ebenfalls Jagdfieber: Mit Rodeo-Wettkämpfen, Line-Dance, Goldschürfen und rauchenden Colts hält der Wilde Westen Einzug in Pullman City.

Tourist Info: Breite Straße 17, 38899 Oberharz OT Hasselfelde, Tel. 03 94 59/713 69, www.oberharzinfo.de;
Schloss Stiege: Kirchstr. 31, 38899 Stiege, Mai–Dez. Mi–Fr 14.30–17.30, Sa, So 13 bis 18 Uhr, sonst nur Fr, Sa, So, www.schloss-stiege.de, www.freewebs.com/schloss-stiege
Mausefallenmuseum: Klausstr. 38, 06493 Harzgerode-Güntersberge, Sa, So 14–17 Uhr, www.mausefallenmuseum.de;
Pullman City: Ruberting 30, 94535 Eging am See, Tel. 08 54/974 90, Öffnungszeiten siehe Website, www.pullmancity.de

 Quedlinburg

Fachwerk an Fachwerk, gerade aufgereiht und doch schief, mit kunstvoll geschnitzten Balken: Der historische Stadtkern von Quedlinburg ist eine wahre Augenweide. Im mittelalterlichen Grundriss der Welterbestadt findet oder verliert sich ein charmantes Gassengewirr mit 1300 Fachwerkhäuser aus sechs Jahrhunderten. Überragend auch: die Stiftskirche Sankt Servatius und das Schloss auf dem Schlossberg. Dort, im monumentalen Sandsteinbau der Stiftskirche, lagert eine Kostbarkeit: der Domschatz Quedlinburg, von Heinrich I. begründet. Und mehr noch: In Quedlinburg wurde mit der Königswahl des Sachsenherzogs Heinrich anno 919 deutsche Geschichte geschrieben. Heutzutage beherbergt die Stiftskirche die Königsgräber Heinrich I. und seiner Gemahlin Mathilde.

Tourist Info: Markt 4, 06484 Quedlinburg, Tel. 039 46/90 56 24, Apr.–Okt. Mo–Sa 9.30–18, So 10–15, Nov.–März Mo–Do 9.30–17, Fr/Sa 9.30–18 Uhr, www.quedlinburg.de

 Hotel Villa Heine

Eingebettet in den hoteleigenen Park liegt die elegante Gründerzeitvilla, die mit exklusiven Zimmern und großzügigem Wellnessbereich mit Massagen und Kosmetikbehandlungen aufwarten kann. Auch das Restaurant und die Heine-Bar haben einigen Charme. Kehrstr. 1, 38820 Halberstadt, Tel. 039 41/314 00, www.hotel-heine.de, DZ ab 139 €

④ Teufelsmauer

Ein teuflisch-göttlicher Pakt: Sollte es dem Satan gelingen, vor Tagesanbruch eine Mauer um einen Teil Erde zu ziehen, so wäre es seine. Wie der Teufel baute der drauflos und wähnte sich schon siegessicher, als Gott eine Bäuerin auf dem dunklen Weg zum Markt samt Hahn stolpern ließ. Der Hahnenschrei machte den Teufel glauben, die Wette verloren zu haben, und er riss die Mauer um. Wo sich das zugetragen haben soll, lässt es sich auf kilometerlangen Resten sagenhaft gut klettern, samt feiner Aussicht dazu.

Bei Weddersleben, www.bodetal.de

⑤ Blankenburg und Burg Regenstein

Im Harzvorland gelegen, hat Blankenburg gleich mehrere Schlösser und Schlossruinen zu bieten. Zwar hat die barocke Pracht des großen Schlosses – erbaut um 1123

🛏 Hotel Grüne Tanne

Offiziell heißt das Hotel Mandelholz, aber viele kennen es als Grüne Tanne. Das traditionsreiche, gemütliche Haus verfügt über schmucke Zimmer, feines Essen und einen kleinen Wellnessbereich mit Sauna und Solarium, Massage, Fitness – und ganz viel Ruhe. Mandelholz 1, 38875 Elend, Tel. 03 94 54/460, www.mandelholz.de, DZ ab 89 €

auf dem »blanken Stein« des Kalkbergs – beträchtlich gelitten und wird mühsam restauriert. Sehenswert ist es allemal. Und ein wenig fürstlich fühlt sich, wer durch den prächtigen Garten rund um das Kleine Schloss Blankenburg spaziert. Etwas außerhalb der Stadt erhebt sich auf einem markanten Felssporn das Freilichtmuseum Burg Regenstein. Beeindruckend: 32 in Sandstein gehauene Felsräume und Gräben der ältesten Felsenburg Deutschlands.

Tourist Info: Schnappelberg 6, 38889 Blankenburg, Tel. 039 44/36 22 60, Mai–Okt. Mo–Sa 10–17, So 14–17, Nov.–Apr. Mo–Fr 10–17, Sa 10–15 Uhr, www.blankenburg-tourismus.de Großes Schloss: März–Dez. Di–So 10–16 Uhr, www.rettung-schloss-blankenburg.de

⑥ Klostergärten Michaelstein

Einen duften Einblick ins Nahrungsmittel- und Heilkräuterangebot aus vergangenen Zeiten offerieren die klösterlichen Gärten des ehemaligen Zisterzienserklosters. Nach mittelalterlichen Plänen 1989 bis 2010 neu angelegt, wachsen im Kräuter- und Gemüseparadies rund 260 Duft-, Färbe-, Wild-, Heil-, Gewürzkräuter, Zauberpflanzen und Weinstöcke sowie über 100 feine Gemüse, Würzen, außerdem Feldfrüchte, Getreide und Obstsorten. Mit ergänzender Dauerausstellung.

Michaelstein 3, 38889 Blankenburg, Tel. 039 44/903 00, April–Okt. tgl. 10–18, Nov.–März Di–Fr 14–17, Sa/So 10–17 Uhr, Führungen und Gartenseminare möglich, www.kloster-michaelstein.de

✕ Restaurants

Kartoffelhaus
Im Altstadtlokal lässt es sich gemütlich sitzen, des Sommers auch im Hinterhof. Auf der Speisekarte stehen Erdäpfel in allen Varianten: als Menü, in der Suppe, aus Ofen oder Pfanne und als passender Nachtisch: Kartoffelschnaps, abgedeckt mit Puffer und Kirsche gekrönt. Marktstr. 7, 38889 Blankenburg, Tel. 039 44/35 12 61, Fr–Mi ab 11 Uhr, www.kartoffelhaus-blankenburg.com

Berggasthof Ziegenkopf
Über Blankenburg erhebt sich der gut 400 m hohe Ziegenkopf mit Berggasthaus und Aussichtsturm. Spezialität des Hauses sind Hefeklöße, die groß und in über 20 Varianten auf den Teller kommen. Neben Sonnenterrasse gibt es ein Streichelgehege mit Hängebauchschwein, Schafen – und natürlich Ziegen. Ziegenkopf 1, 38889 Blankenburg, Tel. 039 44/35 32 60, tgl. ab 11 Uhr, www.ziegenkopf.de

Hotel & Brauhaus Lüdde
Hinter historischer Fachwerkfassade gibt es zwischen glänzenden Sudkesseln süffiges Selbstgebrautes und dazu üppig-deftige Hausmannskost. Schwer zu ergattern sind Plätze im lauschigen Biergarten. 24 moderne Zimmer. Blasiistraße 14, 06484 Quedlinburg, Tel. 039 46/70 52 06, Mo–Sa 11–24, So 11–22, Jan.–März: Mo Ruhetag, Di–Fr 17–24, Sa 11–24, So 11–22 Uhr, www.restaurant-quedlinburg.de

Aus der Ferne sieht Bad Frankenhausens
Oberkirche immer noch aus, als könnte
ihr Turm jeden Augenblick umkippen.
Nach gescheiterten Anläufen in der
Vergangenheit ist die Rettung jetzt aber
endlich geglückt: Moderne Stahlpfeiler
verhindern den Einsturz des Bauwerks.

BAD FRANKENHAUSEN–PISA: 850 KM

Schiefer Turm von Pisa, Toskana, Italien
43° 43' 23" Nord / 10° 23' 47" Ost

16 Schiefer Turm von Bad Frankenhausen

51° 21' 34" Nord / 11° 06' 20" Ost

Ganz schön schräg, diese Sehenswürdigkeit! Aber wie das eben oft so ist: Was nicht passt, wird passend gemacht – oder aus der Welt geschafft. Letzteres wollten die Bürger im thüringischen Bad Frankenhausen jedoch um jeden Preis verhindern. Schließlich ist der 56 Meter hohe, windschiefe Turm ihrer Oberkirche zum Wahrzeichen der Kleinstadt avanciert. So wehrte man sich mit Händen und Füßen gegen alle Abrisspläne, die in der Vergangenheit immer wieder von Gutachtern und Politikern diskutiert wurden. Und das nicht ohne Not: Mit einer Neigung von fünf Grad weicht die Kirchturmspitze mittlerweile 4,6 Meter vom senkrechten Lot ab. Das sind rund 70 Zentimeter mehr als beim Schiefen Turm von Pisa! Aus dem Gleichgewicht geriet das Gotteshaus bereits kurz nach seiner Errichtung Ende des 13. Jahrhunderts. Im Spätmittelalter ahnte man noch nicht, dass die Bodenschichten rund um den Bauplatz geologisch instabil sind und zudem durch Grundwasser schleichend ausgehöhlt werden. Durch Absenkungen im Erdreich begann der Kirchturm allmählich zu kippen. Anfangs kaum sichtbar, später bis zu sechs Zentimeter pro Jahr. 1908 musste die Oberkirche dann erstmals geschlossen werden; zu groß war die Angst vor dem drohenden Einsturz des Turms. Fortan begann ein fieberhafter Wettlauf gegen die Zeit und Schwerkraft: Mit Pfeilern und neuen Fundamenten versuchte man der Katastrophe entgegenzuwirken, mit riesigen Ringankern, das Bauwerk zu stabilisieren. Doch alle Rettungspläne scheiterten – oder waren schlichtweg zu teuer. Heute atmet man in der Stadt endlich wieder auf. Dank vieler Spenden und dem Einlenken des Landes Thüringen, das die Sanierung nach langem Zögern letztlich doch mit Zuschüssen förderte, fixiert jetzt ein ausgeklügeltes Stahlkorsett den schiefen Turm von Bad Frankenhausen. Bis in alle Zukunft, hofft man hier zumindest. Wie in Pisa soll das unverkennbare Wahrzeichen übrigens sogar bald begehbar werden. Passt doch!

www.bad-frankenhausen.de

Restaurants

Kneiff-Garten

Hochwertig in Ausstattung und Ambiente, können Gäste im 1925 ausgebauten, ehemaligen Domizil des Kautabakfabrikanten Rudolf Kneiff speisen. Auf die Teller kommt gute deutsche Küche, insbesondere das Eisbein gilt als Spezialität des Hauses. Hübsch auch: der Biergarten.
Gerhart-Hauptmann-Str. 6, 99734 Nordhausen, Tel. 036 31/47 49 05, Di–So 11–14.30, 18–24 Uhr, www.restaurant-kneiffgarten.de

Kaffeehaus Kolditz

Im denkmalgeschützten Haus mit dunkelholzigem, edlem Interieur wird – obwohl im Südharz gelegen – beste Wiener Kaffeehaustradition zelebriert. Über die Theke gehen seit Generationen selbst gebackene Kuchen und Torten oder kleine Kunstwerke wie Petit Fours und Pralinen.
Bahnhofstr. 44, 06526 Sangerhausen, Tel. 034 64/57 23 97, Mo–Fr 9–18 Uhr, www.kaffee-kolditz.de

Ratskeller

Zentral in der Altstadt am Markt gelegen, beherbergt das Haus aus dem 14. Jh. den alten Ratskeller. Dort herrscht unter historischen, steinernen Gewölbedecken eine edle, gediegene Atmosphäre. Serviert werden Fleisch und Wild aus guter, gutbürgerlicher Küche.
Markt 1, 06526 Sangerhausen, Tel. 034 64/57 92 90, Mo–Do 11–23, Fr–So 11–24 Uhr

 Kyffhäuserdenkmal

Mächtig, wuchtig, imposant, 130 m lang und 81 m hoch: Es ist ein Monument der Superlative, das auf dem Kyffhäuser thront und Weißbart mit Rotbart vereint. Zur Verherrlichung des (weißbärtigen) Kaisers Wilhelm I., der die Reichseinigung vollbrachte, wurde das Bauwerk auf den Ruinen der Reichsburg Kyffhausen anno 1896 errichtet. Unter dem als stolzen Reiter verewigten Wilhelm thront am Sockel des Monuments in Anspielung auf die mittelalterliche Kyffhäusersage der in Stein gemeißelte, eben erwachende Friedrich I. Barbarossa. Hinter der Schaffung des Denkmals der zweifach geballten Kaiserkraft stand wohl der Wunsch nach Abgrenzung vor Feinden und die Sehnsucht, dass solch starke Herrscher das deutsche Volk auf ewig vor Unbill bewahren mögen. Diesen hochfliegenden Wünschen setzten die Macher noch einen Turm mit (Reichs-)Krone auf, von dessen Kuppel man nach dem Ersteigen der 247 Stufen einen fantastischen Rundumblick hat.

Kyffhäuser, 99706 Steinthaleben, Apr.–Okt. tgl. 9.30–18, Juli–Aug. Fr–So zus. bis 19, Nov.–März 10–17 Uhr, www.kyffhaeuser-denkmal.de

 Barbarossahöhle

Der Sage nach schläft Barbarossa im Innern des Kyffhäusers, um eines Tages wieder zu erwachen und sein Reich dem Frieden und der Einheit zuzuführen. Weil die Schauhöhle einem unterirdischen Schloss gleicht, kam sie zu ihrem Namen. Eine geologische Rarität ist sie mit ihrem Anhydritgestein, den hohen, kuppelartigen Gewölben und kristallklaren Seen allemal.

An den Mühlen 6, 99707 Steinthaleben, Apr.–Okt. tgl. 10–17, Nov.–März Di–So 10–16 Uhr, www.barbarossahoehle.de

 Panorama-Museum

Aufs Monumentale versteht man sich im Kyffhäuserland – und so beherbergt das Bad Frankenhausener Museum mit dem 14 m langen und 123 m breiten Rundbild »Frühbürgerliche Revolution in Deutschland« eines der figurenreichsten, größten Werke zeitgenössischer Malerei. Neben dem detailreichen, schier überbordenden Werk Werner Tübkes (1929–2004) gibt es wechselnde Ausstellungen zu sehen.

Am Schlachtberg 9, 06567 Bad Frankenhausen, Apr.–Okt. Di–So 10–18, Juli, Aug. zusätzlich Mo 13–18, Nov.–März Di–So 10 bis 17 Uhr, www.panorama-museum.de

 Hotel Katharina

Einfache, gepflegte Zimmer in familiärer Atmosphäre bietet das ruhige, inmitten der historischen Altstadt gelegene Hotel. Für besondere und insbesondere romantische Anlässe empfiehlt sich das Rosenzimmer, mit charmant-blumigem Interieur.
Riestedter Str. 18, 06526 Sangerhausen, Tel. 034 64/242 90, www.hotelkatharina.de, DZ ab 70 €

4 Residenzschloss Sondershausen

Eindrucksvoll auf einem Bergsporn gelegen, fungierte der imposante Vierflüglerbau aus dem Jahr 1534 als Wohn- und Regierungssitz der Grafen und Fürsten von Schwarzenburg-Sondershausen. Über die Jahrhunderte erfuhr das Gemäuer großzügige An- und Ausbauten und zählt heute zu den schönsten Schlössern Thüringens. Seit 1952 zeigt das Schlossmuseum bedeutende Schätze. Dazu zählt die »Goldene Kutsche« oder der »Püsterich«, eine Knabenfigur aus Bronze, dessen Funktion bis heute rätselhaft bleibt.

Schloss 1, 99701 Sondershausen,
Di–So 10–17 Uhr, www.sondershausen.de

5 Rosarium Sangerhausen

Ein Meer aus Blüten, bestehend aus 8600 Rosenarten und -sorten, treibt in gepflegter Parklandschaft in der weltweit größten

Das Kyffhäuserdenkmal gehört zu den monumentalen Gedenkbauwerken in Deutschland, wie die Walhalla im Landkreis Regensburg und das Völkerschlachtdenkmal in Leipzig.

Rosensammlung üppige Auswüchse. Alleine 850 Kletterrosen hangeln sich meterhoch, Wild-, Beetrosen, seltene Baum- und Straucharten machen das Farbspiel perfekt. Dazu kommt der betörende Duft, den besonders historische Rosen verströmen. Doch ob modern oder alt, geschützt werden sie alle, denn das Rosarium ist auch Genbank und lebendiges Museum.

Am Rosengarten 2a, 06526 Sangerhausen,
Mitte Apr., Okt. tgl. 10–18, Mai, Sept. 9–19,
Juni–Aug. 9–20, Nov.–Anf. Apr. Mo–Fr 10–17,
Sa/So 10–18 Uhr, www.europa-rosarium.de

6 Arche Nebra

Den Himmel auf Erden erschaffen haben schon Völker vor 3800 Jahren, das beweist eine der wichtigsten Entdeckungen der Menschheit: die Himmelsscheibe von Nebra. Die Wiederentdeckung der weltweit zweitältesten Himmelsdarstellung war ein Krimi: Denn Grabräuber stießen auf die 32 cm große Scheibe und verhökerten das wertvolle Stück, ehe bei einem fingierten Kauf die Handschellen klickten. Der Fundort ist seitdem Pilgerstätte. Am Fuße des Mittelbergs entstand ein futuristisches Besucherzentrum, das die Scheibe mittels Skulpturen begehbar macht. Das Original ist im Landesmuseum in Halle ausgestellt und von unschätzbarem Wert, denn es zeigt, dass schon Menschen in der Bronzezeit komplexe Astrologie betrieben.

An der Steinklöbe 16, 06642 Nebra,
Apr.–Okt. tgl. 10–18, Nov.–März Di–Fr
10–16, Sa/So 10–17 Uhr,
www.himmelsscheibe-erleben.de

Hotel Graf von Mansfeld

Das rund 500 Jahre alte Schloss im Herzen der Eisleber Altstadt gilt als Sterbehaus Luthers. Heutzutage offeriert das geschichtsträchtige Haus großzügig-elegante Übernachtungsmöglichkeiten in gehobenem Ambiente.
Markt 56, 06295 Lutherstadt Eisleben,
Tel. 034 75/663 00, www.hotel-
eisleben.de, DZ ab 100 €

17 Gustav-Adolf-Stabkirche, Goslar

51° 51' 25" Nord / 10° 20' 24" Ost

Stammt man nicht aus der Gegend, kann der Harz ganz schön verwirrend sein. Oberharz, Unterharz, Harzvorland? Zudem die vielen Bundesländer, die alle ausgerechnet in dieser Ecke Deutschlands zusammentreffen. Doch das geografische Verwirrspiel geht noch weiter, denn im kleinen Örtchen Hahnenklee bei Goslar ragt doch glatt eine Stabkirche in den Himmel – mit skandinavisch-kühler Selbstverständlichkeit. Dabei ist sie gar nicht jahrhundertealt, wie ihre nordischen Kollegen, sondern wurde vor etwas mehr als 100 Jahren hier am Fuße des Bocksbergs errichtet – und ist bis heute quicklebendiger Dreh- und Angelpunkt der hiesigen Kirchengemeinde. Früher, als sich das Christentum in ganz Europa ausbreitete, wurden hölzerne Stabkirchen nach schwedischem oder norwegischem Vorbild auch in Norddeutschland gebaut. Meist waren sie klein, dunkel und natürlich nicht besonders wetterfest. Schon gar nicht feuerfest! So setzten sich zunehmend die größeren Steinkirchen durch. Auch in Skandinavien sind Hunderte Stabkirchen im Laufe der Zeit abgebrannt oder eingestürzt. Die letzten ihrer Art, in Norwegen sind es noch genau 28, stehen unter Denkmalschutz. Neben den Holzsäulen (Stäbe) und der hohen Bauweise sind vor allem die vielen geschnitzten Ornamente charakteristisch für ihre Architektur. Häufig zeigen die Arbeiten heidnische Symbole oder Motive aus nordischen Legenden – vertraute Staffage aus Wikingerzeiten also. Auch die Stabkirche in Hahnenklee zieren Drachen und Schlangen. Eher untypisch sind hingegen die runden Seitenfenster hoch über dem Altarraum, die an Bullaugen erinnern und das Gefühl vermitteln, als befinde man sich unter Deck, im Bauche eines großen Schiffs. Ausgedacht hat sich das alles freilich kein Wikinger, sondern der damals mit dem Kirchenbau beauftragte Architekt Karl Mohrmann – der eben ein Faible für Norwegen hatte.

www.stabkirche.de

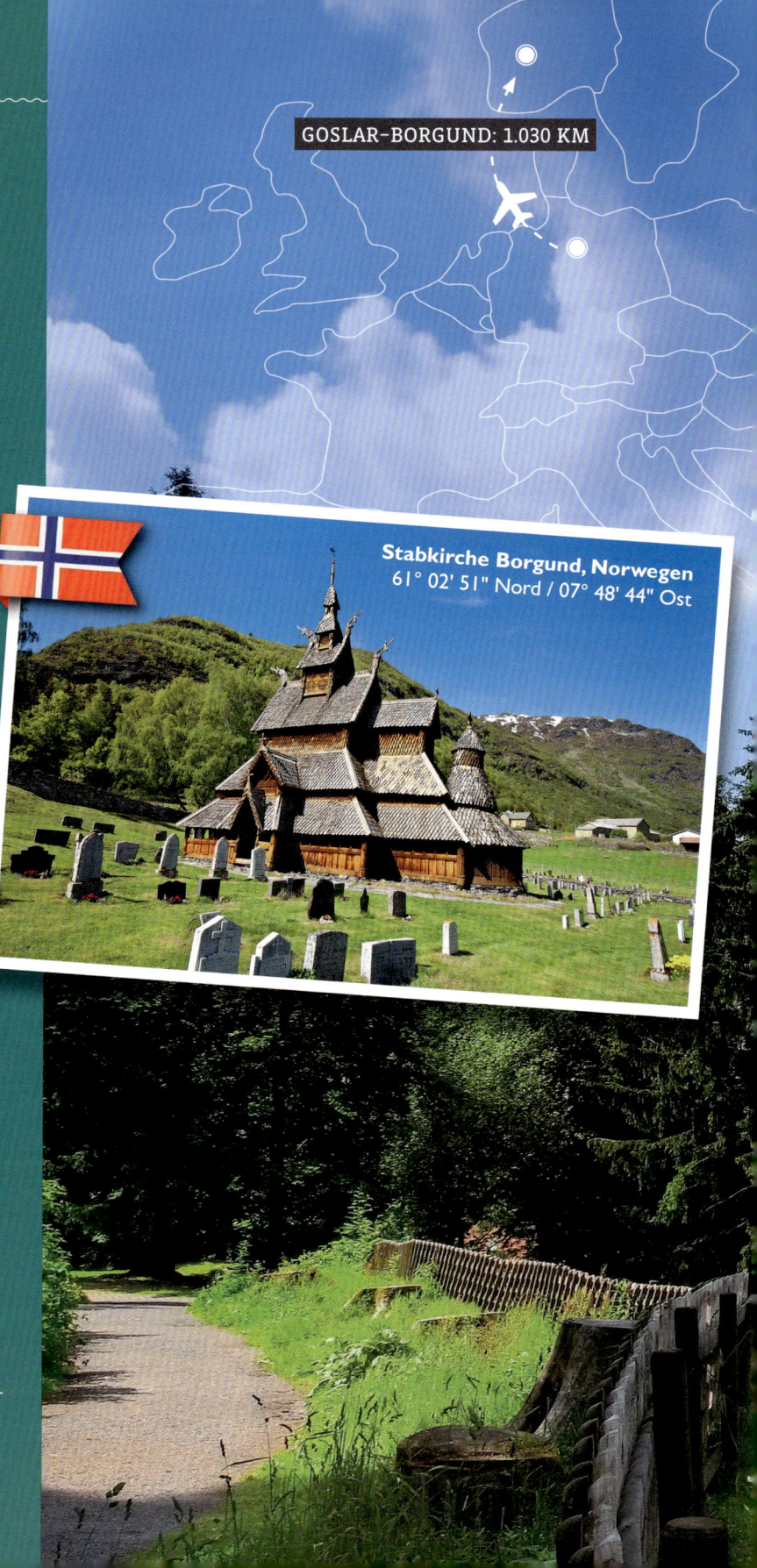

GOSLAR-BORGUND: 1.030 KM

Stabkirche Borgund, Norwegen
61° 02' 51" Nord / 07° 48' 44" Ost

Keine Schrauben, keine Nägel: Ausschließlich vernutete Holzverbindungen halten die Stabkirche in Hahnenklee bei Goslar zusammen. Hier werden regelmäßig Messen abgehalten, und auch Hochzeitspaare geben sich hier besonders gerne das Jawort. Gleichzeitig zieht der exotische Bau unzählige Besucher an.

Restaurants

Brauhaus Goslar

Die einzige selbst produzierende Gasthausbrauerei der Stadt stellt die Gose her, eine Original-Goslarer Biersorte, damals wie heute durch Spontangärung. Genießen lässt sich die schaumige Spezialität neben köstlichen Harzer Gerichten im urig-rustikalen Ambiente hinter denkmalgeschützten Mauern von 1720.
Marktkirchhof 2, 38640 Goslar,
Tel. 053 21/68 58 04, So–Do 11–23, Fr/Sa 11–24 Uhr, www.brauhaus-goslar.de

Soup & Soul Kitchen

Suppe wärmt die Seele, sagt man, Musik tut es auch. Den Beweis tritt das vegane Restaurant in der Goslarer Altstadt an, das feine Suppen, Salate und Pasta-Kreationen zu souligen Klängen serviert. Beliebt: Kochbananen-Ingwer-Suppe.
Petersilienstr. 5, 38640 Goslar,
Tel. 053 21/756 33 41, Di–Sa 12–15.30, 17.30–21, So bis 20 Uhr,
www.soulkitchen.house

Worthmühle

In einem der ältesten Fachwerkhäuser Goslars mit verwinkeltem Hexenhäuschencharme kommt eine große Auswahl an Wild- und Fleischgerichten auf die Holztische. Im Sommer lässt es sich im schönen Biergarten direkt am Flüsschen Abzucht gut sitzen.
Worthstr. 4, 38640 Goslar,
Tel. 053 21/434 02, Mo–Fr 17–23, Sa/So 12–14.30, 17–23 Uhr,
www.worthmuehle.de

Kaiserpfalz

Wenn Kaiser auf Reisen gehen, sollte auch die Unterbringung mehr als königlich sein. Ein solcher Stützpunkt – der Begriff Pfalz leitet sich vom lateinischen »Palatium« für Palast ab – findet sich in Goslar. Dort soll laut alten Schriften Kaiser Heinrich III. oft das Weihnachtsfest gefeiert haben. Hochherrschaftlich zeigt sich das im 11. Jh. entstandene Zeugnis weltlicher Baukunst auf einem Areal von etwa 340 mal 180 m noch heute. Über 200 Jahre galt die Kaiserpfalz als Zentrale der Macht, und im Kaiserhaus, dem größten Profanbau seiner Zeit, wurde Weltpolitik gemacht.

Kaiserbleek 6, 38640 Goslar,
Apr.–Okt. 10–17, Nov.–März 10–16 Uhr,
www.goslar.de

Bergwerk Rammelsberg

Ein Weltkulturerbe von unten, oben oder sowohl als auch besichtigen? Besucher des Erzbergwerks Rammelsberg haben die Qual der Wahl. Doch unabhängig davon, wie die Entscheidung ausfällt: Einen spannenden Einblick in die mehr als 1000-jährige Industriegeschichte des Bergbaus bietet das Besucherbergwerk mit Museum allemal. Wer sich in die Rammelsberger Unterwelt mit Kühlschranktemperatur begibt, die, so heißt es, Goethe für seine Höllenszenen im »Faust« inspiriert hat, sollte sich warm anziehen. Verschiedene Führungen, darunter eine 4-stündige Abenteuertour, führen durch die Jahrhunderte und durch grob gehauene Stollengänge. Dort wirft der Steiger Bohrer und riesige Maschinen an, simuliert Gesteinssprengungen und zeigt, wie Bergmänner damals gearbeitet haben. Übertage gibt es Museumshäuser, die das Leben der Bergleute thematisieren, die technische Bergwerkswelt zeigen und die Mineraliensammlung stilvoll präsentieren. Nicht versäumen: eine Fahrt mit dem Schrägaufzug.

Bergtal 19, 38640 Goslar, Mitte März–Okt. tgl. 9–18, Nov.–Anf. März bis 17 Uhr, www.rammelsberg.de

Bad Harzburger Sole-Therme

Schon im Jahr 1831 begann der Bade- und Kurbetrieb in Bad Harzburg, wo sieben Heilquellen entspringen. Die Natur-Sole für die beiden Innen- und Außenbecken kommt aus 840 m Tiefe. Neben dem gesunden, 32 Grad warmen Nass ist eine Erlebniswelt mit Wellnessangeboten sowie

 Alte Münze

Wie in einer alte Burganlage fühlt sich, wer durch den mittelalterlichen Torbogen schreitet, über dem man geschmackvoll übernachten kann. Hinter der alten Fassade tut sich ein gelungener Mix aus alten Steinwänden, Balken und Dielen mit modern-schickem Interieur auf.
Münzstr. 10–11, 38640 Goslar,
Tel. 053 21/225 46,
www.hotel-muenze.de, DZ ab 89 €

acht verschiedenen Saunen das Prunkstück der Therme.

Nordhäuser Str. 2, 38667 Bad Harzburg,
Mo–Sa 8–21, So 8–19 Uhr,
www.sole-therme-bad-harzburg.de

④ Erlebnis Bocksberg

Mit seinem markanten Funkturm ragt der 726 m hohe Bocksberg weithin sichtbar in den Harzer Himmel. Besagter Turm wurde von den Briten und den USA nach dem Zweiten Weltkrieg als Relaisstation genutzt, um eine Verbindung zum eingeschlossenen West-Berlin herzustellen. Ihm zur Seite steht der hölzerne Bocksbergturm mit prima Blick zum Brocken. Doch nicht nur der Türme wegen zieht es viele auf den Gipfel, der mit Kabinenbahn und Sessellift bequem zu erreichen ist: Im Winter locken Skipisten, im Sommer bringt der Bocksbergbob seine Passagiere kurven- und temporeich nach unten. Für weitere Adrenalinschübe sorgen der Rutschturm, das Riesentrampolin und der Bagjump aus 10 m Höhe, und für Sportler auf zwei Rädern gibt es einen Bikepark.

An den Teichwiesen, 38644 Hahnenklee,
www.erlebnisbocksberg.de

⑤ Luchsgehege an den Rabenklippen

Der Luchs ist los: Auf leisen Pfoten schleicht Tamino aus dem Unterholz und schnappt sich ein Stück Rehfleisch. Alleine ist er dabei nicht; sein Revier teilt er mit

Gesundheit mit Spaßfaktor: In der Bad Harzburger Sole-Therme gibt es Becken mit Strömungskanal und Massagedüsen.

vier weiteren Luchsen. Außerdem tummeln sich rund 200 Menschen vor dem Zaun, denn heute ist Fütterung. Mit Kind und Kegel sind sie gekommen, um einen Blick auf die scheuen Pinselohren zu werfen, die man in freier Natur quasi nie zu Gesicht bekommt. Das Gehege soll Ängste vor der Wildkatze abbauen und ist Teil des Wiederansiedlungsprojekts, das zum Ziel hat, die seit 1818 ausgerotteten Tiere wieder im Harz heimisch zu machen – mit Erfolg: 24 Luchse sind zwischen 2000 und 2006 in die Freiheit entlassen worden und besiedeln nun mit ihren Nachkommen den gesamten Nationalpark. Tamino sollte einer von ihnen sein, doch im Auswilderungsgehege zeigte sich, dass er dafür ungeeignet war. Seither besuchten ihn nicht nur Menschen; auch ein wilder Luchs

tauchte schon vor dem Zaun auf – und schien ihm zuzuzwinkern.

Rabenklippen, 38667 Bad Harzburg, Fütterung: Mi/Sa 14.30 Uhr, www.rabenklippe.de, www.nationalpark-harz.de

⑥ Iberger Tropfsteinhöhle

Die Iberger Höhle tropft und tropft – wie andere auch. Besonders macht die toll inszenierte Schauhöhle ihre Entstehungsart durch Verwitterung von Eisenerz im Inneren des Berges. Das angeschlossene Museum präsentiert außerdem eine archäologische Sensation: In der Lichtensteinhöhle bei Osterode wurden die Knochen einer Großfamilie entdeckt, deren 3000-jähriger Stammbaum dank DNA-Analyse bis in die Gegenwart nachgewiesen werden konnte.

An der Tropfsteinhöhle 1, 37539 Bad Grund,
tgl. 10–17 Uhr, Dez.–Juni, Sept. Mo geschl.,
www.hoehlen-erlebnis-zentrum.de

Kloster Wöltingerode

Himmlisch ruhig schlummern hinter Klostermauern: In alles andere als klösterlich kargen, vielmehr komfortabel-eleganten Zimmern nächtigt der Gast, der außerdem Verwöhnprogramme mit Aromaöl- und Kräuterstempelmassagen buchen kann. Wöltingerode 3, 38690 Goslar/OT Vienenburg, Tel. 053 24/77 44 60, klosterhotel-woeltingerode.de, DZ ab 112 €

18 Wisente im Rothaargebirge

51° 02' 51" Nord / 08° 23' 33" Ost

Ob die Wisente im Rothaargebirge, wenn sie könnten, ihren Artgenossen in den USA eine Postkarte schreiben würden? Vermutlich haben sie andere Sorgen. Denn was Touristen verzückt, treibt so manchem Einheimischen die Zornesröte ins Gesicht. Alles begann 2013, als im Rahmen eines Artenschutzprojektes acht Wisente auf gut Glück ausgewildert wurden. Wissenschaftler und Wisentfreunde wollten herausfinden, ob es möglich ist, die einst in Europa weitverbreiteten, dann aber ausgerotteten Wildrinder wieder anzusiedeln. Die sympathisch-zotteligen Teilnehmer des »Experiments« waren allesamt in Zoos aufgewachsen. Ob sie ohne den Menschen überleben können, war daher fragwürdig. Doch von den 23 Tieren, die heute durchs Sauerland streifen, wurden 19 in freier Wildbahn geboren. Echt lecker finden Wisente übrigens Buchenrinde, mit der sie ihren Bedarf an Mineralstoffen decken. Beim Knabbern achten sie freilich nicht darauf, ob die Bäume der Begierde in Nachbars Garten wachsen. Daher muss der Verein »Wisent-Welt«, der die Auswilderung einst initiierte, seine Lieblinge immer wieder vor Gericht gegen wütende Waldbauern verteidigen. Um frei lebende Wisente vor Ort zu beobachten, braucht man Glück. Elf Tiere kann man aber aus nächster Nähe im Schaugehege der »Wisent-Welt Wittgenstein« bei Bad Berleburg bestaunen. Ihre Verwandten, die Amerikanischen Bisons, leben vor allem in der Prärie im Mittleren Westen der USA, etwa in Montana. Sie gelten bis heute als gefährdet.

www.wisent-welt.de

Amerikanische Bisons, Montana, USA
46° 35' 39" Nord / 112° 00' 40" West

Tiere, die man sonst nur aus Westernfilmen kennt: Im Rothaargebirge leben Europäische Bisons, wie Wisente auch genannt werden, in freier Wildbahn.

Restaurants

Café Harnischmacher

Gediegen sitzen lässt es sich im seit 1930 bestehenden Traditionshaus. Frisch aus der Backstube des Konditorei-Cafés kommen nicht nur die Kuchen und Torten nach Rezepturen des Großvaters. Dort, in den heiligen Hallen der Pralinenherstellung, werden auch die süßen Attendorner Iserköppe gemacht. Niederste Str. 5, 57439 Attendorn, Tel. 027 22/23 70, Mo–Fr 8.30–18, Sa 8–17, So 8–18 Uhr, www.harnischmacher.com

Bistorant Uppu

Martina und Josef »Uppu« Gruß verstehen sich auf Arbeitsteilung, betreiben das Bistorant mit angeschlossenem Bike-Testcenter und MTB-Verleih: Sie kocht, der »Bike-Papst« serviert feine Burger – und nimmt später Willige mit auf Tour. Am Waltenberg 19, 59955 Winterberg, Tel. 029 81/22 20, So–Do 9–22,Fr/Sa 9–23 Uhr, Nachsaison Mo geschl., www.uppu.de

Wirtshaus Bavaria

Bayern trifft Hessen: Hausgemachte bayerische Küche gibt's in der Frankenberger Altstadt. Dort serviert man nicht nur frisch gezapftes Augustiner Helles, sondern tischt neben Obazda, Weißwürstl oder ofenfrischen Schweinshaxen auch regionale Spezialitäten auf. Obermarkt 16, 35066 Frankenberg, Tel. 064 51/717 71 60, Di–Fr 17–2, Sa, So 12–14, 17–2 Uhr, www.bavaria-frankenberg.de

Phänomenta

Technik ist kompliziert? Wer das bislang dachte, kann sich im ersten Science Center von Nordrhein-Westfalen eines Besseren belehren lassen. Verschiedene Ausstellungsbereiche behandeln Phänomene der Optik, Mechanik, Elektrizität, Kraft und des Magnetismus. Insgesamt 180 Exponate sind im wahrsten Sinne des Wortes einfach zu begreifen, versetzen aber dennoch in Staunen.

Phänomenta-Weg 1, 58507 Lüdenscheid, Mo–Fr 9–17, Sa, So 11–18 Uhr, www.phaenomenta-luedenscheid.de

Atta-Höhle

Seit etwa 400 Mio. Jahren gluckst und tröpfelt das Wasser schon im Untergrund, und wer beim geführten Gang durch die Attendorner Unterwelt ganz leise ist, kann der Zeit bei ihrer tropfsteinbildenden Arbeit zuhören. Dabei begann die Entdeckung der Höhle, die zu Deutschland größten und farbenfrohsten zählt, mit einem lauten Knall: Die Steinbrucharbeiter staunten nicht schlecht, als sich nach einer Sprengung im Jahr 1907 die Staubwolke legte und sich der Blick in ein Labyrinth aus wunderschönen Tropfsteinen auftat. Noch im ersten Jahr gab es Führungen und seither bewundern jährlich Hunderttausende die riesige Höhle, deren größter, erst 1986 entdeckter Teil noch erforscht wird. Rund 5000 m soll er lang sein. Was der erschlossene, 560 m lange Führungsweg preisgibt, ist atemberaubend: Wälder aus Stalagmiten, bizarre, von der Decke

ragende Stalaktiten und steinerne Faltenwürfe, Sinterfahnen genannt. Dazu kommt das Farbenspiel der Minerale, das von Milchweiß bis zu erdigen Orangetönen reicht. Besonders ist auch die saubere Luft mit 95 Prozent Feuchtigkeit bei konstant 9 Grad. Deshalb finden Allergiker und Asthmatiker Linderung in der »Gesundheitsgrotte«, und in einem anderen Höhlenteil reift der Atta-Käse.

Finnentroper Str. 39, 57439 Attendorn, Mitte Apr.–Sept. tgl. ab 10, Okt. ab 10.30, Nov./ Jan.–Anf. Apr. ab 11 Uhr, www.atta-hoehle.de

Winterberg

Selbst mit der vierten Jahreszeit im Namen: Winterberg ist zwar beliebter Wintersportort und trägt diverse Weltcupveranstaltungen aus, hat aber immer Saison. Für Wanderer ist das Rothaarsteigland ein prima Revier, und auch als Radler-Dorado hat sich der Ort einen Namen gemacht. Westlich von Winterberg erhebt sich der wohl

 Die Sonne Frankenberg

Auf mehrere mittelalterliche Fachwerkhäuser (Altes Brauhaus, Stadtweinhaus, Bürgerhaus) verteilt, bietet das am Marktplatz gelegene Hotel sonnige, elegante Zimmer und Suiten. Mit hoteleigenem, großem Spa-Bereich. Marktplatz 2–4, 35066 Frankenberg, Tel. 064 51/75 00, www.sonne-frankenberg.de, ab 179 €

bekannteste Berg des Sauerlands, der Kahle Asten. Dort ragt der Astenturm in den westfälischen Himmel und eröffnet einen fantastischen Rundumblick. Gleichermaßen Denkmal und Aussichtsturm, beherbergt er eine Wetterwarte, eine naturkundliche Ausstellung und ein Turmrestaurant.

Tourist Info: Am Kurpark 4, 59955 Winterberg, Tel. 029 81/925 00, Mo–Fr 10–17, Sa 9–13 Uhr, www.winterberg.de
Aussichtsturm am Kahlen Asten: Astenturm 1, 59955 Winterberg, tgl. 10–18 Uhr

④ Bilsteinhöhle Warstein

Im Jahr 1887 entdeckte ein Waldarbeiter die Bilsteinhöhle. Spannend: Dort und in den Bilstein-Kulturhöhlen wurden bei Ausgrabungen urgeschichtliche Keramik, Schmuck und Knochen gefunden und hat vermutlich vor rund 10 000 Jahren eine Jägergruppe Rast gemacht. Die Schauhöhle zeigt uralte Tropfsteinformationen im unterirdischen Labyrinth.

Im Bodmen 54, Warstein, Tel. 029 02/27 31, April–Okt. 9–16.30, Nov.–März 10 bis 15.30 Uhr, www.bilsteintal.de

⑤ Korbach

Hanse, Gold und Fossilien: Dieser Dreiklang hat die mehr als 1000-jährige Stadtgeschichte geprägt. Auch ohne Wasserstraße wurde das an Handelswegen gelegene Korbach zur Hansestadt. Gehandelt hat man auch mit Gold, das Glücksritter am Eisenberg fanden. Ein Muss: die

Hübsch in Pink: Die Stalaktiten und Stalakmiten in der Atta-Höhle wachsen immer weiter.

gut erhaltene Altstadt mit viel Fachwerk und die »Korbacher Spalte«, wo 250 Mio. Jahre alte Reptilien ausgegraben wurden.

Tourist Info: Stechbahn 1, 34497 Korbach, Tel. 056 31/530, Mo–Fr 8.30–18, Sa 9.30–13 Uhr, www.korbach.de

⑥ Edersee und Kellerwald

Ein See, der singt? Ein hessisches Atlantis? Beim Auf und Ab des Wasserspiegels des 27 km langen Edersees tritt nicht nur Erstaunliches zutage, sondern darin liegt seine eigentliche Bestimmung. Denn 1914 fertiggestellt, sollte mit der Talsperre der Wasserstand auf der Oberweser und damals noch im Mittellandkanal reguliert werden. Auf dem Stausee spielt sich manchmal in kalten Wintern ein Naturspektakel ab: Durch

den Temperaturwechsel zwischen Nacht und Tag bricht das Eis und macht Geräusche wie ein Singen und Grollen. Gegrollt haben sicherlich auch die 700 Menschen, die bei der Flutung ihre Heimat verloren. Bei Niedrigwasser tauchen Überreste der Dörfer und die alte Brücke bei Asel wieder auf. Heute ist der See nicht nur Ferienparadies zum Wandern, Schwimmen, Surfen, Tauchen, Bootfahren und Angeln, sondern erzeugt Strom und dient dem Hochwasserschutz. Ein weiteres Paradies ist der Nationalpark Kellerwald-Edersee. Dort kann man auf Erlebnispfaden in das Reich der urigen Buchen eintauchen. Weite Teile der »Alten Buchenwälder Deutschlands« wurden 2011 Unesco-Weltnaturerbe.

Tourist Info: Hemfurther Str. 14, 34549 Edertal-Affoldern, Tel. 056 23/999 80, Mo bis Do 9–16, Fr–So 9–14 Uhr, www.edersee.com
Nationalparkzentrum Kellerwald: Weg zur Wildnis 1, 34516 Vöhl-Herzhausen, April–Okt. tgl. 10–18, Nov.–März Di–So 10–16.30 Uhr, www.nationalparkzentrum-kellerwald.de

19 Sri-Kamadchi-Ampal-Tempel, Hamm

51° 41' 14" Nord / 07° 57' 03" Ost

Emsig, aber doch eher profan geht es im Industriepark Uentrop im westfälischen Hamm zu. Fleischwaren, Beton, Stahl und Bauteile für Maschinen wechseln hier Tag für Tag ihre Besitzer. Lkw und Transporter schwärmen aus – oder kommen vollbepackt angerollt. Zur Autobahn A2 ist es nicht weit, ihr Rauschen überschallt das Gelände. Einen Sakralbau würde man in dieser Umgebung am allerwenigsten erwarten.

Und doch: Genau hier, zwischen tristen Lagerhallen, hat die tamilische Hindugemeinde der Stadt 2002 ihren Tempel errichtet. Und was für einen! Prachtvoll ragt der 17 Meter hohe, mit unzähligen Ornamenten und über 200 Götterfiguren verzierte Gopuram-Turm über dem Eingangsportal in den Himmel auf. Viele Baumeister und Handwerker aus Indien haben damals mit angepackt, um das Gebäude nach allen Regeln der Kunst im südindischen Dravida-Stil zu gestalten und später knallbunt zu bemalen. So, wie das eben in ihrer Heimat üblich ist. Blickt man vom rechteckigen, rotweißen Sockel des Heiligtums hinauf zur bunten Turmspitze, wirken seine Opulenz und Exotik fast selbstverständlich.

Sri-Minakshi-Sundareshwara-Tempel, Madurai, Südindien
09° 55' 10" Nord / 78° 07' 10" Ost

Doch bis zur Einweihung war es ein weiter, beschwerlicher Weg: Als Anfang der 1980er-Jahre auf Sri Lanka ein blutiger Bürgerkrieg tobte, flohen Zehntausende Tamilen vor Gewalt und Unterdrückung aus ihrer Heimat nach Deutschland. Vielerorts wurden die Neuankömmlinge und ihre Religion misstrauisch beäugt, so war das auch in Hamm. Mittlerweile wird die Hindugemeinde aber als große Bereicherung des Kulturlebens wahrgenommen. Höhepunkt im religiösen Jahreskalender ist das zweiwöchige Tempelfest, das Hindus aus ganz Europa, aber auch immer mehr Besucher anderer Konfessionen anlockt. Die rituelle Reinigung wird im nahe gelegenen Datteln-Hamm-Kanal zelebriert. Unter einer Autobahnbrücke! Doch der kuriose Tempelstandort hat auch einen unschlagbaren Vorteil: Über die A2 ist man wirklich schnell dort – und Gäste sind herzlich willkommen!

kamadchi-ampal.olanko.de

In allen Farben des Regenbogens leuchten die reich verzierten Turmspitzen des Hindutempels in Hamm. Das 2002 erbaute Heiligtum ist Kamadchi geweiht, der »Göttin mit den liebevollen Augen«. Sie ist eine von vielen Göttern, die im Hinduismus jedoch als Erscheinungsformen eines einziges Ur-Gottes auftreten.

Restaurants

Brauhaus Zwiebel

Deftig speisen hinter gutbürgerlicher Fachwerkfassade: Zwischen Eichenbalken und kupfernen Sudkesseln wird hausgebrautes Bier serviert. Auf die Holztische kommt gute westfälische Küche – wobei, alleine schon des Namens wegen, eines nicht fehlen darf: Zwiebelsuppe.
Ulricherstr. 24, 59494 Soest, Tel. 029 21/44 24, tgl. ab 11 Uhr, www.brauhaus-zwiebel.de

Kleiner Kiepenkerl

Kiepenkerle wurden umherziehende Händler genannt, die das Volk mit Lebensmitteln versorgten. Ihnen hat die Stadt Münster ein ganzes Viertel gewidmet, und dort mittendrin versorgt man im Kleinen Kiepenkerl Gäste mit Speisen, die bodenständig, aber auch fein und raffiniert daherkommen.
Spiekerhof 47, 48143 Münster, Tel. 02 51/434 16, tgl. 11.30–24 Uhr, www.kleiner-kiepenkerl.de

Café Reitstall

Sich das Mittelalter schmecken lassen kann, wer in das Café Reitstall bei der Burg Vischering einkehrt. In umgebauten Pferdeboxen lässt es sich wie Edelmann und -fräulein fürstlich frühstücken. Es gibt im uralten Steinofen selbst gebackenes Brot und tolle Torten.
Berenbrock 1, 59348 Lüdinghausen, Tel. 025 91/947 57, März–Ende Okt. tgl. 9–17.30, Nov.–Feb. Di–Fr 9–16.30, Sa, So 9–17.30 Uhr, www.cafe-reitstall.de

 Münster

Ganz schön alt und doch ziemlich jung: Gut 40 000 Studenten und jede Menge »Leeze«-Fahrer, die Münster zur deutschen Fahrradhauptstadt erhoben haben, tummeln sich im 1200 Jahre alten Großstädtchen. Neben quirliger Atmosphäre punktet Münster mit altehrwürdigen Bauten. Wahrzeichen ist das gotische Rathaus, in dem mit dem Westfälischen Frieden der Dreißigjährige Krieg beendet wurde. Münsters gute, kopfsteingepflasterte Stube zum Bummeln und Genießen ist der Prinzipalmarkt. Zwischen Stadthausturm und Lambertikirche haben sich Kaufleute in 48 schmucken Patrizierhäusern mit Bogengängen eingerichtet. Das einzige deutsche Picasso-Museum besitzt über 800 Grafiken des Jahrhundertkünstlers, und Naturfreunde besuchen den botanischen Garten hinter dem Fürstbischöflichen Schloss.

Tourist Info: Heinrich-Brüning Str. 9, 48143 Münster, Tel. 02 51/492 27 10, Mo–Fr 10–18, Sa 10–13 Uhr, www.stadt-muenster.de

 Vier-Jahreszeiten-Park und Kindermuseum Klipp Klapp

Der Vier-Jahreszeiten-Park entstand auf dem Gelände der Landesgartenschau 2001, die den Titel »Blütenzauber und Kinderträume« trug. Der kann noch heute als Motto für die Parklandschaft gelten, die mehr als 40 Stationen beherbergt: Spielplätze, Baumhäuser und Lehrbienenstand, Vogelvoliere, Freizeitbad oder Beachvolleyballfeld und eine Eislaufbahn im Winter. Mitten im Park thront das Kindermuseum Klipp Klapp mit historischer Wassermühle. An einer Spielmühle lässt sich auf drei Etagen entdecken, wie aus Korn Mehl wird. Gespeist wird sie statt Getreide mit bunten Bällen, angetrieben durch Muskelkraft. In der gläsernen Küche dürfen bis zu 30 Kinder die Kochlöffel schwingen. Gärten und Aue sind frei zugänglich, der Park kostet Eintritt.

Konrad-Adenauer-Allee 20, 59302 Oelde, tgl. geöffnet, www.vier-jahreszeiten-park.de

 Schloss Nordkirchen

Wer einmal so etwas Großartiges wie Versailles sehen möchte, braucht nicht nach Frankreich reisen. Neben dem Chiemsee (s. S. 142) ist auch Nordkirchen eine Alternative: Denn nur gut 25 km von Münster entfernt liegt das westfälische Spiegelbild des französischen Prunkschlosses, 1724 von Johann Conrad Schlaun fertiggestellt. In den pompösen Gemäuern – von der Unesco als Gesamtkunstwerk von interna-

 Im Wilden Mann

Das Hotel-Restaurant befindet sich in einem historischen Doppelgiebelhaus von 1618 am Soester Marktplatz. Hier wird in charmant nostalgischen Betten genächtigt. Dazu kommt eine internationale oder wahlweise westfälische Küche in rustikalen Räumlichkeiten.
Markt 11, 59494 Soest, Tel. 029 21/150 71, www.im-wilden-mann.de, DZ ab 90 €

Im Park von Schloss Nordkirchen stehen 385 Skulpturen – die ältesten stammen aus dem Jahr 1721 und stellen antike Götter dar.

Zauber der alten Technik lässt sich im angeschlossenen Museum nachspüren.

Am Hebewerk 26, 45731 Waltrop, Di–So 10–18 Uhr, www.lwl.org/industriemuseum

 6 LWL-Römermuseum

Hier haben vor über 2000 Jahren römische Legionäre ihr Lager aufgeschlagen und zu einem der wichtigsten Militärkomplexe im rechtsrheinischen Germanien aufgebaut. Exponate und Workshops lassen ihre Geschichte lebendig werden: Man kann römisches Marschgepäck schultern und auf der Römerbaustelle Aliso per Fernglas in die virtuelle Vergangenheit blicken.

Weseler Str. 100, 45721 Haltern am See, Di–Fr 9–17, Sa, So 10–18 Uhr, www.lwl-roemermuseum-haltern.de

tionalem Rang für schutzwürdig erklärt – kann heutzutage, wer mag, wahlweise heiraten, lustwandeln oder Konzerte hören.

Schloss 1, 59394 Nordkirchen, Park ganzjährig zugängig, Schloss nur geführte Gruppen, Anmeldung unter Tel. 025 96/93 30, www.schloss.nordkirchen.net

4 Burgen in Lüdinghausen

Drei auf einen Streich: Mit dieser hohen »Wasserburgendichte« kann die Stadt nicht zuletzt dank des Flusses Stever aufwarten. Die trutzige Ringmantelburg Vischering von 1271 besitzt wie ehedem mittelalterlichen Charme, gerade so, als wären erst gestern noch Knappen und Ritter über die Zugbrücke geritten. Die außerhalb gelegene Burg Kakesbeck stammt aus dem 14. Jh. und in der Renaissanceburg Lüdinghausen tagt im Hier und Jetzt der Stadtrat.

Burg Vischering: Berenbrock 1, 59348 Lüdinghausen, die Hauptburg ist wegen Renovierung geschlossen, die Vorburg kann aber besichtigt werden, Apr.–Okt. Di–So 10–13, 13.30–17.30, Nov.–März Di–So 10–13, 13.30–16.30 Uhr, www.burg-vischering.de; Renaissanceburg Lüdinghausen: Amthaus 14, 59348 Lüdinghausen, April–Okt. Mi–Sa 14–17, So 11–17 Uhr, www.burg-luedinghausen.de; Burg Kakesbeck: Bechtrup 63, 59348 Lüdinghausen, Besichtigung nur auf Voranmeldung unter Tel. 025 91/46 43, www.luedinghausen.de

5 Schiffshebewerk Henrichenburg

Schiffsriesen, die über eine 14 m hohe Stufe des Dortmund-Ems-Kanals einfach hinweggehoben wurden – kein Wunder, dass die Menge jubelte, als Kaiser Wilhelm II. im August 1899 die Anlage einweihte. Dem

20 Schwebebahn Wuppertal

51° 15' 33" Nord /
07° 12' 40" Ost

Mud Island Monorail, Memphis, Tennessee, USA
35° 08' 45.6" Nord / 90° 03' 29" West

Nein, dieser Text beginnt ausnahmsweise nicht mit Tuffis tragischem Sturz aus der Schwebebahn. Kennt doch schon jeder. Sie noch nicht – wirklich? Na gut. Tuffi, so hieß ein liebenswertes Elefantenkalb, das 1949 vom Traditionszirkus Althoff verpflichtet wurde. Dass der Dickhäuter, von Indien nach Deutschland verschifft, plötzlich im Rampenlicht der Manege stand, um dort tierische Tricks zum Besten zu geben, irritierte ihn nicht sonderlich. Jedenfalls war die junge Elefantendame so zutraulich, dass Zirkusdirektor Franz Althoff sie immer öfter durch Deutschlands Innenstädte bugsierte, um dort mit Bohei für seine Show zu werben. Je kurioser die PR-Auftritte, desto lauter klingelte die Zirkuskasse. So kam es, dass sich Tuffi am 21. Juli 1950 tatsächlich am Ticketschalter der Wuppertaler Schwebebahn wiederfand – umringt von Schaulustigen und Journalisten. Tapfer legte das Elefantenmädchen die Ohren an und presste sich in einen der wankenden Waggons. Anfangs schien alles gut. Doch als sich die Hochbahn mit gellendem Quietschen in die erste Kurve legte, verlor selbst Tuffi die Contenance. In Panik durchbrach der Elefant die Seitenwand der Kabine und stürzte in den Abgrund. Dass das Tier die Fallhöhe von zwölf Metern überlebte, grenzte an ein Wunder: Tuffi war in einem tieferen, schlammigen Abschnitt der Wupper gelandet und kam mit harmlosen Blessuren davon. Einheimische lieben dieses Happy End, lieben Tuffi, die bis heute auf Postkarten fröhlich mit dem Rüssel winkt. Vor allem aber lieben sie die Schwebebahn, das Wahrzeichen ihrer Stadt. Seit 1901 ist sie in Betrieb; Zehntausende nutzen sie bis heute täglich auf dem Weg zur Arbeit, zum Einkaufen oder zu Familie und Freunden. Ein Großteil der 13,8 Kilometer langen, von mächtigen Stahlstützen getragenen Strecke folgt der Wupper senkrecht über dem Flusslauf. Natürlich schweben die Züge nicht wirklich, sondern sind über Antriebsrollen an Schienen aufgehängt. Ganz ähnlich funktioniert die »Mud Island Monorail«, eine Attraktion der Stadt Memphis im US-Bundesstaat Tennessee. Seit 1982 verbindet die Hängebahn Downtown mit einem Freizeitpark jenseits des Mississippi. Dabei legt sie jedoch nur rund 520 Meter zurück und hat keine eigenen Motoren – sondern wird von schweren Stahlseilen gezogen.

www.schwebebahn.de

WUPPERTAL–MEMPHIS: 7.483 KM

Topmodern von A nach B: 2017 wurde die Wuppertaler Schwebebahn sogar mit dem Industrieforum Design Award ausgezeichnet. Auf ihrer rund 14 Kilometer langen Strecke macht sie an 20 Stationen Halt.

Briller Villenviertel

Im Briller Viertel befinden sich die Herrschaftshäuser betuchter Fabrikanten – am Ölberg die engen Mietshäuser der Arbeiterfamilien: Prachtbauten und Proletarierunterkünfte werden nur durch eine Straße getrennt. Bei einem Rundgang durch die Eberfelder Nordstadt folgt man den Spuren der Industrialisierung. Über 245 denkmalgeschützte Villen zählt man im Südteil des Briller Viertels. Die Baustile reichen von Spät- und Neuklassizismus bis hin zu der Neugotik, Neurenaissance und Neubarock.

Führungen über Tourist Info: Kirchstr. 16, 42103 Wuppertal, Tel. 02 02/563 22 70, Mo–Fr 9–18, Sa 10–14 Uhr, www.wuppertal.de

 Schwimmoper

Der Name täuscht. Hier werden (leider) keine Opern aufgeführt, auch wenn

> **Park Villa**
>
> Herrschaftlich logieren für bezahlbares Geld! In der Park Villa trifft modernes Interieur mit stylishen Badezimmern auf ehrwürdiges Gemäuer und einen prachtvollen Garten. Die Schlaf- wie Tagungsräume sind sehr unterschiedlich und abwechslungsreich gestaltet: von schön cool bis schön plüschig. Erich-Hoepner-Ring 5, 42369 Wuppertal, Tel. 02 02/ 28 33 54 00, www. parkvilla-wuppertal.de, DZ ab 130 €

Einst eine Sternwarte, heute stimmungsvoller Trausaal: der 1838 erbaute Elisenturm im Botanischen Garten von Wuppertal.

die steil aufragenden Sitzreihen knapp 1600 Zuschauer spielend unterbringen und es das Äußere durchaus mit einem Konzerthaus aufnehmen könnte. Durchgängig hohe Fensterfronten lassen viel Licht in die geräumige Halle. Das konkav geschwungene Dach ist auch nach Abschluss der Renovierung in 2010 erhalten geblieben. Schwimmen kann man hier natürlich auch, in der neu gestalteten Sauna schwitzen oder im Fitnessraum strampeln, um sich dann wieder auf einer der zwölf Schwimmbahnen abzukühlen.

Südstr. 29, 42103 Wuppertal, Mo, Di, Do, Fr 6.30–22, Mi 6.30–13, Sa 10–18, So 9–18 Uhr, www.wuppertal.de

 Historische Stadthalle am Johannisberg

Außen hui! Innen hui, hui! Die Historische Stadthalle aus wilhelminischer Zeit wurde in den 1990er-Jahren erneut renoviert und dabei Stuckverzierungen, Decken- und Wandgemälde in Stand gesetzt. Der Bau beherbergt acht pompöse Säle. Der größte bietet Sitz- und Stehplätze für 3550 Besucher sowie einen Orchesterraum von 190 qm, in dem auch die größten Besetzungen untergebracht werden können. Nicht zu vergessen die ausgezeichnete Akustik, die – so die Fachmeinung – dem Vergleich mit den besten Konzerthäusern Europas gut standhält.

Johannisberg 40, 42103 Wuppertal, Mo–Fr 8–18 Uhr, www.stadthalle.de

Botanischer Garten mit Elisenturm

Cyclamen, Iris, Paeonia, Scilla, Moraea, Babiana, Gladiolus – auch wer die lateinischen Namen nicht kennt, kann seine Freude an dieser Flora haben. Insgesamt 4000 Pflanzen werden hier gehegt und gepflegt, darunter 400, die zu den geschützten Arten zählen. 1890 zunächst als Schulgarten angelegt, wurde der Botanische Garten im Jahr 1919 auf das Gelände der Ellerschen Villa verlegt und rückte damit näher zum Elisenturm, der auf 220 m Höhe den Mittelpunkt des Parks bestimmt. Seinen Namen verdankt er der Gemahlin Friedrich Wilhelms IV. von Preußen.

Botanischer Garten Wuppertal:
Elisenhöhe 1, 42107 Wuppertal,
Tel. 02 02/563 42 06, Apr.–Sept.
7.30–19, Okt., März 7.30–18,
Nov.–Febr. 7.30–16.30, Sa, So und an
Feiertagen ab 9 Uhr geöffnet,
www.botanischer-garten-wuppertal.de

 5 Tanztheater Pina Bausch

Das Wuppertaler Tanztheater trägt ihre Handschrift und erlangte dank ihr internationales Renommee. Pina Bausch mischte Schauspiel und Pantomime, Gesang und Tanz und gilt Kritikern als Begründerin des Tanztheaters. Wim Wenders hat ihr eine wunderbare Dokumentation gewidmet, deren Vollendung im Jahr 2011 die Choreografin nicht mehr erlebte. Bausch starb 2009 im Alter von knapp 69 Jahren. Wer ihre Aura spüren möchte, besucht das Wuppertaler Tanztheater – das Ensemble tanzt und lebt ihre Philosophie fort.

Kurt-Drees-Straße 4, 42283 Wuppertal,
www.pina-bausch.de

 6 Von der Heydt Museum

Dieses Museum trägt seit dem Jahr 1961 den Namen jener Bankiersfamilie, die zu den Hauptförderern der Sammlung gehört. Schwerpunkte des Hauses sind die französische Malerei – u. a. Degas, Cézanne, Monet und Seurat – und die Moderne Klassik. In der Nazizeit erfuhr das Museum einen traurigen Aderlass, weil viele Werke als entartet abgestempelt,

beschlagnahmt und verkauft oder zerstört wurden. Nach dem Krieg konnten einige Arbeiten zurückerworben werden.

Turmhof 8, 42103 Wuppertal,
Di, Mi 11–18, Do, Fr 11–20, Sa, So 10–18 Uhr,
www.von-der-heydt-kunsthalle.de

 7 Barmer Anlagen

Wuppertal ist stolz auf seine Grünflächen, die sich insgesamt über 445 Hektar erstrecken. Die Barmer Anlagen machen davon allein 100 Hektar aus – Wälder, Wiesen, Parks, und Teiche. Ein wunderbarer Ort für ausgedehnte Spaziergänge und ein Ort der Denkmale. Wer alle 22 sehen möchte, benötigt etwa 2 Std. Die beste Aussicht genießt man vom Toelleturm.

Untere Lichtenplatzer Straße 84,
42289 Wuppertal,
www.barmeranlage.de

 McDreams Hotel

Schlichtes Hotel, ca. 1,5 km vom Hauptbahnhof entfernt. Helle Räume mit großen Fenstern, die Wände mit historischen Schwarz-Weiß-Postern der Stadt geschmückt. Boxspringbetten verhelfen zu gesundem Schlaf. Frühstück gibt es nicht im Haus, aber – vergünstigt – u. a. im nahe gelegen Markant Bistro.
Friedrich-Ebert-Str. 131c, 42117 Wuppertal, Tel. 02 02/62 93 94 58-4,
www.mcdreamshotels.de, DZ ab 40 €

 Restaurants

Wagner am Mäuerchen
Rustikal ist die Einrichtung: bleiverglaste Fenster, holzvertäfeltes Interieur. Deftig sind die Speisen: Blutwurst, Schlachtplatte, Eisbein. Seit 30 Jahren betreibt Thomas Jochum das Restaurant, wobei ihm die schonende Zubereitung ebenso am Herzen liegt wie die Frische der Waren.
Mäuerchen 4, 42103 Wuppertal,
Tel. 02 02/449 10 12, Mo–Fr 11–23,
Sa 11–21.30 Uhr,
www.wagner-am-maeuerchen.de

79° Essen und Trinken
»Ohne Firlefanz« – das gilt hier für die Speisen wie für die hübsche, aber schnörkellose Einrichtung. Ambitioniert ist man »nur« in puncto Auswahl der Zutaten und kocht vorzugsweise das, was die Saison zu bieten hat.
Luisenstraße 61, 42103 Wuppertal, Tel. 02 02/27 09 70 70 (Reservierung ratsam), www.79grad.com

Café Elise
Idyllisch im Botanischen Garten gelegen, ist es beides – Kaufladen und Kaffeehaus! Was man kostet, kann man erwerben: Tee, Kaffee und Kuchen, aber auch die Tasse, den Stuhl oder die Tischdekoration. Im Winter wärmt neben dem Grog ein offener Kamin Herz und Glieder.
Elisenhöhe 1, 42107 Wuppertal,
Tel. 02 02/94 60 07 30, im Sommer tgl. 10–ca. 22, im Winter tgl. 10–18, So und feiertags Brunch 10–14 Uhr,
www.elisenhoehe.de

Auch im Düsseldorfer MedienHafen schwingen Gebäude des Star-Architekten Frank O. Gehry das Tanzbein.

21 Neuer Zollhof, Düsseldorf

51° 12' 58" Nord / 06° 45' 28" Ost

Häuser können nicht tanzen – Bürogebäude schon gar nicht. Wäre ja auch verrückt! Wie sollten Buchhalter oder Ingenieure bitteschön konzentriert ihren Job erledigen, wenn ihr Arbeitsplatz regelmäßig einen flotten Foxtrott aufs Parkett legt? Was weder statisch machbar noch volkswirtschaftlich sinnvoll ist, verwirklichen einige Architekten zumindest gestalterisch. Einer von ihnen ist der 1929 in Kanada geboren US-Amerikaner Frank O. Gehry. Wie kein anderer Vertreter seiner Zunft schafft er es bereits seit den 1980er-Jahren, seinen Entwürfen Rhythmusgefühl und Musikalität einzuhauchen. Gehry gilt als Begründer des Dekonstruktivismus, einer Architekturströmung, die geometrische Strenge durch stürzende Linien und organische Formen ersetzt. Berühmt ist vor allem sein »Tanzendes Haus« (1996) in Prag, doch auch hierzulande kann man den »architektonischen Hüftschwung« des Amerikaners bestaunen. Ästhetisch herausragend ist neben dem Vitra-Designmuseum in Weil am Rhein und dem Gehry-Tower in Hannover vor allem der Neue Zollhof (1999) in Düsseldorf. Die insgesamt drei Gebäude sind Teil des Düsseldorfer MedienHafens, der sich über die Jahrzehnte vom Büroquartier zum Ausgehviertel mit unzähligen Bars und Restaurants gemausert hat. Besonders eindrucksvoll ist das nachts futuristisch beleuchte Architekturensemble zur blauen Stunde kurz nach Sonnenuntergang. Hobbyfotografen können das Areal im Rahmen einer zweistündigen Fototour erkunden, bei der auch spannende Fakten über das Viertel vermittelt werden.

www.medienhafen.de

Tanzendes Haus in Prag, Tschechien
50° 04' 31" Nord / 14° 24' 51" Ost

DÜSSELDORF–PRAG: 555 KM

89

Restaurants

Nagaya

Ausgezeichneter Japaner auf Topniveau: Yoshizumi Nagaya lernte bei einem Großmeister der traditionellen Küche und bei einem Star der modernen Küche. Zusammen mit seiner eigenen Kreativität bringt er absoluten Hochgenuss aus ausgesprochen raren und exklusiven Zutaten auf den Teller.
Klosterstr. 42, 40211 Düsseldorf, Tel. 02 11/863 96 36, Di–Sa 12–14, 19–22 Uhr, www.nagaya.de

Weinhaus Tante Anna

Elegant, stilvoll, gemütlich. In dem über 175 Jahre alten Restaurant in der Altstadt genießen die Gäste an massiven Eichentischen ganz vortreffliche Traditionsküche und erlesene deutsche Weine. An den Wänden hängen Bilder und Stiche aus der Historie des Hauses. Dessert nicht vergessen!
Andreasstr. 2, 40213 Düsseldorf, Tel. 02 11/13 11 63, Di–Sa ab 18 Uhr, www.tanteanna.de

Im Füchschen

Rheinische Brauhauskultur plus hauseigene Metzgerei ergeben: eine gute deftige Küche. Das Alt wird seit 1848 gebraut und passt exzellent zur knusprigsten Haxe der Stadt, der Blutwurst oder den kleinen, feinen Bierhappen. Unbedingt Hunger mitbringen.
Ratinger Str. 28, 40213 Düsseldorf, Tel. 02 11/137 47 16, Mo–Do 9–1, Fr/Sa bis 2, So bis 24 Uhr, www.fuechschen.de

 K20/21 – Kunstsammlung Nordrhein-Westfalen

Im K20, dem stattlichen Granitbau von 1986 (2010 erweitert), lässt sich die größte Paul-Klee-Sammlung der Welt bewundern. Auch die Arbeiten von Matisse, Picasso, Pollock, Warhol, Beuys und vieler weiterer wichtiger Künstler begründen den Ruf des Museums, eines der sehenswerten Deutschlands zu sein. Das K21 ist in einem Gebäude aus dem 19. Jh. mit riesiger Glaskuppel untergebracht und ergänzt die umfangreiche Sammlung vor allem um Skulpturen und Video-Installationen.

Grabbepl. 5 (K20) bzw. Ständehausstr. 1 (K21), 40213 Düsseldorf, Di–Fr 10–18 Uhr, Sa/So 11–18 Uhr, jeden 1. Mi/Monat 10 bis 22 Uhr, www.kunstsammlung.de

 St. Andreas

Ein Juwel historischer Baukunst: Früh- und spätbarocker Stuck dominieren, doch die Spätgotik ist in der Emporenhalle noch deutlich sichtbar. Sehenswert ist auch das Mausoleum des Kurfürsten Jan Wellem.

Andreasstr. 27, 40213 Düsseldorf, Mo–Sa 7.30–18.30, So 8.30–19 Uhr, www.dominikaner-duesseldorf.de

 Ekō-Haus der Japanischen Kultur

Mit einem Anteil von nur 1,1 Prozent an der Düsseldorfer Bevölkerung bilden die Japaner eine Minderheit, stellen jedoch mit über 6500 Mitgliedern die größte Japantown in Deutschland. Im Ekō-Haus trifft sich die Community, öffnet Besuchern aus aller Welt Traditionen und Bräuche. Zentraler Blickfang ist ein buddhistischer Tempel, umgeben von einem atemberaubenden Garten mit Flüsschen und Glockenturm. Zeremonien und Feierlichkeiten, Kunsthandwerk wie Ikebana und Kalligrafie kann man hier erleben und lernen. Mit Überziehsocken erkundet man eine scheinbar andere Welt und versteht, warum die nordrhein-westfälische Landeshauptstadt manchmal auch »Klein-Tokio am Rhein« genannt wird.

Brüggener Weg 6, 40547 Düsseldorf, Di–So 13–17 Uhr, www.eko-haus.de

 Museum Insel Hombroich

Die Urkraft eines Ortes nutzen, um der Ausdruckskraft von Kunst Raum und Bedeutung zu geben – das war die Idee des Sammlers Karl-Heinrich Müller (1936 bis

 Sir & Lady Astor

So geht stilvolles Interieur: Gemeinsam ist beiden Häusern eine gewisse britische Opulenz bei Tapeten und Stoffen. Im Sir Astor sind die Möbel eher dunkel gehalten, Lady Astor verzaubert mit heller Leichtigkeit. Sehr persönliche, charmante Atmosphäre.
Kurfürstenstr. 18, 40211 Düsseldorf, Tel. 02 11/93 60 90, www.sir-astor.de, DZ ab 71 €

Mit dem Baumaterial Stahl stellten die Schöpfer von Tiger & Turtle einen Bezug zur Industriegeschichte des Ortes her.

7 Landschaftspark Nord

Das 1985 stillgelegte Thyssen-Hochofenwerk hat sich zu einem imponierenden Natur- und Kulturlandschaftspark gemausert. Die Zeitzeugen der alten Industrie sind von wild wuchernder Natur umgeben. Das rund um die Uhr geöffnete Hüttenwerk lässt sich erklettern und erwandern, in einem zum Tauchzentrum umgebauten Gasometer kann man in ungewohnter Umgebung abtauchen. Nachts wird das ganze Gelände von den Lichtinstallationen des britischen Künstlers Jonathan Park erleuchtet. Zahlreiche Musik- und Kulturveranstaltungen machen den Park über Duisburg hinaus zu einem beliebten Treffpunkt.

Emscherstr. 71, 47137 Duisburg,
www.landschaftspark.de

Villa Achenbach

Idyllisches, märchenhaft wirkendes Haus in einer historischen Stadtvilla von 1907. Die Zimmer sind im viktorianischen Stil eingerichtet, dunkles Mahagoniholz dominiert. Das großartige Frühstücksbüfett wird im Wintergarten serviert.
Achenbachstr. 17, 40237 Düsseldorf, Tel. 02 11/66 90 90, www.villa-achenbach.de, DZ ab 100 €

2007). Besucher erwandern das Gelände und entdecken Häuser und Skulpturen mit bedeutenden Werken. Neben einer beachtlichen fernöstlichen Sammlung findet man Crinth, Graubner, Matisse, Rembrandt und Klein. Die einzelnen Häuser öffnen immer wieder den Blick für die Natur der Umgebung und vermitteln ein Gefühl von Freiheit, Ruhe und Kraft.

Minkel 2, 41472 Neuss, Apr.–Sept. tgl. 10 bis 19 Uhr, Okt. 10–18, Nov.–März 10–17 Uhr, www.inselhombroich.de

5 Neanderthal-Museum

Vor mehr als 160 Jahren wurde er ganz in der Nähe gefunden: der Neanderthaler. Und heute können wir ihn in einem der modernsten Museen Europas kennenlernen. Die Geschichten und Exponate erzählen von den Anfängen der Menschheit vor mehr als 4 Mio. Jahren. Es gibt witzige Mitmachaktionen (vorher anmelden!), etwa eine Taschenlampenführung.

Talstr. 300, 40822 Mettmann,
Di–So 10–18 Uhr, www.neanderthal.de

6 Tiger & Turtle

Landmarke, Kunstwerk, beeindruckendes Zeugnis der Flexibilität von Stahl: Das ist die einer Achterbahn nachempfundene Großskulptur Tiger & Turtle. Wer ihre Stufen erklimmt, wird mit einer grandiosen Aussicht und nachts mit einer erstaunlichen Beleuchtung belohnt. Die 2011 eröffnete Attraktion, geschaffen von Heike Mutter und Ulrich Genth, ist Tag und Nacht bei freiem Eintritt geöffnet.

Ehinger Str. 117, 47249 Duisburg,
www.tigerandturtle.duisburg.de

22 Rheinbrücke Emmerich
51° 49' 45" Nord / 06° 13' 33" Ost

Ein Mann, ein Sprung! Das war schon ein Hingucker, als sich Umweltminister Klaus Töpfer im Mai 1988 nahe Mainz im Neoprenanzug von einem Polizeiboot in die Fluten des Rheins stürzte. Trotz pinker Badekappe wirkte die Hechtrolle des damals 50-Jährigen zumindest im Fernsehen so schnittig wie der Einsatz eines Rettungstauchers. Dabei wollte der Politiker das Gegenteil beweisen: Dem Rhein geht es gut! Grund zur Sorge gab es aber durchaus noch. Jahrelang hatten Chemiekonzerne entlang des Flusslaufs ihre Abfälle bequem und ungefiltert in Deutschlands zweitlängstem Strom entsorgt; hinzu kamen Pestizide und andere Schadstoffe aus der Landwirtschaft. So musste Vater Rhein auf seiner langen Reise zur Nordsee tagtäglich einiges schlucken. »Taten statt Baden« kommentierten denn auch Umweltverbände die in ihren Augen scheinheilige Aktion des Ministers. Heute, 30 Jahre später, kann man hingegen guten Gewissens behaupten: Der Rhein ist zwar nicht rein, hat sich aber deutlich erholt. Und dadurch Erholungswert! Wer spektakuläre Architektur und zudem Kalifornien liebt, sollte den Fluss nahe der holländischen Grenze besuchen. Vor den Toren der Stadt Emmerich spannt sich seit 1965 die längste Hängebrücke Deutschlands von Ufer zu Ufer – die nicht umsonst »Golden Gate Bridge am Niederrhein« genannt wird. Zwar ist die Konstruktion mit einer Länge von 803 Metern deutlich kleiner als ihr Pendant in den USA; vor allem ihre rote Farbe verleitet jedoch zum »California Dreaming«. Und wie die Bucht von San Francisco ist schließlich auch der Niederrhein, der sich nur 150 Kilometer westlich bei Rotterdam in die Nordsee ergießt, ein Tor zur Welt. Mit Stil und Komfort kann man die Brücke aus einem der Strandkörbe an den Emmericher Rheinpromenaden bewundern. Baden darf man hier nicht, auch nicht mit Badekappe – aber entspannen und genießen. Vielleicht mit einer Blume im Haar?

www.niederrhein-tourismus.de

Golden Gate Bridge, San Francisco, Kalifornien, USA
37° 49' 03" Nord / 122° 28' 42" West

EMMERICH–SAN FRANCISCO: 8.876 KM

Nach Sonnenuntergang erstrahlen die rund 80 Meter hohen Pylone der Rheinbrücke Emmerich in spektakulärem Licht. Nicht nur die Form, auch der rote Anstrich des kolossalen Bauwerks erinnert an die Golden Gate Bridge in San Francisco.

❶ Museum Wasserburg Anholt

Ein Wehrbau aus dem 12. Jh. ist Ursprung der Wasserburg, eines der größten Wasserschlösser des Münsterlandes. Kernburg (1169), Vorburg (um 1700) und prächtige Außenanlagen nach Vorbild französischer Gartenkunst beeindrucken ihre Besucher. Seit 1966 zeigt das Museum u. a. Werke von Rembrandt, van Goyen, ter Borch sowie original erhaltenes Interieur.

Schloss 1, 46419 Isselburg-Anholt, Mai–Sep. tgl. 11–17, sonst nur So 13–17 Uhr, www.wasserburg-anholt.de

❷ Wildpark Isselburg

1892 wurde der faszinierende Biotopwildpark gegründet – auch wenn er damals noch nicht so hieß. Aus dem Sumpfgebiet entstand eine Insel, auf der heute das Schweizer Häuschen steht. Rund 50 Tierarten sind angesiedelt, Wölfe, Bären, Luchse und manchmal auch Wild-Nachwuchs können bei den Fütterungen beobachtet werden. Ein Erlebnis sind auch die Falkenshows. Lassen Sie Ihren Hund im Auto, er muss sonst in einem Zwinger warten.

Pferdehorster Str. 1, 46419 Isselburg, Mitte März–Okt. tgl. 9–18, Nov.–Anf. März Sa, So 10–16 Uhr, www.anholter-schweiz.de

❸ Salztangente von Bocholt nach Gronau

Seit 2005 kann man die vom Künstler Franz Kohn entwickelte Radtour erkun-

Hat ihre Wirkung sicher nicht verfehlt: Verteidigung war der erste Zweck der mittelalterlichen Wasserburg Anholt.

den – ein ca. 80 km langer Skulpturenweg über einem ausgetrockneten Urmeer im Münsterland zwischen Gronau und Bocholt. Graue und blaue Stäbe weisen auf 200 Mio. Jahre alte Salzlagerstätten hin, Tafeln erläutern Erstaunliches über die unscheinbare Substanz. Eine ebenfalls vom Künstler entworfene Radwanderkarte erzählt Geschichte und Bedeutung des »Weißen Goldes« für das Münsterland.

www.salztangente.de

❹ Archäologischer Park Xanten

Im vom Landschaftsverband Rheinland (LVR) unterhaltenen Archäologischen Park Xanten kommt man der Antike ganz nah. Wo sich einst die römische Stadt Colonia Ulpia Traiana befand, liegt heute Deutschlands größtes archäologisches Freilichtmuseum. Im Originalmaßstab wurden Wohngebäude und Tempel, ein Amphitheater und die Stadtmauer rekonstruiert. Das LVR-Römermuseum zeichnet die Geschichte der Römer in Xanten nach, vom Einmarsch der Legionäre bis zur Entstehung der zivilen Stadt. Hier werden Funde aus der Zeit präsentiert, darunter Waffen, Reste von Wandmalereien, Skulpturen und Grabsteine. Die multimediale Gestaltung begeistert nicht nur Kinder.

Wardter Straße, 46509 Xanten, März–Okt. tgl. 9–18, Nov. tgl. 9–17, Dez.–Feb. tgl. 9–16 Uhr, www.apx.lvr.de

❺ De Hoge Veluwe

Einst ein Jagdrevier, ist der niederländische Naturpark heute ein Paradies für Wanderer und Radler (kostenloser Fahrradverleih!). Satte Wald- und leuchtende Heideflächen wechseln sich ab mit

Im Nationalpark De Hoge Veluwe arbeitet man an der Biodiversität. Das bedeutet, dass der Tierbestand hin und wieder dezimiert werden muss und dass es Wildbret zu kaufen gibt.

kargem Sandmagerrasen und Moorseen. Und natürlich jede Menge Tiere: Rot- und Schwarzwild, Mufflons, Moorbläuling und Dutzende von Arten, die auf der Roten Liste stehen. Das Jachthuis Sint Hubertus und das Kröller-Müller-Museum bieten Architekur- und Kunstgenuss.

Eingänge in Otterlo, Schaarsbergen und Hoenderloo, Apr. 8–20, Mai/Aug. 8–21, Juni/Juli 8–22, Sept. 9–20, Okt. 9–19, Nov. bis März 9–18 Uhr, www.hogeveluwe.nl

⑥ Kröller-Müller-Museum

Claude, Monet, Picasso – aber vor allem die zweitgrößte Van-Gogh-Sammlung der Welt warten mitten im Naturpark auf Besucher. Außerdem einer der größten Skulpturengärten Europas mit mehr als 160 Plastiken in wunderschöner Natur.

Houtkampweg 6, 6731 AW Otterlo, Di–So 10–17 Uhr, www.krollermuller.nl

---

 Landhotel Voshövel

Günstig gelegen zwischen Golfplätzen, Radstrecken und Kulturstätten – etwa dem Römermuseum in Xanten – bietet das vielfach ausgezeichnete Landhotel liebevoll eingerichtete Zimmer, hervorragende Küche und einen riesigen Wellnessbereich.
Postweg 23, 46514 Schermbeck, Tel. 028 56/914 00, www.landhotel.de, DZ ab 220 €

 Restaurants

Restaurant Wanders

Das Wanders ist eine prima Adresse für Spezialitäten wie Eltener Spargel, Pfifferlinge oder Wildgerichte. Es liegt idyllisch im Zentrum und kommt ein bisschen altertümlich daher, ist aber gemütlich und für seine Küche über die Landesgrenze bekannt.
Eltener Markt 2, 46446 Emmerich am Rhein-Elten, Tel. 028 28/22 20, Mo, Di 17.30–21, Mi–So 12–14, 17.30–21 Uhr, www.hotelwanders.de

Restaurant Art

Uwe Lemke und sein kreatives Team gehören laut »Feinschmecker« zu den 800 Besten in Deutschland – und das zu fairen Preisen. Karpfen mit geschmortem Apfel, Rinderfilet in Lebkuchenjus und das weiße Espressoeis – einfach lecker.
Reeser Landstr. 188, 46487 Wesel, Tel. 02 81/975 75, Mo 12–14, Mi–Fr, So 12–14, ab 18, Sa ab 18 Uhr, www.restaurant-art.de

Oranje Koffiehuis

Den vielleicht besten Kaffee der Niederlande – serviert mit einem Schlagsahne-Orangen-Likör – gibt es in diesem urgemütlichen Kaffeehaus, das seit 1870 besteht. Der offene Kamin und der charmante Service lassen die Zeit bei guten Getränken wie im Flug vergehen.
Arke Noachstraat 7, 6811 DN Arnhem, Niederlande, Tel. +31 26/351 40 81, Di/Mi 11–20, Do 11–22, Fr 10–23, Sa 10–22, So 12–20 Uhr

Der Süden

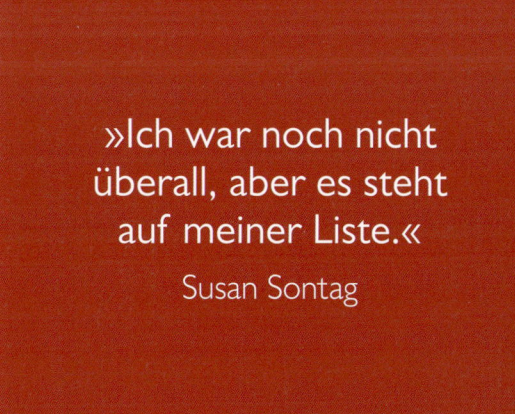

»Ich war noch nicht
überall, aber es steht
auf meiner Liste.«
Susan Sontag

Wankelmut? Nein, ohne kecke Kehre hätte die Saar bei Orscholz keinen Weg durch den Hunsrück gefunden. Den schönsten Blick auf die Saarschleife hat man von den Aussichtspunkten oberhalb des Flusses. Entlang der Ufer verlaufen aber auch Wander- und Fahrradwege.

ORSCHOLZ–GEIRANGER: 1.394 KM

Geirangerfjord, Norwegen
62° 05' 40" Nord / 07° 04' 50" Ost

23 Saarschleife bei Orscholz

49° 30' 04" Nord /
06° 32' 58" Ost

Es werden ja wirklich kuriose Dinge verkauft oder verlost. Abgelegene Inseln zum Beispiel oder sogar Ländereien auf dem Mond. Auch Norbert Krabbe, sympathischer Antiheld des TV-Films »Ein Mann, ein Fjord!« (2009) von Hape Kerkeling, fällt quasi über Nacht ein Stück Natur in den Schoß. Zuvor hatte der glücklose Familienvater, der Preisrätseln einfach nicht widerstehen kann, nur Nippes gewonnen. Bis eines Tages eine Urkunde im Briefkasten landet: Volltreffer! Allerdings kein »Ford«, wie seine Frau insgeheim gehofft hatte – ein Fjord! Nur allzu gerne würde Norbert seinem neuen Stück Norwegen einen Besuch abstatten. Doch woher das Geld für die Reise nehmen? Seine Tochter hat einen recht abenteuerlichen Plan ... Preiswerter und entspannter für das Duo wäre freilich ein Ausflug ins nahe Orscholz gewesen. Auch hier erlebt man einen Hauch von Skandinavien: Die Pirouette, die die Saar in ihrem Durchbruchstal aufs Parkett legt, ist sogar noch spektakulärer als am berühmten Geirangerfjord! Nur durch ein Ausweichmanöver war es dem Fluss möglich, sich über Jahrmillionen einen Weg durch Fels und Stein zu bahnen. Heute gilt das verschlungene Naturphänomen als Wahrzeichen des Saarlands und ist zu fast jeder Tages- und Jahreszeit ein tolles Fotomotiv. Vor allem morgens und abends, wenn sich Nebelschleier oder zerzauste Wolken über die Landschaft legen, zeigt sich ein mystisches Licht- und Farbenspiel. Sehr reizvoll ist der Blick südwärts übers Tal vom neuen, 42 Meter hohen Aussichtsturm des Orscholzer Baumwipfelpfads. Und Norwegen? Liegt in der anderen Richtung. Macht nichts. Kerkelings Komödie und die Saarschleife sind schließlich der beste Beweis, dass sich Umwege lohnen!

www.urlaub.saarland

Restaurants

Landhotel Saarschleife

Nur einen Katzensprung von der begehrten Flussbiegung entfernt kochen Sabine und Michael Buchna hier mit besonderem Fokus auf regionale Traditionen. Slow Food! Da wird aber auch mal in Court-Boullion pochiert oder in Tempura-Teig frittiert. Fragen Sie nach, was »Opa Michis Mourtenspeis« ist! Cloefstr. 44, 66693 Orscholz, Tel. 068 65/ 17 90, Di–So warme Küche 12–21, Mo ab 18 Uhr, www.hotel-saarschleife.de

Restaurant Niedmühle

Ob im Gourmetrestaurant oder im Wintergarten, das Restaurant Niedmühle bietet gehobene Küche mit herzlichstem Service. Mit der Bliesgau-Linse zaubert Stefan Burbach wunderbare Spezialitäten. Man fragt sich, wo der Stern bleibt. Niedtalstr. 13–14, 66780 Rehlingen-Siersburg, Tel. 068 35/674 50, Di–Fr, So 12–14, Di–So 18–22 Uhr, www.restaurant-niedmühle.com

Landgasthof Paulus

Ein zehn Tage lang eingelegter Sauerbraten, regionale, ökologisch erzeugte Zutaten und feine Wildkräuter verraten die Leidenschaft von Sigrune Essenpreis: Slow Food. Was für den einen ein Experiment ist, ist für den anderen schon lange das offene Geheimnis echter Gourmetküche. Prälat-Faber-Str. 2, 66620 Nonnweiler, Tel. 068 73/910 11, Mi–So 12–22 Uhr, www.landgasthof-paulus.de

❶ Baumwipfelpfad

1250 m windet sich ein einzigartiger Pfad durch Buchen, Eichen und Douglasien und mündet in ein kleines Architekturwunder: eine ca. 42 m hohe Holzkonstruktion, deren Halbkreisform die Saarschleife spiegelt und einen fantastischen Ausblick gewährt. Die vielen Lern- und Erlebnisstationen haben großen Unterhaltungswert. Man lernt den Wald und seine Lebensformen kennen, man kann auf einer Wackelbrücke und beim Rutschen Spaß haben. Für die ganze Familie!

Cloef-Atrium, 66693 Mettlach, Jan.–März, Nov., Dez. tgl. 9.30–16, Apr., Okt. bis 18, Mai–Sept. bis 19 Uhr, www.baumwipfel-pfad-saarschleife.de

❷ Keramik in der Alten Abtei

Seit 1748 prägt Villeroy & Boch die Ess- und Tischkultur. Die Alte Abtei geht auf das 7. Jh. zurück und beherbergt heute die Hauptverwaltung der traditionsreichen Firma sowie ein Keramikmuseum – ein Erlebniszentrum mit prächtig gedeckten Tischen und Outlet-Store. Ebenfalls sehenswert: 1879 ließ die Familie Villeroy die neogotische, mit Fliesen ausgestattete Kapelle St. Joseph in Wallerfangen ab- und hier wieder aufbauen. Der Alte Turm im Park der Abtei – eigentlich eine Kapelle – ist das älteste Sakralgebäude der Region.

Saaruferstr. 1–3, 66693 Mettlach, Apr.–Okt. Mo–Fr 9–18, Sa, So 9.30–18, So10–17, Nov.–März Mo–Sa 10–17, So 14–17 Uhr, www.villeroy-boch.com/erlebniszentrum

❸ Gärten ohne Grenzen

Das Projekt mit ideenreichen Themengärten und restaurierten, historischen Grünanlagen aus verschiedensten Epochen erstreckt sich auf Luxemburg, Frankreich und Deutschland. Nahe der Saarschleife zeigen der Archäologiepark Römische Villa Borg in Perl und der Park der Vierjahreszeiten in Losheim am See – um nur zwei zu nennen – höchste Gartenbaukunst.

SeeGarten: Zum Stausee 198, 66679 Losheim, tgl. 11–17 Uhr, www.losheim-stausee.de; Archäologiepark Römische Villa Borg: Im Meeswald 1, 66706 Perl-Borg, Di–So 11 bis 16 Uhr, www.villa-borg.de; www.gaerten-ohne-grenzen.de

❹ Wolfspark Werner Freund

Der weltweit bekannte Wolfspark hat sich der Beobachtung und Verhaltensforschung von Wölfen und Wolfsrudeln verschrieben. Die Mitarbeiter bewegen

Landhotel Saarschleife

Hier kann man nicht nur »Opa Michis Mourtenspeis« kosten, sondern auch ganz prima nächtigen. Das Haus im Luftkurort bietet ländlich-moderne Zimmer, ein schönes Spa und die perfekte Umgebung für beste Erholung. Cloefstr. 44, 66693 Mettlach, Tel. 068 65/17 90, www.hotel-saarschleife.de, DZ ab 124 €

Kuschelszene im Wolfspark-Werner-Freund: Einmal einen Wolf streicheln? Das lassen die scheuen Räuber dann doch nur bei Profis zu.

 Saarburg

Umgeben von lichtdurchfluteten Wäldern und Weinbergen, durchflossen vom Leukbach strahlt der staatlich anerkannte Erholungsort pittoreske Romantik aus. Das Amüseum zeigt nicht nur wechselnde Kunstausstellungen, sondern klärt auch über traditionelle Saarburger Handwerksberufe wie Glockengießer, Gerber oder Schiffer auf. Der Wasserfall mitten im Städtchen stürzt sich 20 m zwischen Barockbauten und historischen Fischer- und Schifferhäusern hinab, um die Hackenberger Mühle anzutreiben.

Tourist Info: Graf-Siegfried-Str. 32, 54439 Saarburg, Tel. 065 81/99 59 80, Apr.–Okt. Mo–Fr 9–18, Nov.–März Mo–Fr 9–17 Uhr, www.saar-obermosel.de; Amüseum: Am Markt 29, 54439 Saarburg, So–Fr 9–18 Uhr, www.amueseum-saarburg.de

sich nach intensivem Vertrauensaufbau frei unter den hoch entwickelten und sehr sozialen Raubtieren. An jedem ersten Sonntag im Monat findet um 16 Uhr eine kostenlose Führung statt.

Waldstr. 204, 66663 Merzig, tgl. 10–17 Uhr, jeden erste So im Monat kostenlose Führung, www.wolfspark-wernerfreund.de

5 Historisches Kupferbergwerk

Über und unter Tage erlebt man hier ein Stück Bergwerksgeschichte. 1723 fand ein pflügender Bauer Kupfer am Weltersberg. In der daraufhin entstandenen Bergwerksanlage standen bis zu 300 Bergleute in Lohn und Brot. 1735 erfolgte die Stilllegung, ausgelöst u. a. durch Rechtsstreitigkeiten. Auf spannenden Exkursionen verfolgt man die Spuren der Bergmänner, erkundet eine rekonstruierte Kupferhütte und wird durch 600 m Stollengang und vier Schächte geführt– natürlich mit typischem Bergbauerhelm.

Piesbacherstr. 67, 66701 Beckingen, Fr–So 14–18, Führungen 14, 15, 16.30 Uhr, www.kupferbergwerk.saarland

6 Deutsches Zeitungsmuseum

Es war einmal das unersetzliche Printprodukt. In Wadgassen wird ein guter Einblick in die Geschichte, Verbreitung und Bedeutung des Mediums Zeitung anhand von Originalabzügen und Exponaten vermittelt. Besucher können sich selbst als Drucker versuchen und alte Pressen und Druckmaschinen bewundern.

Am Abteihof 1, 66787 Wadgassen, Di–So 10–16 Uhr, www.deutscheszeitungsmuseum.de

 Altes Pfarrhaus Beaumarais

Erst beherbergte die Villa von 1762 eine Baronin, dann die Pfarrersleut. Das Schmuckstück ist im Art-déco-Stil eingerichtet, gespeist wird z. B. auf roten Lederbänken. Zur Straßenseite kann es auch mal lauter werden. Hauptstr. 2–4, 66740 Saarlouis, Tel. 068 31/63 83, www.altespfarrhaus.de, DZ ab 100 €

24 Geysir von Andernach

50° 26' 55" Nord / 07° 22' 31" Ost

Den eigenen Kindern oder Enkeln erklärt man das mit dem Geysir am besten so: Das ist wie bei einer Sprudelflasche, die man vor dem Öffnen so richtig durchschüttelt. Dreht man dann den Deckel auf – zisch! – kommt es zum Druckausgleich inklusive Sauerei. Wer Physik noch nie mochte oder an den eigenen didaktischen Fähigkeiten zweifelt, sieht sich am besten gleich nach dem Ticketkauf im Geysir-Erlebniszentrum an den Rheinanlagen um, das die Funktionsweise der Wasserspeier mit allerlei Exponaten zum Anfassen und Ausprobieren spielerisch vermittelt. Und der echte Geysir? Den bekommen Besucher erst nach kurzer Bootstour auf der Rheinhalbinsel Namedyer Werth zu Gesicht. Dort schießt sein urgewaltiger Wasserstrahl im Zweistundentakt acht Minuten lang in den Himmel – ein 60 Meter hohes Spektakel, das dem »höchsten Kaltwassergeysir der Welt« sogar einen Eintrag im Guinnessbuch der Rekorde einbrachte. Im Unterschied zu heißen Geysiren in Island oder den USA ist die Megafontäne in Andernach allerdings kein reines Naturphänomen, sondern wurde vom Menschen entfesselt. Im Prinzip handelt es sich um ein 350 Meter tiefes Bohrloch. Anfang des 20. Jahrhunderts hatte man hier am Rheinufer in tiefen Gesteinsschichten Kohlendioxid entdeckt, das daraufhin angezapft und als Kohlensäure für Erfrischungsgetränke genutzt wurde. Erfrischend ist der Geysir bis heute, und je nach Windrichtung bekommen Touristen während des Ausbruchs eine ordentliche Dusche ab. Macht nichts, die Attraktion kann ohnehin nur während der wärmeren Monate besichtigt werden. Bei der Reiseplanung also unbedingt berücksichtigen: Im Winter steht man hier vor verschlossenen Türen. Und versuchen Sie mal, das Ihren Kindern zu erklären!

www.geysir-andernach.de

Die 60 Meter hohe Geysir-Fontäne entsteht durch Kohlendioxid, das sich in einem Bohrloch mit Grundwasser vermischt, zunehmend unter Druck gerät und dann nach oben ausbricht.

Strokkur-Geysir, Island
64° 18' 47" Nord / 20° 18' 03" West

ANDERNACH–REYKJAVÍK: 2.288 KM

RHEINLAND-PFALZ

❶ Kloster Maria Laach

Die hochmittelalterliche Klosteranlage im Laacher Seetal (ca. 30 km nordwestlich von Koblenz) ist eines der am besten erhaltenen und schönsten romanischen Bauwerke Deutschlands. Sie wurde zwischen 1093 und 1216 erbaut, 1802 säkularisiert und wird seit 1892 von Benediktinermönchen bewohnt. Das Herzstück der Abteikirche ist die dreischiffige, doppelchörige Pfeilerbasilika mit zwei Querhäusern und sechs Türmen sowie unschätzbaren Kirchenschätzen. Aus weißem Lothringer Kalkstein, rotem Kyllssandstein und braun-gelbem Laacher Tuff erbaut, ist sie eine Augenweide. Die Vorhalle ist das sogenannte Paradies, ein nahezu quadratisches Atrium aus dem 13. Jh., das für Frieden, Gerechtigkeit und eine Welt ohne Leid und Tränen steht. Im Refektorium speisen die Mönche gemeinsam und stärken sich und ihre Gemeinschaft. Gruppen- oder individuelle Themenführungen lassen einen bereichernden Blick hinter die Klostermauern zu.

56653 Maria Laach, Kirche tgl. 5–20 Uhr, Klosterforum Apr.–Okt. Mo/So 13–17, Di–Sa 10–17, Nov.–März Mo–Sa 10.30–12, So 13–17 Uhr, www.maria-laach.de

❷ Römerbergwerk Meurin

Vor mehr als 12 000 Jahren explodierte der Laacher Vulkan und gab eine mächtige Tuffschicht frei. Tausende Jahre später entwickelten die Römer hier ihr größtes Untertage-Abbaugebiet. Der mühevolle Steinabbau, die harte Arbeit in engen

Sieht aus wie ein Pflanzenmarkt – und ist es auch: Der Garten des Klosters Maria Laach wird als Außenbereich der zugehörigen Gärtnerei genutzt.

Gängen und die staubige Luft werden dem Besucher eindrücklich nahegebracht. Aber keine Sorge: Ein römischer Legionär sorgt bei der Begrüßung für eine heitere Einführung ins Thema, eine »Antike Technikwelt« lädt zum spielerischen Kennenlernen ein und zeigt, wie ein Kran genutzt wurde, wie die Römer kochten, schmiedeten und – spielten.

Nickenicher Str., 56630 Kretz, Mitte März–Okt. Di–So 9–17 Uhr, www.roemerbergwerk.de

❸ Koblenz

»Kowelenz« gehört zu den fünf größten Städten in Rheinland-Pfalz und ist eine der ältesten Städte Deutschlands. Ihre Kulturdenkmäler stehen unter anderem auf der Unesco-Welterbeliste. Gar nicht so leicht, dieser Stadt in ein paar Zeilen gerecht zu werden. Fangen wir mit dem 3,5 km langen Promenadenpark, den ursprünglichen Rheinanlagen, an. Er liegt am linken Ufer des Rheins und ist ein Werk Peter Lennés,

 Seehotel Maria Laach

Vis-à-vis vom Kloster in der wunderschönen Eifellandschaft genießt man in modernen Zimmern mit ein bisschen Glück den Blick auf den See oder den schönen Park. Im Restaurant Seespiegel wird Rind- und Schweinefleisch vom Klostergut Maria Laach serviert. Am Laacher See, 56653 Maria Laach, Tel. 026 52/58 40, www.seehotel-maria-laach.de, DZ ab 120 €

der ihn zwischen 1856 und 1861 für Prinzessin Augusta gestaltete. Preußisches Regierungsgebäude, Pegelhaus, die Skulptur Affection, die Königshalle, der Salvetempel sind nur einige Sehenswürdigkeiten, die man beim Flanieren entdecken kann. Wo die Mosel in den Rhein mündet, siedelten sich die Römer an und begründeten Koblenz. Mutter Mosel und Vater Rhein treffen sich am Deutschen Eck, das in seiner heutigen Form durch die Errichtung des Kaiser-Wilhelm-Denkmals entstand. Von der Festung Ehrenbreitstein aus hat man einen fantastischen Blick auf dieses Eck und kommt auch noch atemberaubend hin: mit der Seilbahn in 112 m Höhe über den Rhein. Wer durch die Geschichte der Stadt spazieren möchte, beginnt am Münzplatz und erkundet herrlich romantische Gassen.

Tourist Info: Zentralplatz 1, 56068 Koblenz, Tel. 0261/194 33, tgl. 10–18 Uhr, www.koblenz-touristik.de;
Rheinanlagen: Kaiserin-Augusta-Anlagen, 56068 Koblenz

Hotel am Helmwartsturm

In der Nähe des Marktplatzes und der Stadtmauer wird man familiär begrüßt. Helle, moderne Zimmer; eleganter Frühstücksraum mit Fischgrätparkett und Kunst an der Wand.
Am Helmwartsturm 4–6, 56626 Andernach, Tel. 026 32/95 84 60, www.hotel-am-helmwartsturm.de, DZ ab 95 €

 4 Schloss Stolzenfels

Als wichtigster Bau der Rheinromantik gilt das neogotische Schloss gegenüber der Lahnmündung. Wie ein kleiner Urlaub in Italien fühlt sich der Besuch an, nachdem man die Serpentinen, die traumhafte Schlucht und die Brücke passiert hat. Das Gesamtkunstwerk verzaubert mit Türmchen, Arkadenhalle, dem Palas mit Rittersaal und einer bunten Einrichtung, die auf die Sammelleidenschaft Friedrich Wilhelms IV. zurückgeht.

Schlossweg, 56075 Koblenz, Feb.–Anf. März, Nov. Sa/So 10–17, Mitte März–Okt. Di–So 10–18 Uhr, www.schloss-stolzenfels.de

 5 Burg Eltz

800 Jahre Kunst- und Kulturgeschichte, über 500 Preziosen in der Schatzkammer und eine unvergleichliche Architektur machen die Burg Eltz einmalig. Niemals verwüstet, niemals zerstört, ist sie Zeitzeugin seit dem Jahre 1150. Auf einem 70 m hohen Felsen, umgeben von einem wahren Naturparadies, mit acht bis zu 35 m hohen Wohntürmen, Erkern, Spitzen und Fachwerken, findet sich der Besucher in einer romantischen Traumwelt wieder. Auf den Führungen macht man Bekanntschaft mit Kuriositäten wie den Narrenköpfen, der Rose des Schweigens, dem Dukatenscheißer und dem Trinkspiel der Jagdgöttin Diana.

Burg Eltz 1, 56294 Wierschem, Apr.–Okt. tgl. 9.30–17.30 Uhr, www.burg-eltz.de

 Restaurants

Restaurant Müller

Einen Katzensprung vom Rheinufer entfernt zaubert Küchenchef Thomas Kuberath in einer traumhaften Gründerzeitvilla ebenso traumhafte Speisen. Sein kreatives Team kocht mit regionalem Schwerpunkt und französischen oder mediterranen Akzenten.
Handwerkerstr. 39, 56070 Koblenz, Tel. 02 61/8 19 26, Do–Mo 12–14 und ab 18, Sa nur ab 18 Uhr, www.restaurant-mueller-koblenz.de

Gourmet Wagner

Delikatessen aus aller Welt, allerfeinste regionale Zutaten und ausgefallene Eigenkreationen machen den Besuch bei Wagner zu einem kulinarischen Erlebnis. Die Dégustationsmenüs in bestem Preis-Leistungs-Verhältnis werden weit über die Grenzen Mayens hinaus geliebt.
Marktplatz 10, 56727 Mayen, Tel. 026 51/ 497 70, Mi–Sa ab 17.30, So ab 12 Uhr, www.gourmet-wagner.com

Le Chopin

Die Belle Époque grüßt den Gast in diesem Jugendstilrestaurant, und die Küche löst ein, was der Name andeutet: opulente, französisch angehauchte Spezialitäten. Traditionsgerichte wie Jungschweinekeule oder Chateaubriand werden kosmopolitisch ergänzt.
Rheinallee 41, 56154 Boppard, Tel. 067 42/10 20, Mitte Apr.–Okt. Do–Mo 18–21.30, Nov.–März Do–So 18–21.30 Uhr, www.lechopin-boppard.de

Mandelblüte auf Mallorca, Balearen, Spanien
39° 25' 50" Nord / 03° 02' 20" Ost

25 Mandelblüte in der Südpfalz
49° 22' 35" Nord / 08° 09' 09" Ost

Kriege, Armut, Treibhauseffekt, Stress: Das Leben auf unserem Planeten ist und bleibt leider kompliziert. Da tut es der Seele gut, ab und an eine rosarote Brille aufzusetzen und einfach alles Negative auszublenden. Mit einem Gläschen Rosé geht das freilich noch viel müheloser! Das weiß wohl niemand besser als die Bewohner der südlichen Pfalz – einem Landstrich, der seine Gäste nicht nur mit gutem Wein, sondern im Frühling auch mit pastellfarbenem Frohsinn begeistert. Denn im milden Klima, vom Pfälzerwald gegen Wind und Kälte abgeschirmt, gedeihen nicht nur Rebstöcke, sondern auch Mandelbäume hervorragend. Ihre Blüte beginnt meist Mitte März und dauert bis zu drei Wochen. Dann durchziehen weiße bis satt-rosarote Bordüren die Landschaft rund um Neustadt an der Weinstraße. Erkunden kann man das Naturschauspiel auf dem rund 76 km langen Pfälzer Mandelpfad, der sich von Bad Dürkheim, vorbei an kleinen Winzerdörfern, südwärts bis zur französischen Grenze zieht. Rundherum überschlagen sich die Fremdenverkehrsämter während der »Pfälzer Mandelwochen« regelrecht, um Touristen ein attraktives und vor allem farbechtes Rahmenprogramm zu bieten – vom Mandelblüten-Picknick bis zur rosaroten Weinverkostung. Sogar die Burgen und Schlösser der Gegend werden jetzt nachts mit blassroten Lichtkegeln angestrahlt. Ein feierlicher Glanzpunkt ist auch das alljährliche Gimmeldinger Mandelblütenfest. Wird dort der erste Mandelkuchen angeschnitten, ist das weiß-rosarote Spektakel auf der Baleareninsel Mallorca meist schon vorbei. Hier öffnen bereits Ende Januar die ersten Süßmandelbäume ihre Blüten; Mitte Februar erreicht das Frühlingsmärchen seinen Höhepunkt und klingt bis Mitte März wieder ab.

www.mandelbluete-pfalz.de

GIMMELDINGEN–PALMA DE MALLORCA: 2.345 KM

Frühlingszauber am Wegesrand: An der Südlichen Weinstraße in der Pfalz schmücken Mandelbäume die Landschaft mit ihrer Blüte. Und wie auf Mallorca werden ihre Früchte auch hier zu regionalen Spezialitäten verarbeitet.

Restaurants

Scheffelhaus

Das bekannte Giebelhaus ist Treffpunkt für Weinliebhaber aus aller Welt. Außen historisch, innen modern, serviert es bodenständige Pfälzer Küche wie Rieslingschaumsuppe, knusprige Bratkartoffeln und den Scheffelteller (inkl. obligatorischem Saumagen) mit Blick auf einen der schönsten Marktplätze der Pfalz.
Marktplatz 4, 67433 Neustadt a. d. Weinstraße, Tel. 063 21/39 00 83, tgl. 11–22 Uhr, www.scheffelhaus.de

Burrweiler Mühle

Im Landrestaurant speist man gemütlich am Kamin, im Heuspeicher oder im Mühlengarten am Teich. Von ausgefallen (Froschschenkel, Schnecken, Blutwurst-Lasagne) bis traditionell (Landschnitzel, Saumagen) reicht das Spektrum.
Burrweiler Mühle 202, 76835 Burrweiler, Tel. 063 23/98 07 51, Mi–Sa 15–23, So 12– 21.30 Uhr, www.burrweilermuehle.de

Leopold

Ein Höhepunkt für die Weinstraßentour. Unter dem Kreuzgewölbe flackert der Kamin, an urigen Holztischen schmecken die Pfälzer Spezialitäten – hausgemachte Leberknödel, »Flääschknepp«, Brat- und Blutwurst – sowie die Weine des eigenen Guts richtig fein.
Weinstr. 10, 67146 Deidesheim, Tel. 063 26/966 88 88, Mo–Fr 12–14, ab 18 Uhr, Sa/So durchgehend, www.von-winning.de

 Neustadt an der Weinstraße

Willkommen am Mittelpunkt der Deutschen Weinstraße! Mit seinen neun Weindörfern ist Neustadt die zweitgrößte Stadt Deutschlands, die Weinbau betreibt. Erstmals 774 erwähnt, zeigt sich die Altstadt mit bau- und kulturhistorischen Schmuckstücken. So kann der Spaziergänger eines der steinernen Gebäude aus dem 13. Jh. und den Steinhäuser Hof besuchen, das älteste, gotische Bürgerhaus von 1276. Begehrte Anlaufstellen sind die Stiftskirche aus dem 14. Jh., der Elwetritschenbrunnen von Gernot Rumpf und Museen wie die Villa Böhm, das Otto-Dill-Museum und das Weinbaumuseum »Getreidekasten«. Denn natürlich spielt das Thema Wein eine zentrale Rolle. Hier wird die Weinkönigin gewählt, hier finden von März bis Oktober regelmäßig Weinfeste statt, hier erlebt man den größten Winzerfestzug Deutschlands. Und genießt vom Weißburgunder bis zum Rieslaner fantastische Weine.

Tourist Info: Hetzelplatz 1, 67433 Neustadt a. d. Weinstraße, Tel. 063 21/92 68 92, Apr.–Okt. Mo/Mi–Fr 9.30–18, Di/Sa 9.30–14, Nov.–März Mo/Mi–Fr 9.30–17, Di 9.30–14 Uhr, www.neustadt.eu

 Hambacher Schloss

Das Hambacher Fest von 1832, eines der wichtigsten Symbole der deutschen Demokratiebewegung, wurde hier ausgerichtet. In der Dauerausstellung kann man das Ereignis, seine Entstehungsgeschichte und Nachwirkungen kennenlernen. Wer gut zu Fuß ist, läuft vom Wanderparkplatz zu dem Europäischen Kulturerbe und freut sich an sattgrünen Rebenhügeln.

Schlossstr., 67434 Neustadt a. d. Weinstraße, Apr.–Okt. tgl. 10–18, Nov.–März 11–17 Uhr, www.hambacher-schloss.de

 Pälzer Keschdeweg

Keschde, das sind die Edelkastanien, die die Römer mitbrachten. Von den Pfälzern werden sie zu leckeren Speisen verarbeitet. Am Keschdeweg wachsen und reifen sie und verströmen ihren charakteristischen Duft. Wunderschöne Wander- und Rundwege.

www.keschdeweg.de

 Villa Ludwigshöhe

Hoch über dem beschaulichen Örtchen Edenkoben an der Weinstraße, mit Blick auf die Pfalz und über die Rheinebene,

 Villa Delange

1911 als Weingut erbaut, ist die denkmalgeschützte Villa eine echte Augenweide. Modern-traditionell und fürsorglich geführt. Gästen mit Lust auf einen Ausflug mit Vespa oder Fahrrad wird nicht nur mit einem gut gefüllten Picknickkorb geholfen.
Lindenbergstr. 30, 76829 Landau-Nußdorf, Tel. 063 41/67 67 40, www.villa-delange.com, DZ ab 99 €

bis hin in die Kurpfalz und das Badische, thront die von italienischer Baukunst inspirierte Villa Ludwigshöhe. 1846 ließ König Ludwig I. von Bayern den Grundstein legen. Zwischen dem Ende der Rebflächen und dem Beginn des Pfälzer Walds gelegen, ist sie von lieblicher Natur umgeben. Auch wenn seine Majestät wegen einer Liebelei mit der Tänzerin Lola Montez abdanken musste (1848), besuchte er seine toskanisch-römisch anmutende Villa alle zwei Jahre in den heißen Monaten. Ausflügler schätzen heute neben einmaliger Architektur und Natur die wechselnden Ausstellungen rund um das Werk des bayerischen Impressionisten Max Slevogt (1868–1932) sowie die Entdeckung hochkarätiger Keramikkunst aus dem 20. Jh. im historischen Kellergewölbe.

Villastr. 64, 67480 Edenkoben, Anf.–Okt. Di–So 10–18, Nov. Sa/So 10–17 Uhr, www.schloss-villa-ludwigshoehe.de

5 Deutsches Schuhmuseum

Nicht nur Aficionados geraten hier in Verzückung. Denn man erhält erstaunliche Eindrücke, wie sich Fußbekleidung im Kontext zu Zeit- und Sozialgeschichte von den Anfängen der Schuhindustrie in Pirmasens um 1800 bis heute entwickelt hat. In der ehemaligen Schuhfabrik, 1929 im Bauhausstil errichtet, kann man Schustern beim Handwerk zusehen und auf vier Ebenen die Epochen des Schuhs durchleben. In einem speziellen Salon wird mit einem »Schucoskop« geprüft, ob neue Schuhe passen, hier verblüfft das größte Schuhpaar der Welt in Größe 248, und neben Boris Becker haben auch Angela Merkel und Joschka Fischer ein paar prominente Treter dagelassen.

Turnstr. 5, 76846 Hauenstein, März–Nov. tgl. 9.30–17, Dez.–Feb. Mo–Fr 13–16, Sa/So 10–16 Uhr, www.museum-hauenstein.de

Der Name verpflichtet: Im hübschen Zentrum von Neustadt an der Weinstraße dreht sich alles um entspannten Genuss.

6 Fahrt mit dem Kuckucksbähnel

Schon seit 1909 ist die 12,97 km lange Nebenbahn aktiv und wird seit 1984 von einer schmucken Museumsbahn befahren. Ab Bahnhof Neustadt (und im sehenswerten Eisenbahnmuseum) sitzen Besucher wie Zeitreisende in historischen Waggons und begegnen Zugpersonal in damals moderner Aufmachung. Wanderer zum Teufelsfelsen nutzen die Haltestelle Lambrecht. Wer weiterfährt – entlang des idyllischen Speyerbachs durch das reizende Elmsteiner Tal – bekommt an weiteren Haltestellen Gelegenheit, die Ruinen Erfenstein oder Spangenberg zu besuchen. Oder man dampft gleich durch zum Restaurant im alten Lokschuppen an der Endstation.

67404 Neustadt, Mai–Mitte Okt. So, Fahrplan unter www.eisenbahnmuseum-neustadt.de

 Alte Rebschule

In der Alten Rebschule erwartet den Gast lichtdurchflutetes Wohlfühlambiente. Ausgezeichnet als »Gastgeber des Jahres 2016«, begeistert das Haus mit seiner Weinberglage, einem außerordentlich guten Vitalbereich und Events rund um das Thema Wein. Theresienstr. 200, 76835 Rhodt unter Rietburg, Tel. 063 23/704 40, www.alte-rebschule.de, DZ ab 107 €

Architektur, Natur und Mensch im Einklang – das war Friedensreich Hundertwasser besonders wichtig. In der amorphen Darmstädter Waldspirale hat der Künstler sogar einige Innenräume gestaltet, was dann aber zu teuer und daher nicht in allen Wohnungen fortgesetzt wurde.

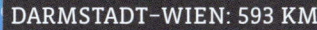

DARMSTADT–WIEN: 593 KM

26 Waldspirale in Darmstadt

49° 53' 08" Nord / 08° 39' 21" Ost

Hundertwasserhaus in Wien, Österreich
48° 12' 27" Nord / 16° 23' 38" Ost

Gestatten, Friedensreich Regentag Dunkelbunt Hundertwasser. Was für ein Name – passt doch auf keine Visitenkarte! Muss er auch nicht. Die unverwechselbare künstlerische Handschrift des Wiener Malers und Grafikers (1928–2000) spricht schließlich für sich, und auch Laien erkennen seine Werke meist schon auf den ersten Blick. Hundertwasser war das wichtig. Er wollte seine Weltsicht möglichst vielen Menschen nahebringen und ihnen dabei auch nahe sein. Museen schienen dafür nicht der richtige Ort. So widmete sich der Künstler ab den 1950er-Jahren zunehmend der Architektur. Das farbenfrohe Hundertwasserhaus (1985) in Wien ist zweifellos sein bekanntestes, aber nicht sein einziges Bauwerk: Kirchen, Bahnhöfe, Miets-häuser, ja sogar Müllverbrennungsanlagen und Thermalbäder, die von Friedensreich Hundertwasser entworfen oder zumindest mitgestaltet wurden, findet man über den ganzen Globus verstreut. Allein in Deutschland ist es ein gutes Dutzend. Eines der schönsten Exemplare ist die Darmstädter Waldspirale (2000), ein eindrucksvoller, in sich verschlungener Wohnkomplex nördlich der Innenstadt. Hier ist alles rund, bunt, schräg und einzigartig – jede Fassade, jedes Fenster und sogar jede Türklinke ist ein Unikat. Auf den Dachgärten wuchern Linden, Buchen und Ahornbäume, zwischendrin ragen goldene Zwiebeltürme kugelrund-glänzend in den Himmel. In den Etagen darunter haben über 100 Wohnungen Platz gefunden. Ob darin nur schillernde Persönlichkeiten leben? Man könnte ja mal klingeln und nachfragen.

www.darmstadt-tourismus.de, www.hundertwasser.de

Restaurants

Müller & Müller

Der »Feinschmecker« empfiehlt die Müllers absolut zu Recht. In dem luftigen, modernen Restaurant wird Hausmannskost mit ökologischem Anspruch zubereitet. Die butterzart geschmorte Ochsenschulter schmeckt vorzüglich. Man munkelt, der Service sei aus rauem Holz geschnitzt.
Mühlstr. 60, 64283 Darmstadt, Tel. 061 51/15 38 63, Di–Sa 18–23 Uhr, www.mueller-und-mueller.de

Kavaliersbau im Jagdschloss Kranichstein

Ein Hauch von Luxus in Darmstadt. Latte macchiato von Kartoffeln und Trüffel, ganzer Loup de Mer am Tisch tranchiert und Desserts aus der eigenen Schlosspatisserie kommen aus der vorzüglichen Küche auf den Tisch. Sanfte Atmosphäre.
Kranichsteiner Str. 261, 64289 Darmstadt, Tel. 06 151/13 06 70, Di–Sa 18–21.30, So 12–15 Uhr, www.hotel-jagdschloss-kranichstein.de

Weisser Schwan

Frische, klassisch-regionale Landhausküche in rustikalem Ambiente. Besonders empfehlenswert sind die argentinischen Steaks. Ab 2018 »Filet all you can eat« (immer Mi/Do). Tolle Digestif-Auswahl.
Frankfurter Landstr. 190, 64291 Darmstadt-Arheilgen, Tel. 061 51/ 37 17 02, Di, Sa ab 17.30, Mi–Fr und So 11.30–14.30 und ab 17.30 Uhr, www.weisser-schwan.com

 Residenzschloss

Katzenelnbogener Grafen erbauten im frühen 13. Jh. eine Wasserburg – nicht ahnend, dass Jahrhunderte später ein Residenzschloss daraus hervorgehen würde, das viele verschiedene Baustile vereint. So stehen die Bauten der Renaissance noch immer tapfer hinter der barocken Fassade. Mitten im Zentrum kommt man an dem Stadtschloss nicht vorbei und sollte auch hineingehen. Das Museum zeigt 14 nach Epochen ausgestattete Räume, die farbenfroh die Wohn- und Lebenskultur vom 16. bis ins frühe 20. Jh. präsentieren.

Marktplatz 15, 64283 Darmstadt, Fr–So 10 bis 17 Uhr, www.schlossmuseum-darmstadt.de

 Hessisches Landesmuseum

1820 übergab Großherzog Ludwig I. von Hessen-Darmstadt seine Kunst- und Naturaliensammlung an den Staat und legte damit den Grundstein für eines der heute ältesten Museen Deutschlands. Faszinierend die Sammlung großer Wirbeltierfossilien, zoologischer Präparationen und bedeutender Funde aus der Römerzeit.

Friedensplatz 1, 64283 Darmstadt, Di/Do/Fr 10–18, Mi bis 20, Sa/So 11–17 Uhr, www.hlmd.de

 Mathildenhöhe

1833 wurde die großherzogliche Gartenanlage Mathildenhöhe, die höchste Erhebung der Innenstadt, zu einem Englischen

Verschiedene Kunstformen in der Gemäldegalerie des Hessischen Landesmuseums.

Landschaftspark umgestaltet. Später kamen ein Wasserreservoir für die Bürger und die Russische Kapelle dazu. Großherzog Ernst Ludwig schließlich erdachte die Idee, Darmstadt zur Kulturhauptstadt Hessens zu entwickeln und Kunst mit Handwerk zu verbinden. Er gründete 1898 eine Künstlerkolonie und berief sieben Künstler und Architekten ihrer Arbeit nachzugehen. Der Architekt Olbrich wurde verpflichtet, die Bebauung zu betreuen, unter seiner Leitung entstanden eigenwillige Jugendstilbauten, in denen bis zur Auflösung 1918 insgesamt 23 Berufene lebten und arbeiteten, darunter Behrens, Bürck, Bosselt, Christiansen, Gropius, Le Corbusier und Patriz. Ihren Beitrag kann man im Museum eindrucksvoll nachvollziehen. Sehenswert sind neben der Russischen Kapelle u. a. der Hochzeitsturm, Wahrzeichen Darmstadts, sowie der

Zar Nikolaus II. heiratete Prinzessin Alix von Hessen-Darmstadt. Die Russische Kapelle ließ er bauen, um in der Heimat seiner Frau einen spirituellen Anlaufpunkt zu haben.

der Fossiliengrube Messel. Das geowissenschaftliche Archiv belegt 48 Mio. Jahre alten Ölschiefer in einem Maarvulkan. Hier wurden Zeitzeugen wie ein versteinerter Alligator und der Abdruck eines Urpferdchens gefunden. Die Rohstofflagerstätte sollte unglaublicherweise als Mülldeponie verwendet werden, was an massivem Bürgerwiderstand scheiterte. Aufgrund der einzigartigen Dokumentation der Evolution anhand von mehreren 10 000 Fossilien wurde Messel 1995 zum Unesco-Weltnaturerbe erklärt. Geführte Spaziergänge und Grubenbesichtigungen bringen dem Besucher die besondere Bedeutung der Grube nahe, im Besucher- und Informationszentrum kann man die Erdschichten erleben und Evolution begreifen.

Schwanentempel und die Rosenhöhe. Im Platanenhain kann man die 1914 errichteten Reliefs und Plastiken des Bildhauers Bernhard Hoetger bewundern.

Museum Künstlerkolonie Mathildenhöhe: Olbrichweg 15, 64287 Darmstadt, Di–So 11–18 Uhr, www.mathildenhoehe.eu

 ## 4 Russische Kapelle

Russische Erde wurde importiert, um die Kapelle 1899 auf würdigem Boden errichten zu können. Das tief religiöse Herrscherpaar Zar Nikolaus II. und Zarin Alexandra (Prinzessin Alix von Hessen-Darmstadt) erbauten das Schmuckstück, um bei Familienbesuchen Gottesdienst feiern zu können. Mit ihren prunkvollen Zwiebelhauben aus Blattgold und ihren prächtigen Mosaiken schmückt die russische Kapelle die Künstlerkolonie Mathildenhöhe.

Nikolaiweg 18, 64287 Darmstadt, Di–Sa 10 bis 16, So 14–16 Uhr, www.darmstadt-church.de

 ## 5 Grube Messel

Begegnungs- und Austauschstätte, kein Museum – das ist das Selbstverständnis

Roßdörfer Str. 108, 64409 Messel, tgl. 10–17 Uhr, www.grube-messel.de

 ### Hotel Prinz Heinrich

Im Prinz Heinrich erwarten den Gast gute Energien dank speziellem Farbkonzept, moderner Komfort, ein nettes Frühstücksbüfett und eine übersichtliche Zimmerrechnung. Die öffentlichen Parkplätze kosten leider, außerhalb parken lohnt sich. Bleichstr. 48, 64293 Darmstadt, Tel. 061 51/813 70, www.hotel-prinz-heinrich.de, DZ ab 85 €

 ### Maritim Hotel

Hochwertiges Design, große Balkone, luxuriöse Badezimmer, stilvolles Schwimmbad, behagliche Sauna: Hier residiert man vornehm und modern. Sogar beim Frühstück gibt es Front Cooking und abends lässt man den Tag in der Maritim Sky Bar ausklingen. Rheinstr. 105, 64295 Darmstadt, Tel. 061 51/878-0, www.maritim.de, DZ ab 111 €

27 Skyline von Frankfurt am Main

50° 06' 39" Nord / 08° 40' 27" Ost

Egal, ob New York City oder Frankfurt – in beiden Metropolen erkennt man recht schnell, wer nur zu Besuch ist oder hier lebt: Die einen starren immer wieder mit offenem Mund nach oben, während die anderen mit Scheuklappenblick durch die Häuserschluchten hetzen. Dass Erstere nicht selten mit Letzteren – oder, was sehr schmerzvoll sein kann, auch mit einer Straßenlaterne – zusammenprallen, ist eine andere Geschichte. Die Frankfurter akzeptieren das stoisch, und viele zeigen sogar Verständnis. Schließlich ist ihre Stadt die einzige der Republik, in der sich längeres Nachobengucken überhaupt lohnt! 14 echte Wolkenkratzer, also Hochhäuser mit einer Höhe von über 150 Metern, zählt die Frankfurter Innenstadt und belegt damit europaweit nach London und Paris den dritten Platz. Die meisten dieser Kolosse aus Glas und Stahl, wie etwa Commerzbank-Tower (259 Meter), Maintower (200 Meter), Taunusturm (170 Meter) oder die Zwillingstürme der Deutschen Bank (155 Meter) drängen sich im so berühmten wie begehrten Bankenviertel oder ragen, wie Messeturm (257 Meter), Trianon (186 Meter) und Silberturm (166 Meter), westlich des Stadtzentrums gen Himmel. Gemeinsam verschmelzen sie zum Wahrzeichen Frankfurts, der eindrucksvollsten Skyline, die man in Deutschland erleben kann. Schade allerdings, dass nur der Maintower in »Mainhattan« Besuchern eine Aussichtsplattform bietet. Also Kopf hoch und staunen – hilft ja nichts.

Skyline von Manhattan, New York City, USA
40° 46' 00" Nord / 73° 59' 00" West

www.frankfurt-tourismus.de

Berlin, Hamburg, München, Köln? Fehlanzeige. Nur in Frankfurt gibt es Wolkenkratzer, die sich mit einer Höhe von über 150 Meter auch so nennen dürfen. Betrachtet man sie gemeinsam mit der Flößerbrücke, werden Erinnerungen an Manhattan wach.

Kaiserdom

Der Kaiserdom – einst Stiftskirche und niemals Bischofssitz – erlangte seine große Bedeutung als Wahl- und Krönungskirche der römisch-deutschen Kaiser. Von 1562 bis 1792 wurden zehn bedeutende Häupter hier gekrönt. Im 19. Jh. galt er als Symbol nationaler Einheit. Auch wenn die Bezeichnung Dom ein bisschen angeberisch ist, macht das Innere dem Namen doch alle Ehre. Gestühl und Grabplatten von ca. 1352, der Kreuzgang (auch Museum) und die Patrizierkapellen von ca. 1430 bis 1487 oder die Kreuzigungsgruppe aus dem Jahr 1509 sind herrschaftlich anzusehen.

Domplatz 1, 60311 Frankfurt, Apr.–Okt. tgl. 10–18, Nov.–März bis 17 Uhr, www.dom-frankfurt.de

Warum das Frankfurter Rathaus »Römer« heißt, ist nicht abschließend geklärt. Die drei Treppengiebelfassaden haben es über die Jahrhunderte zum Wahrzeichen der Stadt gebracht.

 Römer

Schon 1405 wurden die Häuser, die den Römer bilden, Amtssitz der Stadt. Ursprünglich nur aus drei Gebäuden bestehend, wuchs das Areal schnell zu einer ganzen Häuserzeile an. Im Zweiten Weltkrieg wurde die Altstadt zwar weitestgehend zerstört, doch mit viel Liebe und Hingabe an die Stadtgeschichte wurden die Alte Nikolaikirche und der Römer am Römerberg restauriert. Von Zerstörung verschont und seit ihrer Erbauung nahezu unverändert sind die Römer- und Schwanenhalle in dem prächtigen neogotischen Bau. Den Kaisersaal, in dem wichtige Empfänge stattfinden, schmücken Bildnisse und lebensgroße Figuren von Karl dem Großen bis Franz II. Und natürlich ziert den Römer der begehrteste Balkon des Landes, auf dem große Fußballsiege ausgiebig gefeiert werden.

Tourist Info: Römerberg 27, 60311 Frankfurt, Tel. 069/21 23 88 00, www.frankfurt.de

The Pure

Ein vitalisierendes Beleuchtungskonzept verspricht The Pure und gibt seinem Namen konsequent Sinn. Pures Design, pure Farben, purer Freiraum. Wer gerne stylish nächtigt und trotzdem mittendrin sein möchte, ist hier bestens aufgehoben.
Niddastr. 86, 60329 Frankfurt, Tel. 069/710 45 70, www.the-pure.de, DZ ab 100 €

 Museum für Moderne Kunst

Wie der Name schon sagt: Hier erlebt man Gegenwartskunst – und zwar vom Feinsten. Über 5000 internationale Werke von 1960 bis heute geben Zeugnis moderner Wahrnehmung, Interpretation und Positionierung. Herausragende Künstler wie Marina Abramovic, Brian Eno, Eva von Platen oder Vanessa Beecroft erhalten hier im MMK 1, MMK 2 und MMK 3 Raum für Fotokunst, Gemälde, Bildhauerei und Installationen. 1991 wurden die postmodernen Tore des MMK eröffnet, das sich in dieser relativ kurzen Zeit zu einem der weltweit bedeutendsten Museen der Moderne gemausert hat.

Domstr. 10, 60311 Frankfurt, Di–So 10–18, Mi bis 20 Uhr, www.mmk-frankfurt.de

Goethe-Haus

In »Dichtung und Wahrheit« beschreibt Johann Wolfgang von Goethe seine Jugendjahre, die er in diesem repräsentativen viergeschossigen spätbarocken Bau verbrachte. Hier wurde er am 28. August 1749 geboren, hier lebte er mit Ausnahme der Studienjahre, bis er 1775 nach Weimar ging. Aufgrund der Zerstörung 1944 stammen nur wenige Einrichtungsgegenstände aus dieser Zeit, mit viel Kenntnisreichtum wurde die damalige Wohnkultur jedoch nachempfunden. Ein Rundgang vermittelt stimmungsvoll, wie die Familie Goethe gelebt haben muss. Doch der Dichterfürst war ja nicht allein mit seiner Kunst. Das integrierte Museum zeigt mit Füssli, von Arnim, Graff, Tischbein, Herder und Brentano die von Goethe so geschätzte Malerei seiner Zeit, »denn was wäre die Welt ohne Kunst«.

Großer Hirschgraben 23–25, 60311 Frankfurt, Mo–Sa 10–18, So bis 17.30 Uhr, www.goethehaus-frankfurt.de

 InnSide Eurotheum

110 m hoch, das ist das Eurotheum. Ab dem 22. Stock residieren Gäste, die Luxus, Minimalismus und das atemberaubende Panorama des Frankfurter Lichtermeers zu schätzen wissen. Nicht verpassen: die Cocktailbar 22nd Lounge. Mit Pianist. Neue Mainzer Str. 66, 60311 Frankfurt, Tel. 01 80/212 17 23, www.melia.com, DZ ab 120 €

 Städel Museum

700 Jahre Kunstgeschichte unter einem Dach! Das Städel Museum gilt als älteste und renommierteste Museumsstiftung in Deutschland. Nahezu lückenlos lässt sich Kunst vom frühen 14. Jh. über Renaissance, Barock und klassische Moderne bis in die unmittelbare Gegenwart verfolgen. Rund 3100 Gemälde, 660 Skulpturen, über 4600 Fotografien und über 100 000 Zeichnungen und Grafiken laden die Besucher ein, die Epochen kennenzulernen. Wer bereits das Museum für Moderne Kunst besucht hat, kann man die Gegenwartsabteilung ja nur überfliegen.

Schaumainkai 63, 60596 Frankfurt, Di/Mi/Sa/So 10–18, Do/Fr 10–21 Uhr, www.staedelmuseum.de

 Palmengarten

Wie wichtig private, bürgerliche Initiative ist, beweist der Palmengarten, ohne die es ihn nicht gäbe. 1868 wurde ein Verein gegründet, der die Eröffnung 1871 vorantrieb. Hier konnten die Frankfurter Rasentennis und Croquet spielen, Eislaufen oder Radrennen erleben. Als einer der größten (22 ha) botanischen Gärten Deutschlands, als grüne Oase Frankfurts, entführt der Palmengarten heute in verschiedene Klimazonen mit tropischen und suptropischen Pflanzen, in eine sub-arktische Landschaft und zwei Wüsten.

Siesmayerstr. 63, 60323 Frankfurt, Feb.–Okt. 9–18, Nov.–Jan. bis 16 Uhr, www.palmengarten.de

Restaurants

Heimat

In der kleinen Küche sitzt jeder Handgriff. Woher man das weiß? Weil man zuschauen kann. Eine ambitionierte kleine Karte mit beeindruckender Zutatenauswahl, perfekter Zubereitung und tollen Weinen lässt die Herzen von Genussmenschen höherschlagen. Schönes 50er-Jahre-Ambiente. Berliner Str. 70, 60311 Frankfurt, Tel. 069/29 72 59 94, tgl. 18–1 Uhr, www.heimat-frankfurt.com

Die Kuh die lacht

Keine Industrieware, keine Geschmacksverstärker – bei Burgern nicht selbstverständlich! Das selbst gewolfte, frische Fleisch kommt von Biobauernhöfen, die Zutaten sind ebenfalls wunderbar natürlich. Vegetarier gehen nicht leer aus, denn der Nussburger ist wirklich ein Hit. Schillerstr. 28, 60313 Frankfurt, Tel. 069/27 29 01 71, Mo–Sa 11–23, So 12–22 Uhr, www.diekuhdielacht.com

Zum gemalten Haus

In einer der ältesten, traditionellsten und weltweit bekannten Apfelweinwirtschaften wird seit 1936 das Schwätzchen bei Äppelwoi und uriger Atmosphäre gepflegt. Rippchen mit Kraut, Brezelbub, Leber- und Blutwürstchen, Handkäs mit Musik, »Grie Soß«: Danach ist zumindest der Magen ein echter Frankfurter. Schweizer Str. 67, 60594 Frankfurt, Tel. 069/61 45 59, Do–So 10–24 Uhr, www.zumgemaltenhaus.de

Weites Land und schroffer Fels: Vulkanisches Gestein, das wie hier auf dem Wachtküppel in Form von Basaltbrocken an der Oberfläche austritt, findet man überall in der Rhön. Ein Großteil der Mittelgebirgslandschaft steht als Biosphärenreservat unter besonderem Schutz der Unesco.

28 Hügelland der Rhön
50° 29' 29" Nord / 09° 55' 16" Ost

Die Natur des Dartmoor National Park im Süden Englands ist von geheimnisvoller Schönheit, die auch viele Schriftsteller inspirierte – unter ihnen Simon Beckett oder Arthur Conan Doyle, Schöpfer des Meisterdetektivs Sherlock Holmes. Stille Moore und karge Wiesen prägen die gewellten Hochflächen, die in der Ferne den Horizont berühren. Zwischen Gras, Moos und Heidekraut ragen unzählige »Tors«, fahle, zerklüftete Türme aus Granit, empor. Manche von ihnen sind so mächtig und steil, dass man sie nur mit Helm und Seil bezwingen kann, andere so breit und flach, dass Wanderer darauf gerne ihre Picknickdecken ausbreiten. Obwohl knapp 1000 Kilometer entfernt, punktet die Rhön mit ganz ähnlichen Reizen. Auch hier, im Grenzgebiet von Hessen, Thüringen und Bayern, sind die Böden mager und das Klima ist rau. Oft steigen Nebelschwaden auf und bauchige Wolken bleiben zwischen den vielen Bergen hängen. Auf und um ihre Gipfel herum bohren sich kantige Basaltbrocken aus dem Grund, etwa am Pferdskopf oder auf dem kleineren Wachtküppel, die beide fantastische Aussichtspunkte markieren. Wer noch höher hinaus will und dafür bezahlt, kann auf der stolzesten Erhebung der Rhön, der 950 Meter hohen Wasserkuppe, in ein Segelflugzeug klettern und über allen Dingen schweben. Auch Paraglider profitieren hier im Sommer von der guten Thermik. Kühl und möglichst nass mögen es wiederum die Moore, die auch in der Rhön ein landschaftlich spannendes Kontrastprogramm bieten. Besonders ursprünglich und artenreich ist das Rote Moor nordöstlich von Gersfeld; ein verschlungener Holzbohlenpfad führt durch Feuchtwiesen und Sümpfe. Bei Nebel kann es hier schon mal gruselig werden. Aber keine Angst, bislang wurde der Hund der Baskervilles nur im Dartmoor gesichtet!

www.rhoen.de, www.fliegerschule-wasserkuppe.de

Dartmoor, Devon, Großbritannien
50° 33' 59" Nord / 04° 00' 00" West

RHÖN–DARTMOOR: 978 KM

Point Alpha

Point Alpha – einst das Camp der US-Army – ist ein Mahnmal gegen das Vergessen! Jahrzehntelang ging der Eiserne Vorhang mitten durch Deutschland und trennte damit auch die Rhön. An diesem Ort prägte die direkte Konfrontation der NATO mit den Warschauer-Pakt-Staaten den Alltag. Eine unbedachte Aktion hätte den dritten Weltkrieg auslösen können. Das Freilichtmuseum und das »Haus auf der Grenze« dokumentieren mit Baracken, Grenzanlagen und Beobachtungstürmen diese Zeit der jüngeren deutschen Geschichte. 14 Skulpturen von Ulrich Barnickel am »Weg der Hoffnung« markieren die 1,5 km Strecke der Grenzsoldaten, die für viele Flüchtlinge zum Todesstreifen wurde.

Platz der Deutschen Einheit 1, 36419 Geisa, März, Nov. tgl. 10–17, Apr.–Okt. 9–18, Dez.–Feb. Di–So 10–16.30 Uhr, www.pointalpha.com

 Rhön-Dorf

Ein Kaufladen der besonderen Art: 2000 Produkte der Region werden hier liebevoll ausgestellt – in wandhohen Holzregalen, auf massiven Holztischen oder in stabilen Weinkisten aus Holz. Käse, Wurst, Brot und Marmelade kostet man am besten gleich vor Ort. Schnäpse nach traditionellen Rezepten, Honigseife, Honigbäder, Bienenwachskerzen und Nudeln in Form von Bienen eignen sich als Mitbringsel.

Hauptstr. 6, 36142 Tann, Mo–Fr 10–18, Sa 10–17, So 13–17 Uhr, www.rhoen-dorf.de

Stadtverwaltung, Raummuseum, Konzertlocation und Trausaal – das prächtige Stadtschloss Fulda aus dem 18. Jahrhundert wird für mehrere Zwecke genutzt.

Stadtschloss Fulda

Vom Fürst – für Fürsten. Auftraggeber war Fürstabt Adalbert, die Bewohner ebenfalls Fürstäbte oder Fürstbischöfe, die sich in diesem von Johann Dientzenhofer bis 1714 erbauten Schloss angemessen repräsentiert fühlten. Das Rokoko-Interieur glitzert und glänzt mit großen Spiegeln, teuren Tapeten und prunkvoll umrahmten Gemälden. Wer Fayence und Porzellan liebt, wird ebenfalls fündig. Zu pompös für das Leben im Hier und Jetzt? Vielleicht. Doch für besondere Anlässe darf der Rahmen schon herrschaftlich sein: Hochzeitspaare trauen sich gerne in diesen Sälen. Und auch die Stadt weiß die Räumlichkeiten zu schätzen und hat hier ihre Verwaltung untergebracht.

Schloss: Schloßstr. 1, 36037 Fulda, Führung Apr.–Okt. Di–Do, Sa/So 10.30 u. 14, Fr 14,

Nov.–März Di–So 14, Sa/So zusätzlich 10.30 Uhr, www.fulda.de; Dommuseum: Domplatz, 36037 Fulda, Apr.–Okt. Di–Sa 10–17.30, So 12.30–17.30, Nov.–März Di–Sa 10–12.30, 13.30–16, So 12.30–16 Uhr, www.bistum-fulda.de

🛏 Goldener Karpfen

Zentral gelegen, verbergen sich hinter 300 Jahre alten Mauern ein Restaurant und ein Hotel mit unterschiedlich gestalteten Zimmern: mit Antiquitäten bestückt, klassisch modern oder mit zeitgenössischem Design von Rolf Sachs versehen.
Simpliziusbrunnen 1, 36037 Fulda, Tel. 06 61/868 00, www.hotel-goldener-karpfen.de, DZ ab 175 €

4 Wasserkuppe mit Segelflugmuseum

Nichts als Höhenflüge: Das Deutsche Segelflugmuseum nimmt für sich in Anspruch nur das zu präsentieren, was auf der Wasserkuppe (950 m) Fluggeschichte geschrieben hat. Beispielsweise der erste bemannte Raketenflug weltweit von Fritz Stammer in seinem »Ente« genannten Flieger. Wer selbst in die Luft gehen möchte: Auf dem höchsten Berg Hessens bieten sich zahlreiche Gelegenheiten für Segler, Gleitschirm- oder Drachenflieger.

Wasserkuppe 2, 36129 Gersfeld, Apr.–Okt. tgl. 9–17, Nov.–März tgl. 10–16.30 Uhr, www.segelflugmuseum.de

5 Biosphärenreservat Rhön

Die Hauptrollen sind im Unesco-Biosphärenreservat Rhön klar verteilt: der Mensch und die Natur. Besonderheiten der Region werden gehegt und gepflegt: Tier- und Pflanzenarten gehören ebenso dazu wie Dialekte, Riten und Traditionen. Im Gegensatz zu einem Naturschutzgebiet, das möglichst unangetastet bleiben soll, setzt man hier auf naturnahe Landnutzung und naturnahe Technologien.

www.biosphaerenreservat-rhoen.de

6 Fränkisches Freilandmuseum

Bauernhof, Kirche, Schule, Wirts- und Brauhaus – diese (Fachwerk-)Bauten machen einen typischen Weiler in Unterfranken aus. Im Garten gedeihen u. a. Quitten, Hopfen und Holunder. Und die einheimischen Nutztiere wie Gelbvieh, Rhönschaf oder Fränkische Landgans leben bestens integriert in der Nachbarschaft von Italiener-Hühnern und Pietrain-Schweinen. Heimatkunde ist langweilig? Nicht, wenn man sie mit dem Smartphone, Tablet oder bei einer GPS-Rallye erkunden kann.

Bahnhofstr. 19, 97650 Fladungen, Apr.–Anf. Nov. tgl. 9–18 Uhr, Apr., Okt. Mo geschl., www.freilandmuseum-fladungen.de

7 KissSalis Therme

Erst bewegen, dann entspannen. Dreimal täglich wird hier zum Wassersport animiert. Danach belohnt man sich in den wohltemperierten Innen- und Außenbecken, einem der neun Saunatypen oder in der Lounge, im Lese- oder Ruheraum.

Heiligenfelder Allee 16, 97688 Bad Kissingen, tgl. 9–22, Fr/Sa bis 24 Uhr, www.kisssalis.de

 ## Laudensacks Parkhotel

20 helle Zimmer in einer Gründerzeitvilla, umgeben von einem gepflegten Garten mit Seerosenteich. Luxuriöser Wellnessbereich mit Sauna und Whirlpool. Feinschmecker und Michelin empfehlen das hauseigene Restaurant. Kurhausstr. 28, 97688 Bad Kissingen, Tel. 09 71/722 40, www.laudensacks-parkhotel.de, DZ ab 150 €

 ## Restaurants

Kartoffelkäfer

Das Inventar ist ein Sammelsurium: vom Volksempfänger bis zum Kanonenofen. Auf der Speisekarte stehen natürlich Kartoffelspezialitäten (ganz ohne Käfer) sowie verschiedene Pastagerichte oder Steaks vom Vulkanstein-Grill. Silge 11, 36433 Bad Salzungen, Tel. 036 95/60 62 04, tgl. 11–14.30 und ab 17 Uhr, www.kartoffelkaefer.net

Klosterbrauerei Kreuzberg

Hier wird gebraut, und das schon seit dem Jahr 1731. Ob drinnen oder draußen im wunderschön gelegenen Klosterbiergarten – auf dem Kreuzberg schmecken Bier und Brotzeit deftig. Dafür sind Preise moderat (dank Selbstbedienung!). Kloster Kreuzberg, 97653 Bischofsheim, Tel. 097 72/912 40, tgl. 8–20 Uhr, www.kreuzbergbier.de

Henneberger Haus

Schmuckes Fachwerk vom Ende des 19. Jh., ein stattlicher weißer Kachelofen, dunkle Holzvertäfelung, gedrechselte Holzsäulen und dazu ein ruhiger Innenhof für warme Sommertage – das Henneberger Haus serviert thüringische Spezialitäten in stilechtem Ambiente. Am nördlichen Rand der Altstadt, 250 m vom Schloss Elisabethenburg entfernt. Georgstr. 2, 98617 Meiningen, Tel. 036 93/50 89 90, Mo–Do 11–14, ab 17, Fr–So ab 11 Uhr, www.henneberger-haus.de

Heiße Rhythmen vor historischer Kulisse: Jedes Jahr lockt das Internationale Samba-Festival in der Coburger Altstadt rund 200 000 Besucher an, die hier tanzen, feiern und dabei jede Menge südamerikanisches Flair genießen. Die Veranstaltung zählt mittlerweile zu den größten und beliebtesten ihrer Art außerhalb Brasiliens.

COBURG–RIO DE JANEIRO: 9.715 KM

Karneval in Rio de Janeiro, Brasilien
02° 54' 30" Süd / 43° 11' 47" West

29 Internationales Samba-Festival in Coburg

50° 16' 00" Nord / 10° 58' 0" Ost

Manchmal erschrickt man regelrecht, wenn Menschen, die man gedanklich schon fein säuberlich einsortiert hatte, plötzlich wieder aus ihrer Schublade springen. Ein gutes Beispiel sind die Oberfranken. Multikulti? Ist nun wirklich nicht das Erste, das einem zu dieser Region einfällt, die ja vermeintlich nur für ihre rustikale Küche und Bodenständigkeit bekannt ist. Doch weit gefehlt. Denn in dieser Ecke Bayerns, die sich alles andere als bayerisch fühlt und vielleicht gerade deshalb gerne in die Ferne schweift, blickt man mit Vergnügen über den Tellerrand – und lädt dann die Fremde

in die Heimat ein. Wie wunderbar so ein Kulturmix aussehen und vor allem klingen kann, erlebt man jedes Jahr Mitte Juli beim Internationalen Samba-Festival im oberfränkischen Coburg. Ein ganzes Wochenende lang wird die alte Residenzstadt von brasilianischer Lebensfreude und lateinamerikanischen Rhythmen regelrecht durchgeschüttelt: In allen Gassen heizen Bands aus der ganzen Welt die Stimmung an, Samba-Tänzerinnen und -Tänzer betören bis in die Nacht mit ihren glitzernden Kostümen, Federschmuck und viel nackter Haut. Und sollten die eigenen Hüftgelenke noch etwas Schmierstoff

benötigen, hilft man eben mit Caipirinha nach. Höhepunkt des Spektakels ist der große Sambista-Umzug am Sonntag, bei dem Tausende Trommler und Tänzer zur Hauptbühne am Schlossplatz marschieren. Dass am allerersten Coburger Samba-Festival 1992 gerade einmal 20 Samba-Gruppen teilnahmen, mag man bei diesem Anblick kaum glauben. Was als exotisches Experiment begann, hat sich zu einem der schillerndsten Events in ganz Franken gemausert – das einfach in keine Schublade passt.

www.samba-festival.de

Restaurants

Künstler-Klause
Hier wird gutbürgerliche fränkische Küche aufgetischt: Ob Sauerbraten, Roulade, Schäufele oder knusprige Entenbrust, die original Coburger Klöße gehören als Beilage dazu. Und das Ambiente mit dunklem Mobiliar und weißen Tischdecken ist ebenfalls gut und bürgerlich.
Theaterplatz 4a, 96450 Coburg, Tel. 095 61/907 05, tgl. 17.30–24, Sa/So 11.30–14 Uhr, www.kuenstler-klause.de

Kräutergarten
Frische Waren aus der Region gehören hier genauso zum Konzept wie die handverlesene Auswahl der Lieferanten und damit der Zutaten. Fränkisch das Essen, gemütlich mit Holzbänken das Interieur. Die Auswahl der Menüs: klein, aber fein.
Rosenauer Str. 30c, 96450 Coburg, Tel. 095 61/42 60 80, Di–Sa 17–24 Uhr, www.kraeutergarten-coburg.de

Schloss Hohenstein
Romantisch das Restaurant, rustikal die Schenke, angenehm kühl – im Sommer – die Terrasse. Dazu passt die (bevorzugt regionale) Küche mit frischen Zutaten wie etwa geschmorte Kaninchenkeule an Pastinakenpüree, Hohensteiner Reh mit Maronen und Herbstgemüse sowie Variationen vom Rubinette-Apfel mit Kardamomeis.
Hohenstein 1, 96482 Ahorn, Tel. 095 65/542 95 60, tgl. 18–22, Kuchen Sa 15 bis 17 Uhr, www.schlosshotel-hohenstein.de

 ## 1 Coburg

Coburg ist reich an Kirchen, zählt 20 Brücken über die Itz und ist stolz auf seine vielen Fachwerkhäuser. Darunter befinden sich denkmalgeschützte Bauten wie die Hahnenmühle von 1323 oder das dreigeschossige Münzmeisterhaus (1444). Anfang des 15. Jh. entstand das Rathaus der Stadt, das auch als Kaufhaus diente: Schustern, Tuchmachern und Kürschnern war der erste Stock, Bäckern und Metzgern das Erdgeschoss vorbehalten. Im 16. Jh. wurde das Rathaus um den neuen Renaissancebau mit hohen Giebeln und Schneckenornamenten erweitert.

Tourist Info: Herrngasse 4, 96450 Coburg, Tel. 09 561/89 80 00, Mo–Fr 9.30–17.30, Sa 10–14 Uhr, www.coburg-tourist.de

 ## 2 Veste Coburg

Festungen dienten stets mindestens zwei Zwecken: die Bewohner in Sicherheit zu wiegen und Feinden Uneinnehmbarkeit zu signalisieren. Die Veste Coburg erfüllt(e) beides. Allein ihre Fläche von 135 mal 260 m macht sie zu einer der größten Burganlagen in Deutschland. Und die Aussicht von dort ist grandios. Auch Martin Luther suchte und fand hier im Jahr 1530 Asyl. Heute beschützt die Veste historische Kunstwerke, beispielsweise die Kupferstiche im Kabinett, kostbare venezianische Gläser oder historische Jagdwaffen.

Veste Coburg, 96450 Coburg, Apr.–Okt. tgl. 9.30–17, Nov.–März Di–So 13–16 Uhr, www.kunstsammlungen-coburg.de

3 Europäisches Museum für Modernes Glas

Was man aus Glas alles fertigen kann! Elegantes und Kitschiges, Nutzwertiges und Dekoratives, Kleinteiliges und Übergroßes, Einfarbiges und Buntes, Skulpturen und Installationen ... in diesem Museum gehen einem die Augen über. Passend zu den kristallinen Werken wurde auch die Ausstellungshalle gestaltet. Bodentiefe Fenster, eine geschwungene Treppe und eine Galerie – natürlich beide aus Glas – schaffen einen dezenten Rahmen für die Exponate. Im Untergeschoss hat seit dem Jahr 2012 die Nachbardisziplin Einzug gehalten: 500 Keramikstücke von 250 internationalen Meistern komplettieren die Sammlung.

Rosenau 10, 96472 Rödental, Ende März bis Anf. Nov. tgl. 9.30–13, 13.30–17, Mitte Nov.–Mitte März Di–So 13–16 Uhr, www.kunstsammlungen-coburg.de

 ## Goldene Traube

Seit mehr als 20 Jahren ein Familienbetrieb. Hier wohnt man klassisch oder modern und darf sich im großen Wellnessbereich entspannen. Für den Absacker bietet sich die Hotelbar nebst Vinothek an. Empfehlenswert auch das dazugehörige Restaurant Esszimmer (ein Michelin-Stern).
Am Viktoriabrunnen 2, 96450 Coburg, Tel. 095 61/87 60, www.goldenetraube.com, DZ ab 105 €

Rautenkranz, Bunter Löwe und Bärenbastei – so heißen drei der äußeren Befestigungsanlagen der Veste Coburg. Ein Ulmer Baumeister konstruierte diese Ergänzungen im 17. Jahrhundert.

 ## Wildpark Schloss Tambach

Auerochse und Adler, Fischotter und Frettchen, Muntjak und Mufflon, Waschbär und Wildkatze – mehr als 250 Tiere teilen sich 50 ha im historischen Schloss-park. Familien gefallen die Wildpark-Rallyes besonders gut. Noch beliebter sind bei Kindern die Fütterungen, weil sie den Tieren dabei nah aufs Fell rücken dürfen.

Wildpark 3, 96479 Weitramsdorf, tgl. 8–18 Uhr, www.wildpark-tambach.de

🛏 Der Grosch

Zum Europäischen Glasmuseum sind es 20 Min. zu Fuß, nach Coburg eine Viertelstunde mit dem Auto. Die 44 vor einigen Jahren renovierten Zimmer sind puristisch schick gestaltet – ein schöner Kontrast zur jahrhundertealten gleichnamigen Brauerei.
Oeslauer Str. 115, 96472 Rödental, Tel. 095 63/75 00, www.der-grosch.de, DZ ab 110 €

 ## Deutsches Korbmuseum

Wer bei der Entstehung eines Korbs zuschauen möchte, sollte sich möglichst an einem Samstag zwischen 13.30 und 16.30 Uhr (April bis Okt.) im Korbmuseum einfinden. Die Meister ihres Fachs zeigen dann, wie man flicht, und erzählen Wissenswertes zu Material, Form und Farbe.

Bismarckstr. 4, 96247 Michelau, Apr.–Okt. Di–So 10–16.30, Nov.–März Di–Do 10–16.30, Fr 10–15 Uhr, www.gemeinde-michelau.de

 ## Obermain Therme

»Wie ein Tag am Meer« – mit diesem Slogan lockt die Obermain-Therme ihre Besucher. Doch ein Tag dürfte bei diesem Angebot kaum ausreichen. 3000 qm Wasserfläche verteilen sich auf 25 Innen- und Außenbecken, die aus- und einladende Saunalandschaft erstreckt sich auf 15 000 qm und elf Themensaunen, dazu kommen Wellness und Kosmetikbehandlungen, medizinische Massagen, Wärmetherapie, Inhalation, Kinesio-Taping bis hin zur Narbenentstörung. Für fast jedes Wehwehchen gibt es hier eine heilende Anwendung.

Am Kurpark 1, 96231 Bad Staffelstein, So–Mi 8–21, Do–Sa 8–23 Uhr, www.obermaintherme.de

 ## Aufstieg auf den Staffelberg

Familienfreundlich, aussichtsreich und kurzweilig ist die Wanderung auf diesen »Frankenberg«. Gestartet wird beim Friedhof der Stadt Bad Staffelstein. Es geht über 265 m nach oben und hernach wieder nach unten und dauert Hin- und Rückweg etwa 2,5 Stunden, inklusive eines Schlenkers zum Staffelberg-Felsen. Zwischendurch belohnt die Einkehr in der Staffelberg-Klause und ganz oben, in 539 m Höhe, die fantastische Weitsicht.

www.staffelberg.de

30 Klein-Venedig, Bamberg

49° 53' 36" Nord / 10° 53' 03" Ost

Kunst ist oft dann am reizvollsten, wenn sie sich selbst nicht zu ernst nimmt, aber trotzdem zum Nachdenken anregt. So ist das auch bei Martin Parr, einem britischen Fotografen, der in seinen ironischen Arbeiten der Frage nachgeht: Was passiert, wenn sich die schönsten Orte der Welt in globale Vergnügungsparks verwandeln – weil einfach zu viele Menschen sie sehen wollen? Auf der Suche nach Anschauungsmaterial reiste Parr um den ganzen Globus und blieb dabei mehrmals in Venedig hängen. In der Lagunenstadt richtete er sein Objektiv schonungslos auf Touristen: Reisegruppen oder Pärchen, die vor Rialto- und Seufzerbrücke für die eigenen Erinnerungsfotos posieren – oft mit ausgestrecktem Selfie-Arm. Zum Glück geht es im oberfränkischen Bamberg noch eher beschaulich zu. Obwohl auch hier Kanäle, Brücken und viel Romantik locken! Manch einer reist sogar nur deshalb in die alte Kaiser- und Bischofsstadt, um in »Klein-Venedig«, wie die Bamberger ihr altes Fischerviertel nennen, in Sehnsucht zu schwelgen. Zwar ist das Netz der Wasserstraßen überschaubar, die Regnitz umspült aber den kompletten unteren Altstadtkern und Wasser hat das Leben der Bamberger jahrhundertelang geprägt. Gegenüber vom Alten Rathaus kann man sogar in eine original venezianische Gondel steigen. Eine halbe, Dreiviertel- oder ganze Stunde dauert die Fahrt vorbei an malerischen Fachwerkhäusern, die sich dicht ans Ufer drängen. Wie in Venedig werden die langen, schwarzen Boote von stehenden Gondolieri im Streifenpulli mit Strohhut geführt. Ein beliebtes Fotomotiv! Ob sich Martin Parr hier schon umgesehen hat? Nicht nötig. Noch nicht.

www.bamberg.info, www.gondel.info

Canal Grande, Venedig, Italien
45° 26' 12" Nord / 12° 19' 59" Ost

BAMBERG–VENEDIG: 508 KM

Die Kanäle der ehemaligen Fischersiedlung müssen sich die Bamberger Gondolieri mit Ausflugsbooten teilen. Aber die Männer mit Ringelpulli und Strohhut sind mittlerweile Profis: Schon 1992 wurde die erste »gondola« von der Lagune nach Oberfranken transportiert. Heute sind zwei Gondeln im Einsatz.

1 Bamberger Altstadt

Es gibt viele schöne Altstädte in Deutschland, doch die Bamberger gehört – allein, weil sie im Zweiten Weltkrieg verschont blieb – zu den imposantesten. 2400 denkmalgeschützte Häuser aus Romanik, Gotik, Renaissance, Barock und Rokoko arrangieren sich zu einem einmaligen, über 1000 Jahre alten Gesamtkunstwerk. Das Alte Rathaus der Weltkulturerbestadt ist dabei ein echtes Kuriosum: Es steht auf einer mit Pfählen künstlich errichteten Insel in der Regnitz, ist über und über mit Fresken bemalt und wird vom Rottmeisterhäuschen geziert, das über dem Wasser zu schweben scheint. Tipp für den Altstadtbummel: Mit einem GPS-basierten »itour-Guide« kann man sich zu herrlichen Sehenswürdigkeiten geleiten und sie audiovisuell, inklusive O-Tönen aus dem täglichen Leben, erläutern lassen (Geräte mit App bei der Tourist Info, App fürs eigene Smartphone für iOs und Android).

Tourist Info: Geyerswörthstr. 5, 96047 Bamberg, Tel. 09 51/297 62 00, Mo–Fr 9–18, Sa 9.30–16, So 9.30–14.30 Uhr, www.bamberg.info

2 Bamberger Dom mit dem Bamberger Reiter

Hoch über der Altstadt thront der Dom St. Peter und St. Georg mit seinen vier beeindruckenden Türmen als Stadtwahrzeichen. Schon 1002 wurden die Grundsteine gelegt, doch zwei Brände zwangen zu Neuaufbauten. Der letzte, 1237, wurde von einer Seite zur anderen durchgeführt,

Bildet mit dem Dom ein Ensemble, das die politischen Machtverhältnisse seiner Zeit verdeutlichte: die Dreflügelanlage der Neuen Residenz, Sitz der Bamberger Fürstbischöfe.

sodass die Türme im Osten romanischen, die im Westen gotischen Stils sind, was den Übergang dieser Epochen auf einmalige Weise bezeugt. Im Inneren imponieren u. a. das von Tilman Riemenschneider gestaltete Hochgrab des heiligen Kaiserpaars Kunigunde und Heinrich II., das Papstgrab Clemens II. und der Marienaltar von Veit Stoß. Auf einer Konsole am Nordpfeiler des Georgenchors zieht der mysteriöse »Bamberger Reiter« die Besucher an. Bis heute ist die Frage offen, wer diese fast lebensecht zu nennende, 2,33 m hohe Sandsteinskulptur schuf und wen sie eigentlich darstellen soll.

Domplatz 2, 96049 Bamberg, Apr.–Okt. Mo–Mi 9–18, Do/Fr 9.30–18, So 13–18, Apr. Sa 9–16.30, Mai–Okt. Sa 9–11.30, 13–16.30, Nov.–März Mo–Mi 9–17, Do/Fr 9.30–17, So 13–17 Uhr, www.bamberger-dom.de

3 Neue Residenz

Am eindrucksvollsten Platz Bambergs, dem Domplatz, steht die denkmalgeschützte mehrflügelige Neue Residenz. Ab 1602 hielten hier die Bamberger Fürst-

 Hotel Tandem

Von modernen Zimmern oder dem kleinen Gästehaus (ohne TV) für Familien und Gruppen blickt der Gast auf die Regnitz oder den Michaelsberger Garten. Für Fahrradfreunde gibt es einen abschließbaren Keller, Mieträder und Radtourenkarten.
Untere Sandstr. 20, 96049 Bamberg, Tel. 09 51/51 93 58 55, www.tandem-hotel.de, DZ ab 90 €

bischöfe Hof. Im Jahr 1919 war sie kurzzeitig Sitz des bayerischen Landtags, der die erste demokratische Verfassung verabschiedete. Über 40 Prunkräume (toll: der freskierte Kaisersaal) werden heute als Schauräume für wechselnde Kunstausstellungen genutzt. Die Barockgalerie und die Altdeutsche Galerie zeigen wichtige Werke der Bayerischen Staatsgemäldesammlungen.

Domplatz 8, 96049 Bamberg, Apr.–Sept. tgl. 9–18, Okt.–März 10–16 Uhr, www.schloesser.bayern.de

 4 Fränkisches Brauereimuseum

Warum geht man in Franken so gerne nicht in, sondern »auf den Keller«? Weil dort die schönsten Biergärten sind, die über den kühlen Kellergewölben, ehemaligen Lagerstätten des Gerstengetränks, der vielen Brauereien angelegt wurden. »A Seidla« (0,5 l Bier) aus einem Steinkrug gehört in Franken für die meisten

 Hotel Wohnbar

Ein zentral zwischen den Regnitzarmen gelegenes Jugendstilhaus mit wunderschönem Treppenhaus, dafür ohne Aufzug. Die Zimmer sind modern und hell eingerichtet, jedes ein wenig anders. Gäste können die hoteleigenen Fahrräder ausleihen.
Stangsstr. 3, 96047 Bamberg, Tel. 09 51/50 99 88 44, www.wohnbar-bamberg.de, DZ ab 79 €

zur Lebenskultur. Das Brauereimuseum bildet auf rund 900 qm und mit über 1400 Exponaten in authentischer Umgebung (ehemalige Benediktinerbrauerei) den gesamten Brauprozess ab: Sudhaus, Mälzerei, Gär-, Lager- und Eiskeller (aus dem 18. Jh.), Buttnerei, Filtration sowie Fass- und Flaschenabfüllung. Wer sich hier das Handwerk der Brauer, Mälzer und Büttner aneignet, bekommt ein Bier-Diplom.

Michelsberg 10f, 96049 Bamberg, Apr.–Okt. Mi–Fr 13–17, Sa/So 11–17 Uhr, www.brauereimuseum.de

 5 E. T. A. Hoffmann-Haus

Studierter Jurist, gescheiterter Dirigent, Kulissenarbeiter, Musiklehrer, romantischer Literat, Komponist und Zeichner: Der schillernde Mehrfach- und oft Nebenbei-Künstler Ernst Theodor Amadeus Hoffmann lebte mit seiner Frau von 1808 bis 1813 am heutigen Schillerplatz auf zwei Etagen in einem nur 3,5 m breiten Häuschen. Nirgendwo sonst in Deutschland findet man eine Gedenkstätte, die ausschließlich ihm gewidmet ist. Seine Lebens- und Schaffensthemen werden in Texten, Bildern, Tonaufnahmen und Installationen präsentiert, das Ambiente spiegelt den Charakter seiner manchmal skurrilen und immer fantasievollen Persönlichkeit wider. Hier entstanden sein Alter Ego Johannes Kreisler, »Don Juan« und der erste Band der »Fantasiestücke in Callot's Manier«.

Schillerplatz 26, 96047 Bamberg, Mai–Okt. Di–So 13–17 Uhr, www.etahg.de/de/etahaus

 Restaurants

Spezial Keller
So etwas Verrücktes wie Rauchbier gibt es nur – zweimal. Zumindest in Bamberg, wo es von den Brauereien Schlenkerla und Spezial hergestellt wird. Der »Spezi-Keller« punktet mit einer Gaststube mit Kachelofen und einem schattigen Biergarten samt Blick auf die Altstadt. Sternwartstr. 8, 96049 Bamberg, Tel. 09 51/548 87, Di–Fr ab 15, Sa ab 12, So ab 10.30 Uhr, www.spezialkeller.de

Brauereigasthof Greifenklau
Auch hier wird selbst gebraut: von der vierten Generation in Folge, und alle Braumeister hießen bzw. heißen Sigmund Brockard! Die typisch fränkische Wirtschaft mit charakteristischem Biergarten bereitet zünftige Frankenklassiker wie »Backstaakäs' mit Musik«, Schäuferla und Schweinszüngla zu. Laurenziplatz 20, 96049 Bamberg, Tel. 09 51/532 19, Di–Sa 10.30–23.30 Uhr, www.greifenklau.de

Weinhaus Messerschmitt
Schon seit 1832 wird im Messerschmitt vorzüglicher Wein ausgeschenkt. Im Elternhaus des Flugzeugpioniers werden mit Tradition, Seele und allen modernen Annehmlichkeiten frische Mainfische, heimische Wildgerichte und natürlich auch Bamberger Fassbier serviert. Lange Str. 41, 96047 Bamberg, Tel. 09 51/297 80-0, Mo–Sa 12–14, Mo–Do und Sa 18–23 Uhr, www.hotel-messerschmitt.de

MYLAU–NÎMES: 960 KM

Umrundet man die Göltzschtalbrücke zu Fuß, erlebt
man das monumentale Bauwerk aus immer neuen,
spannenden Blickwinkeln. Die größte Ziegelsteinbrücke der Welt wurde Mitte des 19. Jahrhunderts
gebaut. Bis heute rollen auf ihr täglich Züge der
zweispurigen Strecke zwischen Leipzig und Hof.

31 Göltzschtalbrücke

50° 37' 21" Nord / 12° 14' 38" Ost

Aaah! Raunen und Applaus! Alle Beteiligten waren glücklich, als der Blick auf ihr »achtes Weltwunder« endlich wieder frei war. Über die Jahre hatten sich Bäume und Gestrüpp links und rechts der Göltzschtalbrücke wie ein kleiner Urwald ausgebreitet, etliche Pfeiler und Bögen waren kaum noch zu sehen. So rückte im Frühjahr 2017 ein Trupp freiwilliger Helfer dem Dickicht mit Motorsägen und Baumscheren zu Leibe. Die gelungene Aktion feierte man auf der Aussichtsterrasse am Infopoint westlich von Mylau. Zwar regnete es in Strömen, doch selbst bei Schmuddelwetter strahlen die Ziegel der Göltzschtalbrücke in gedämpft-leuchtendem Rot. Stein für Stein wurde das heutige Wahrzeichen des Vogtlandes ab 1846 aufgebaut – in Handarbeit! Fast 2000 Männer packten mit an, schichteten 26 Millionen Backsteine zu einer 574 Meter langen und 78 Meter hohen, vierstöckigen Eisenbahnbrücke auf, die sich mit insgesamt 81 Bögen über das Göltzschtal spannt. Fünf kräftezehrende Jahre dauerte es bis zur Fertigstellung der bis dato immer noch größten Ziegelsteinbrücke der Welt; dabei verunglückten 31 Arbeiter.

Wie viele Menschen den Bau der Pont du Gard bei Nîmes in Südfrankreich mit ihrem Leben bezahlen mussten, ist nicht überliefert. Die Geschichte des 275 Meter langen und 49 Meter hohen Aquädukts reicht jedoch bis in die römische Antike zurück, und in den Steinbrüchen sowie beim Stapeln der Kalksteinquader schufteten auch unzählige Sklaven. Heute zählt das beliebte Baudenkmal zum Unesco-Welterbe und wird jährlich von rund einer Million Besuchern regelrecht überrannt. Noch herrscht hier fantastische, baumfreie Sicht. Sollte das Grün an den Ufern des Gardon aber doch mal zu üppig sprießen: Im Vogtland weiß man, was zu tun ist – und freut sich über eine Einladung ins sonnige Südfrankreich!

www.vogtland-tourismus.de

Pont du Gard, Südfrankreich
43° 56' 50" Nord / 04° 32' 07" Ost

Restaurants

Altes Handelshaus

Das barocke Handelshaus begeistert durch pompejianische Farben im Treppenhaus, mit einer geretteten Tapetendecke von 1870 und liebevoll restaurierten Räumen – und durch seine traditionelle Vogtland-Küche. Für Wochenendbesuche wird eine Reservierung empfohlen.
Straßberger Str. 17, 08527 Plauen, Tel. 037 41/14 96 99, Mo–Sa 11–23, So 11–16 Uhr, www.altes-handelshaus.de

Gasthaus Matsch

Plauens älteste Gastwirtschaft existiert seit 1503. Das romantische Kleinod im Zentrum steht direkt neben dem Stadtpalais (mit Regionalmuseum). Man freut sich an vogtländer Küche, etwa an »Bambes«-Gerichten (Reibekuchen), Omas Schmandgurken und geschmorten Ochsenbäckchen.
Nobelstr. 1–5, 08523 Plauen, Tel. 037 41/20 48 07, tgl. 7–23 Uhr, www.matsch-plauen.jimdo.com

Kellerhaus

Das »Keller Häußgen unterm Schloß« steht schon seit 1680 in den Ratsakten und ist somit eines der ältesten Gebäude der Gegend. In dem geschichtsträchtigen Gemäuer geht es bei Zwiebelkrüstchen mit vollmundigem Tempranillo oder Rinderroulade angenehm deftig zu.
Schlossberg 2, 09113 Chemnitz, Tel. 03 71/335 16 77, tgl. ab 11 Uhr, www.kellerhaus-chemnitz.de

 ## Burg Mylau

Weit über das Vogtland zu sehen, steht die Burg Mylau – die am besten erhaltene mittelalterliche Burg der Region – seit etwa 1180 majestätisch auf einem Felssporn. Den typisch romanischen Wehrbau erkennt man an seinen zwei Vierecktürmen und dem rund 27 m hohen runden Bergfried mit bis zu 2,50 m dicken Mauern. Im Zuge der Vergrößerung (zwischen 1370 und 1420) im gotischen Stil kam die Vorburganlage hinzu. Das kulturhistorische Museum zeigt den zweitgrößten Bestand im sächsischen Vogtland.

Burg 1, 08499 Mylau, Di–Do, Sa/So 11–17 Uhr, www.burgmylau.de

 ## Haus Schulenburg

Der Universalkünstler Henry van de Velde hat dieses Meisterwerk geplant und ausgestattet. Neben interessanten Ausstellungen (Bauhaus-Jahr 2019!) präsentiert das hervorragend sanierte Haus Architekturentwürfe, Stoffmuster, Buchgestaltungen u. v. m. des Erbauers.

Straße des Friedens 120, 07548 Gera, Apr.–Okt. Mo–Fr 10–17, Sa/So 14–17, Nov.–März Mo–Fr 10–16, Sa/So 14 bis 16.30 Uhr, www.haus-schulenburg-gera.de

 ## Zwickau

2018 feiert die Automobil- und Robert-Schumann-Stadt ihr 900-jähriges Bestehen und wartet mit bekannten und unbekann-ten Erkenntnissen auf. Dass August Horch hier die Marke Audi gründete und dass das »Schwarze Gold« der Steinkohle von großer Bedeutung war, wissen die meisten. Aber auch das Taschenbuch und die lebensrettende Sicherheitsgrubenlampe wurden hier erfunden, Max Pechstein und Gert Fröbe sind Söhne der Stadt, und auf dem Schumannplatz erklingt ein Glockenspiel aus Meißner Porzellan, gestiftet von Walter Becher. Es gibt viel zu entdecken in »Zwigge«. Am besten man startet am Marktplatz, wo das zentrale Wahrzeichen, das Gewandhaus (Bauzeit 1522–1525), steht. Das ehemalige Handelshaus mit Staffelgiebel und Elementen der Spätgotik und Renaissance gibt seit 1823 ein schmuckes Stadttheater ab. Das 2011 aufwendig sanierte Rathaus zeigt eine prächtige neogotische Fassade. In einer (vorher angemeldeten) Führung kann man auch Bürgersaal und Jakobskapelle besuchen. Der Zwickauer Dom prägt mit seinem 87 m hohen barocken Glockenturm das Zentrum und birgt sakrale Schätze wie die Pietà von Peter Breuer und den sechsflügelige Wandaltar des Nürnber-

 ## Hotel Alexandra

Mitten in der Fußgängerzone empfängt das Hotel Alexandra Gäste aus aller Welt in einem verschnörkelten Märchenschloss-Ambiente aus Jugendstildekor, klassischen italienischen Möbeln und verspielten Einzelelementen. Mit Restaurant, »Caféstübchen« und Bar.
Bahnhofstr. 17, 08523 Plauen, Tel. 037 41/719 51, www.hotel-alexandra-plauen.de, DZ ab 76 €

Die Kunstuhr am Alten Plauener Rathaus besitzt zwei Zifferblätter, eine Sonnenuhr und eine Kugel, die die Mondphasen anzeigt.

Tourist Info: Unterer Graben 1, 08523 Plauen, Tel. 037 41/291 10 27, www.plauen.de; Vogtlandmuseum: Nobelstr. 9–13, 08523 Plauen, Di–So 11–17 Uhr, www.plauen.de

6 Deutsch-Deutsches Museum Mödlareuth

Nicht nur Berlin, auch Mödlareuth war ab 1966 durch eine Mauer getrennt, die erst am 9.12.1989 fiel. Denn das Dorf, seit dem 16. Jh. durch den Tannbach zwischen Bayern und Thüringen aufgeteilt, lag im Schutzstreifen, DDR-Grenztruppen ließen einen Eisernen Vorhang fallen. Als Mahnmal entstand das hochinteressante Museum rund um »Little Berlin«.

Mödlareuth 13, 95183 Töpen, März–Okt. Di–So 9–18, Nov.–Feb. Bis 17 Uhr, www.moedlareuth.de

ger Meisters Michael Wolgemut. Auch die Priesterhäuser und der Sachsenring sind einen Besuch wert.

Tourist Info: Hauptstr. 6, 08056 Zwickau, Tel. 03 75/271 32 40, Mo–Fr 9–18, Sa bis 16 Uhr, www.zwickautourist.de

4 Drachenhöhle

1928 wurde bei Steinbrucharbeiten eine ca. 15 m tiefe und 550 m lange Karbonatkarsthöhle entdeckt, in der man herrliche Tropfsteine, kristallklare Seen, ungewöhnliche Lehmformationen und bizarre Sintervorhänge entdecken kann. Lasershows und Höhlenkonzerte setzen noch eins drauf.

Am Höhlenberg 10, 08548 Syrau, Apr.–Okt. tgl. 9.30–17, Nov.–März tgl. 10–16 Uhr, www.syrau.de/drachenhoehle

5 Plauen

Umrahmt von Hügeln und dem Tal der Weißen Elster liegt die Spitzenstadt Plauen. Die erste Stickmaschine stand hier schon 1858 und brachte den Menschen nach und nach, durch die industrielle Herstellung von Tüll- und Ätzspitze, Weltruhm und Reichtum. Im Spitzenmuseum und der Schaustickerei kann man diesen Zeiten nachspüren. Obwohl im Zweiten Weltkrieg zu 75 Prozent zerstört, gibt es viel Sehenswertes, z. B. die Friedensbrücke, die Alte Elsterbrücke und die Syratalbrücke. Mehrere Gedenktafeln und das 2010 errichtete Denkmal zur Friedlichen Revolution erinnern an den maßgeblichen Einfluss Plauens auf die deutsche Wiedervereinigung. Den Vater-und-Sohn-Geschichten des Karikaturisten Erich Ohsers, der seine Jugend in Plauen verbrachte, begegnet man vergnüglich in der Galerie e.o.plauen.

🛏 In der Mühle

Über 200 Jahre lang, bis 1992, klapperte die Mühle an der Pleiße. Teile der Innenausstattung des heutigen Hotels wurden aus dem Holz alter Getreidespeicher gebaut. Ruhig im Wald an einem Bach gelegen, schläft man tief und fest in dem urigen Hotel. Mühlenweg 1, 08412 Werdau, Tel. 037 61/18 88 80, www.hotel-indermuehle.de, DZ ab 59 €

32 Sächsische Schweiz

50° 57' 44" Nord / 14° 04' 17" Ost

Uhren, Käse, Schoki, Heidi: Produkte aus der Schweiz sind in der ganzen Welt beliebt. Einer der erfolgreichsten Exportschlager der Eidgenossen ist jedoch ihre Berglandschaft! So gibt es alleine in Deutschland über 100 Regionen, die die Schweiz im Namen tragen. Manche so winzig, dass kaum einer je von ihnen gehört hat. Oder waren Sie schon mal in der Rostocker Schweiz bei Kösterbeck unterwegs? Aus der Fülle vermeintlicher Doppelgänger ragt die Sächsische Schweiz buchstäblich heraus. Die markanten, bis zu 560 Meter hohen Felsformationen des Nationalparks, die aussehen, als hätte sie ein Riese in grauer Vorzeit mit einem Schnitzeisen aus dem Sandstein geschält, sind einzigartig und unverwechselbar. Warum also nicht einfach den Spieß umdrehen – und den Namen dieser Gegend als Gütesiegel in die Welt exportieren? Der Beiname »Sächsische Schweiz Chinas« etwa würde dem ohnehin schon atemberaubenden Zhangjiajie National Forest Park noch mehr Glanz verleihen. Auch hier, in der südchinesischen Provinz Hunan, ist über Jahrmillionen ein Wald aus archaischen Sandsteintürmen gewachsen, die mal zerklüftet, mal glatt und scharf wie Klingen aus dem Boden ragen. Hüben wie drüben erkundet man die Wunder der Natur am besten zu Fuß. Romantikern empfiehlt sich in der Sächsischen Schweiz der 112 Kilometer lange Malerweg, auf dem schon Caspar David Friedrich, Ludwig Richter und andere Künstler des 19. Jahrhunderts mit ihren Skizzenblöcken umherstreiften. In acht Tagesetappen führt die Rundtour zu den reizvollsten Orten und Aussichtspunkten des Nationalparks. Auch Gäste aus der fernen Volksrepublik sollten auf ihrer Reise von Berlin nach Bayern oder ins Allgäu einen Zwischenstopp in Sachsen einlegen. Denn hier kann man in Deutschland die Schweiz erleben – und vertrautes Asien noch dazu!

www.malerweg.de, www.saechsische-schweiz.de

Zhangjiajie National Forest Park, Hunan, China
29° 19' 39" Nord / 110° 24' 58" Ost

Die 305 Meter hohe Bastei ist stolzes Wahrzeichen des Nationalparks Sächsische Schweiz. Schlanke, oft spitze oder kegelförmige
Felssäulen aus Sandstein prägen das Bild der Landschaft südöstlich
von Dresden. Auch Kletterer finden hier ein ideales Revier,
müssen jedoch strenge Umweltauflagen einhalten.

Pirna

Malerisch sticht Pirna im Dresdner Elbtal hervor, umgeben von Schlössern, Weinbergen und dem Nationalpark Sächsische Schweiz. Sandstein ist das bestimmende Material der städtischen Wirtschaftsgeschichte, denn von hier wurden mächtige Blöcke in alle Welt verschifft. Der Markt wird von der Anfang des 16. Jh. errichteten Marienkirche mit ihrem beeindruckenden Säulengewölbe beherrscht. Staunend spaziert man vorbei an kunstvoll sanierten Bürgerhäusern und verträumten Innenhöfen. Die Gründerzeitbebauung Gartenstraße, das Teufelserkerhaus und das Stadtmuseum im ehemaligen Dominikanerkloster sind Zeugen einer entdeckenswerten Vergangenheit.

Tourist Info: Am Markt 7, 01796 Pirna, Tel. 035 01/55 64 46, Ostersa.–Okt. Mo–Fr 10–18, Sa–So 10–14, Nov.–Karfr. Mo–Fr 10–16, Sa–So 10-13 Uhr, www.pirna.de

Barockgarten Großsedlitz

Stolz – und das völlig zu Recht – wird dieser authentische, prächtige Barockgarten auch das »Sächsische Versailles« genannt. 1719 bis 1723 terrassenförmig angelegt, kann man heute zu den barocken Gebäuden Friedrichschlösschen, den Orangerien sowie zur Waldkaskade und zum Naturtheater flanieren. Weltruhm besitzt die elegante Fontänenanlage »Stille Musik« mit ihren musizierenden Putten.

Parkstr. 85, 01809 Heidenau, März–Okt. tgl. 10–18 Uhr, www.barockgarten-grosssedlitz.de

1813 sprengte die französische Armee Teile der Burg Stolpen. König Johann von Sachsen ließ sie 1859 restaurieren. 15 Jahre später führte ein Schlosswärter die ersten Besucher herum.

Burg Stolpen

Das ungewöhnliche Leben der berühmtesten Mätresse Sachsens, Gräfin Cosel, fand 1765 nach 49 unfreiwilligen Jahren im Johannisturm auf Burg Stolpen ein Ende. Ihrem Schicksal kann man auf der ehemaligen Festung, erbaut auf der höchsten Erhebung des Stolpener Basalts, nachspüren. Auch die Wasserkunst (das damalige System zur Förderung, Hebung und Führung von Wasser) und die mittelalterliche Kräuterküche im Siebenspitzenturm sind spannende Anlaufpunkte. Originale Holzbalkenarchitektur und das Flair der Burghöfe entführen in die eigentümliche Stimmung um 1200.

Schloßstr. 10, 01833 Stolpen, Apr.–Okt. tgl. 10–18, Nov.–März Di–So 10–16 Uhr, www.burg-stolpen.org

Malerweg

Wanderer und passionierte Spaziergänger werden sich freuen: Der 112 km lange, wildromantische Rundwanderweg führt durch das Elbsandsteingebirge, vorbei

🛏 Berghotel Bastei

Direkt auf dem Felsmassiv der weltbekannten Bastei liegt das Berghotel in absoluter Toplage. Im 4-Sterne-Haus kann man die fantastische Natur vom zweistöckigen Restaurant aus genießen oder nach einer Nacht in hübsch ausgestatteten Zimmern erwandern. Bastei, 01847 Lohmen, Tel. 03 50 24/ 77 90, www.berghotel-bastei.de, DZ ab 92 €

an Festungen, der Burg Hohenstein, der Felsenbühne, der Bastei und anderen landschaftlichen und historischen Attraktionen. Auf jeder der acht Etappen geben Schautafeln und Ausstellungen Auskunft darüber, wann Künstler wie Adrian Zingg, Anton Graff, Caspar David Friedrich, Ludwig Richter u. v. m. die atemberaubenden Panoramen in ihren Gemälden festhielten.

www.saechsische-schweiz.de/malerweg

 **5 Bad Schandau und Toskana Therme**

Die Kurstadt im Herzen der Sächsischen Schweiz bietet zahlreiche Sehenswürdigkeiten. So lädt der Botanische Garten im Kirnitzschtal ein, die regionale Flora zu entdecken, und mit Dampfschiffen erlebt man aufregende Schleusenfahrten. Wer entschleunigen möchte, besucht die Toskana Therme. Zwischen Elbe und Kletterfelsen relaxt man in der Sauna, bei Unterwassermusik, in farbigem Wasser

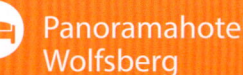 **Panoramahotel Wolfsberg**

Caspar David Friedrich malte den unvergleichlichen Fernblick, den dieses Hotel zu bieten hat. Die gemütlichen Zimmer, die Panoramasauna und der nette Service – alles eher gediegen. Zum Wolfsberg 102, 01814 Reinhardtsdorf-Schöna, Tel. 03 50 28/85 99 00, www.panoramahotel-wolfsberg.de, DZ ab 42 €

und bei Sprühnebelprojektionen, die vom Elbwind gestaltet werden.

Tourist Info: Markt 12, 01814 Bad Schandau, Tel. 03 50 22/900 30, Apr., Okt. tgl. 9–18, Mai–Sept. 9–20, Nov., Dez., März Mo–Fr 9–14, Jan., Feb. Mo/Di/Do/Fr 9–14 Uhr, www.bad-schandau.de;
Toskana Therme: Rudolf-Sendig-Str. 8a, 01814 Bad Schandau, So–Do 10–22, Fr/Sa 10–24 Uhr, www.toskanaworld.net

6 Historischer Aufzug

Filigrane Technikschönheit: Spaziergänger fahren mit dem 52,26 m hohen Aufzug zu einer Plattform, die mit einer 27,80 m langen Brücke mit der Felswand verbunden ist. 1905 wurde das Bauwerk aus solidem Stahl eingeweiht und bietet eine sagenhafte Aussicht über das ganze Elbtal bis zum Tafelberg Lilienstein. Spazierwege führen u. a. zum Kurpark.

Rudolf-Sendig-Straße, Bad Schandau-Ostrau, Fahrzeiten: tgl. Apr./Okt. 9–18, Mai–Sept. 9–20, Nov.–März 9–17 Uhr, www.bad-schandau.de/personenaufzug-2

7 Uhrenmuseum Glashütte

8000 Objekte aus 160 Jahren besitzt das Uhrenmuseum. Die wortwörtliche Reise durch die Zeit zeigt, was einst mit der Messung des Sonnenlaufs begann und uns heute morgens aus dem Schlaf klingelt.

Schillerstr. 3a, 01768 Glashütte, tgl. 10–17 Uhr, www.uhrenmuseum-glashuette.com

 Restaurants

Bootshaus Pirna
Die Macher des ehemaligen »IO« sind nach Westen gegangen – und zwar ungefähr einen Kilometer. Nun servieren sie Mediterranes in den Bootshallen des Pirnaer Rudervereins 1872. Warmes Ambiente, alte Holzfußböden, noch ältere Ruderfotografien an der Wand. Großartige Sonnenterrasse, lauschiger Biergarten. An der Elbe 11, 01796 Pirna, Tel. 035 01/509 13 13, Mi–Sa ab 17 Uhr, Brunch So 10–14 Uhr, www.bootshaus-pirna.de

Landgasthaus zum Schwarzbachtal
Klein und bodenständig präsentiert Selfmade-Köchin Barbara Siebert ihr schmuckes Landgasthaus. Alle Zutaten sind regional, man isst Rehbratwurst, Schweinebäckchen oder Ragout von Langburkersdorfer Edelfischen. Niederdorfstr. 3, 01848 Hohnstein, Tel. 03 59 75/803 45, Mo–Mi/Fr ab 17, Sa/So 11.30–14, ab 17 Uhr, www.schwarzbachtal.de

Ziegelscheune
Schon seit 1799 werden Gäste verwöhnt. Der kulinarische Kalender verrät Termine wie z. B. Selbsträuchertage. Mit Sicht auf die Elbe werden Gallowayrind, Rotwild oder Gemüserisotto mit Kräutern aus dem eigenen Garten garniert. Elbweg 22, 01814 Bad Schandau, Tel. 03 50 28/804 37, März–Okt. tgl. ab 10, Nov.–Dez. Fr 18–22, Sa 11–22, So 11 bis 18 Uhr, www.ziegelscheune-krippen.de

Viele Götter unter einem Dach: Eine Hälfte der Wiesenter Tempelanlage ist einer buddhistischen Augen-Stupa nachempfunden, die andere einem Hindutempel im Pagodenstil. Anhänger beider Weltregionen leben in Nepal bislang friedlich zusammen und teilen sich auch häufig ihre heiligen Stätten.

Buddhistischer Tempel, Swayambhunath, Nepal
27° 42' 54" Nord / 85° 17' 24" Ost

33 Nepal-Himalaya-Park, Wiesent

49° 01' 15" Nord / 12° 22' 24" Ost

Namasté! Diese altindische Grußformel kennt man hierzulande vor allem aus Yoga- und Entspannungskursen. Üblicherweise verbindet man den Ausspruch mit einer kleinen Verbeugung, bei der die Handflächen aneinandergelegt und zur Mitte des Brustkorbs geführt werden. Erst dann geht's los mit dem Loslassen. Während die Kunst der Meditation darin besteht, an jedem noch so unbehaglichen Ort – in Städten sind das meist stickige Turnhallen oder Kellerräume – zur Ruhe zu kommen, macht das Ganze vor inspirierender Kulisse natürlich mehr Spaß. Daher ist es fast verwunderlich, dass man im Nepal Himalaya Park im oberpfälzischen Wiesent erst seit Kurzem auch Meditationsabende anbietet. Schließlich existiert das Kulturzentrum bereits seit 2003. Im Mittelpunkt der Anlage steht ein 22 Meter hohes Heiligtum, das die Architektur einer runden, buddhistischen Stupa mit der eines Hindutempels vereint – ein Symbol für das friedliche Miteinander der Religionen. Im Jahr 2000 wurde das exotische Bauwerk erstmals auf der Expo in Hannover präsentiert. Nach der Weltausstellung kaufte ein bayerischer Unternehmer den ausgedienten Länderpavillon Nepals und verschiffte ihn kurzerhand an die Donau. Rundherum entstand nach und nach ein reizvoller Park mit Teehaus, Zen-Garten, Buddha-Statuen und Tausenden Stauden und Sträuchern. Am schönsten ist es hier im Frühling und Frühsommer. Dann sollen auch wieder Meditationskurse stattfinden, unter den bunten Gebetsfahnen der Stupa, umgeben von der Stille des Himalayas – inmitten der Oberpfalz.

www.nepal-himalaya-pavillon.de

Restaurants

Weltenburger am Dom

Fleisch, Wild, Ente und Würstl dominieren die Speisekarte, so wie es sich für ein Wirtshaus gehört. Dazu passt das Weltenburger Bier. Wer noch nicht satt ist, wird es ganz sicher mit »Apfelkiachln« oder einem Lebkuchenmus.
Domplatz 3, 93047 Regensburg, Tel. 09 41/586 14 60, tgl. 11–23 Uhr, www.weltenburger-am-dom.de

Brauereigaststätte Kneitinger

Ob Einheimische, internationale Gäste oder Studenten – im Kneitinger treffen alle aufeinander. Edelpils, Dunkel Export, Bock Saison- oder Sommerbier: Zusammen mit herzhaften bayerischen Schmankerln verträgt man mehr davon.
Kreuzgasse 7, 93047 Regensburg, Tel. 09 41/59 30 20, Mai–Aug. Mo–Fr 8–17, Sa 10–12, Sept.–Apr. Mo–Do 8–17, Fr 8–16 Uhr, www.kneitinger.de

Wirtshaus zum Geiss

Im vermutlich ältesten Gasthaus in Straubing (1462), nur 250 m vom Stadtturm entfernt, setzt man sprachlich auf Regionalität, die Speisekarte bietet dafür »multikulti«. Das hat auch die Experten des »Feinschmecker« überzeugt, die den Koch und sein Team mehrfach ausgezeichnet haben – unter der Rubrik »Die besten Restaurants für jeden Tag«. Lauschiger Biergarten!
Theresienplatz 49, 94315 Straubing, Tel. 094 21/30 09 37, Di–So 11–14.30, 17–24 Uhr, www.zumgeiss-straubing.de

Regensburg

Geldmangel kann sich auch mal auszahlen, zumindest, wenn dadurch mittelalterliche Architektur konserviert wird. Den Regensburgern fehlten die Mittel, ihre Stadt zu renovieren, und sie wurden dafür belohnt: 2006 zeichnete die Unesco die Hauptstadt des Regierungsbezirks Oberpfalz für ihr jahrhundertealtes Erscheinungsbild aus. Doch die Historie der Stadt geht noch viel weiter zurück: Erste Siedlungsspuren reichen bis 5000 Jahre v. Chr. Die Kelten ließen sich hier 400 v. Chr. nieder. Und auch die Römer wussten die strategisch gute Lage an der Donau zu schätzen und gründeten im 1. Jh. nach Chr. die Castra Regina, ein Militärkastell. Den besten Blick auf das Altstadtensemble hat man von der Steinernen Brücke – sie misst ca. 310 m, zählt 16 Bögen und gilt als älteste erhaltene Brücke Deutschlands (Baubeginn: 1135). Aus dem 13. Jh. stammt ein weiteres Wahrzeichen der Stadt: der Regensburger Dom mit seinen Zwillingstürmen, der wie sein großer Bruder in Köln zu den klassischen gotischen Kathedralen Europas zählt. Internationale Bekanntheit erlangten auch die Regensburger Domspatzen durch ihr Renommee als Knabenchor.

Tourist Info: Rathausplatz 4, 93047 Regensburg, Tel. 09 41/507 44 10, Mo–Fr 9–18, Sa 9–16, Apr.–Okt. So 9.30–16, Nov.–März So 9.30–14.30 Uhr, www.tourismus.regensburg.de; Besucherzentrum Welterbe Regensburg, Im Salzstadel, Weiße-Lamm-Gasse 1, 93047 Regensburg, Tel. 09 41/507 44 10, tgl. 10–19 Uhr, www.regensburg.de/welterbe/besucherzentrum

Walhalla

Viel Ruhm und Ehre gilt jenen, die in diesem klassizistischen Tempel (1830–1842) des Architekten Leo von Klenze einen Stammplatz erhalten. 130 Büsten und etwa halb so viele Gedenktafeln verweisen auf außergewöhnliche Daten und Taten von Persönlichkeiten aus diesem unserem Lande, vom »teutschen« Kaiser Otto dem Großen bis zum Dichter Heinrich Heine. Unter ihnen findet man gerade mal vier weibliche Vertreterinnen, die hier in der Reihenfolge ihrer Berufung genannt seien: Katharina II. die Große (Zarin in Russland), Karolina Gerhardinger (Ordensschwester), Sophie Scholl (Widerstandskämpferin), Edith Stein (Ordensfrau und Philosophin). Welch' kümmerliche Frauenquote! Aber: Neuzugänge vorschlagen darf jeder. Wer dann allerdings aufgenommen wird, das obliegt dem bayerischen Staat.

Walhallastr. 48, 93093 Donaustauf, April–Okt. 9–18, Nov.–März 10–12, 13 bis 16 Uhr, www.walhalla-regensburg.de

 Bohemian Hotel

Nur zwölf individuell gestaltete Zimmer zählt dieses sehr zentrumsnah gelegene Haus. Hier mixt man gekonnt dunkle Holzdecken und -dielen, antikes Mobiliar und bodenlange schwere Vorhänge mit modern ausgestatteten Bädern.
Gesandtenstr. 12, 93047 Regensburg, Tel. 09 41/280 74 60, www.bohemian-hotel.de. DZ ab 119 €

3 Felsenkeller-Labyrinth Schwandorf

Bier war in ärmeren Regionen lange Zeit ein fester Bestandteil der Nahrung. Dass man sich daher verstärkt mit der Haltbarkeit dieses »Lebensmittels« befasste, verwundert also nicht. Die Lösung hieß: eine kalte Gärung, dabei durften 10 °C nicht überschritten werden. Die hiesigen Felsenkeller mit ihren 8 °C waren dafür also bestens geeignet. Ein Schwandorfer Bierrezept aus dem Jahr 1549 beweist, dass diese neue Brauart schnell Anhänger fand. Später wurden hier Kartoffeln und Rüben, aber auch Fleisch und Wurst gelagert. Das schaffte Begehrlichkeiten für Diebe, die Mauern und Felswände durchbrachen, um bei ihren Raubzügen schneller voranzukommen. So entstand ein Labyrinth aus 60 Kellerräumen.

Führungen über das Tourismusbüro: Kirchengasse 1, 92421 Schwandorf, Tel. 094 31/45-550, Mo–Fr 9–18, Sa 9–13 Uhr, www.felsenkeller-labyrinth.de

4 Donaudurchbruch bei Kelheim

Der Donaudurchbruch ist eine von 80 m hohen Felswänden eingerahmte Engstelle. Hier misst der Fluss nur 110 m Breite und 20 m Tiefe. Die Kalksteinformationen drum herum regten zu flotten Namen an: Die drei feindlichen Brüder, Zwei Sich-Küssende, Napoleons Reisekoffer (diesen habe der Kaiser, so will es die Legende, bei seinem Rückzug hier vergessen). Mit Napoleon hat auch die Befreiungshalle auf dem

Nordischer Name, griechische Architektur: die Gedenkstätte Walhalla in Donaustauf.

Michelsberg oberhalb der Stadt Kelheim zu tun: als Andenken an die Schlachten (1813–1815), in denen er bezwungen wurde. In der spitzesten Flussschleife des Durchbruchs liegt das Kloster Weltenburg mit der wunderschönen barocken Abteikirche und dem einladenden Biergarten.

Befreiungshalle Kelheim: Befreiungshallestr. 3, 93309 Kelheim, April–Okt. 9–18, Nov.–März 9–16 Uhr, www.kelheim.de; Kloster Weltenburg: Asamstr. 32, 93309 Kelheim, tgl. Führungen durch Abteikirche und historischen Felsenkeller, Details auf der Website, kloster-weltenburg.de

5 Straubing

Elf Tage halten die Hartgesottenen durch. So lange dauert das Gäubodenvolksfest in Straubing. Es beginnt immer am Freitag vor dem zweiten Samstag im August. Gekoppelt wird es mit der Ostbayernschau, bei der 700 Aussteller ein buntes Sortiment präsentieren: von Haushaltswaren bis Großmaschinen. Wer wissen will, was die Römer vor rund 2000 Jahren an Straubing schätzten, besucht das Gäubodenmuseum. Außerhalb der Festsaison lockt die Stadt mit der barocken Ursulinenkirche, der Kirche St. Peter, der romanischen Basilika, den spätgotischen Hallenkirchen St. Jakob und Hl. Geist ... Zu viel der sakralen Bauten? Im Zentrum wartet der 68 m hohe Stadtturm auf seine Besteigung, reihen sich bunte Patrizierhäuser aneinander, laden Wirtshäuser, Cafés und Biergärten ganz profan zur genüsslichen Einkehr.

Tourist Info: Fraunhoferstr. 27, 94315 Straubing, Tel. 094 21/94 46 01 99, Mo–Mi/Fr 9–17, Do 9–18, April–Okt. Sa 10–14, Nov.–März Sa 10–13 Uhr, www.straubing.de; Gäubodenmuseum: Fraunhoferstr. 23, 94315 Straubing, Di–So 10–16 Uhr, www.gaeubodenmuseum.de

 Orphée

Es lebe der Unterschied – die Zimmer im Orphée haben jedes einen anderen Charakter, sind aber immer hochwertig eingerichtet: Stuckdecken, Kristalllüster, barocke Betten. Das dazugehörige Bistro verbindet französisches Flair mit mediterraner Küche. Untere Bachgasse 8, 93047 Regensburg, Tel. 09 41/59 60 20, www.hotel-orphee.de, DZ ab 150 €

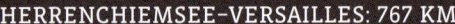

HERRENCHIEMSEE-VERSAILLES: 767 KM

Château de Versailles bei Paris, Frankreich
48° 48' 16" Nord / 02° 07' 15" Ost

34 Schloss Herrenchiemsee

47° 51' 37" Nord / 12° 24' 01" Ost

»Original und Fälschung« heißt eine erfreulich zeitlose Rubrik, die auf den hinteren Seiten einiger Illustrierten und TV-Zeitschriften bis heute überlebt. Darin werden Ratefüchse ermuntert, in zwei scheinbar identischen Bildern winzige Abweichungen aufzuspüren. Beim Augenarzt im Wartezimmer ist das eine tolle Übung, um sich auf den anstehenden Sehtest vorzubereiten! Wer will, kann dieses Spiel aber auch in natura spielen. Das »Neue Schloss« auf der Herreninsel im Chiemsee, zu der von Prien aus ganzjährig Linienschiffe übersetzen, ist dafür ein hervorragender Ort. Zum Vergleichen und Staunen sollte man allerdings einen Frankreich-Reiseführer mitbringen. Denn sein letzter fulminanter Wohntraum, den sich Märchenkönig Ludwig II. hier Ende des 19. Jahrhunderts mit viel Geld und Aufwand erfüllen ließ, ist nahezu ein Faksimile des berühmten Château de Versailles bei Paris. Ein dreistes Plagiat? Keineswegs. Vielmehr eine Hommage an Sonnenkönig Ludwig XIV., den der bayerische Regent und Exzentriker Zeit seines Lebens abgöttisch verehrte. Übrigens ähneln sich nicht nur die Frontfassaden beider Prunkbauten auf verblüffende Weise, sondern auch viele der verschwenderisch ausgestatteten Innenräume. So ist der Spiegelsaal des »Bayerischen Versailles«, der sogar etwas weitläufiger als das Original angelegt wurde, kaum von seinem pompösen Vorbild zu unterscheiden. Doch der ganze Zauber fand ein jähes Ende, als Ludwig II. kurz vor seinem Tod das Geld ausging: Nur 20 der von ihm geplanten 70 Zimmer wurden fertiggestellt.

www.herrenchiemsee.de, www.chiemsee-schifffahrt.de

Kopierte Pracht: Der Spiegelsaal des Neuen Schlosses unterscheidet sich kaum von seinem französischen Vorbild. Der Märchenpalast gehört zu den Top-Attraktionen Bayerns und zählt jährlich fast eine halbe Million Besucher.

Restaurants

Schlosswirtschaft Herrenchiemsee

Im barocken, weitläufigen Augustiner-Chorherrenstift, 2011 grundsaniert, freut sich der Gast an einer genialen Aussicht und typischen Chiemgau-Gerichten wie Bierkutschergulasch, Kaspressknödel mit Bergkäse oder Chiemseerenkenfilet. Schloßhotel 5, 83209 Herrenchiemsee, Tel. 080 51/962 76 70, Ende Mai–Ende Sept. Mo–Fr 10–18.15, Sa 10–20, So 10–18.15, Ende Sept.–Ende Mai tgl. 10–17.15 Uhr, www.schlosswirtschaft-herrenchiemsee.de

Klosterwirt

500 Jahre Tradition trifft auf Postkartenidylle und »gstandene« bayerische Küche. Auf Regionalität wird Wert gelegt, so beliefern die Inselfischer den Wirt für seine Fischgerichte. Auch Brotzeithungrige lassen es sich gerne schmecken. Frauenchiemsee 50, 83256 Chiemsee, Tel. 080 54/77 65, tgl. ab 9 Uhr, www.klosterwirt-fraueninsel.de

Bagel & Coffee

USA küsst Bavaria. In dem kultig-modernen Selbstbedienungsrestaurant holt man sich das Brötchen mit Loch in gewohnten und ungewohnten Variationen, ein opulentes Frühstück (bis 13 Uhr!), ein Süppchen oder einen köstlichen Frozen Yoghurt. Frisch, gesund und lecker. Seestr. 6, 83257 Gstadt, Tel. 080 54/908 78 27, Di–Sa tgl. ab 9 Uhr, www.chiemsee-coffee.de

 ## Prien

Der Luft- und einzige Kneippkurort Oberbayerns wurde um 1158 gegründet und ist Dreh- und Angelpunkt für alle, die mit dem Schiff zu den Chiemseer Inseln übersetzen möchten. Die »Perle am Chiemsee« lockt u. a. mit dem bekannten Priener Hut, Chiemgauer Trachten und typischem Interieur im Heimatmuseum. Wunderbare Fresken findet man in der Pfarrkirche Mariä Himmelfahrt, Austoben klappt im Kletterwald, und wenn der See zu kalt ist, springt man ins Erlebnisbad.

Tourist Info: Alte Rathausstr. 11, 83209 Prien am Chiemsee, Tel. 080 51/690 50, Mai–Sept. Mo–Fr 8.30–18, Sa 8.30–16, Okt.–Apr. Mo–Fr 8.30–17 Uhr, www.tourismus.prien.de

 ## Fraueninsel

Klein, aber fein. In höchstens einer halben Stunde spaziert man um das Inselkleinod. Die Attraktion ist das Benediktinerinnenkloster, anno 782 gegründet. Es besitzt romanische, gotische und barocke Anteile sowie wunderschöne Fresken. Wahrzeichen ist der frei stehende Glockenturm aus dem 12. Jh., der von einer barocken Zwiebelhaube behütet wird. Auch die Flora der autofreien Fraueninsel ist sehr sehens- und erlebenswert. Unglaublich romantisch, wenn auch sehr gut besucht, ist der Inselchristkindlmarkt im Advent.

Gemeinde Chiemsee, Führungen: Tel. 080 54/322, www.fraueninsel-fuehrungen.de; Schifffahrt: ab Seestr. 108, 83209 Prien am Chiemsee, www.chiemsee-schifffahrt.de

Fraueninsel: Von den 300 Einwohnern sind rund 30 Klosterschwestern.

 ## Römermuseum »Bedaium«

Die Bewohner einer keltisch-römischen Siedlung verehrten einst den Wassergott Bedaius, Namensgeber ihres Ortes, der

 ## Inselhotel zur Linde

Tradition und Flair: Der Maler Max Haushofer verliebte sich um 1830 in die Wirtstochter der »Linde« und in die Landschaft am Chiemsee. Er blieb, und fortan folgten ihm immer mehr Künstler. Erich Kästner schrieb in einem der behaglichen Zimmer an seinem »Doppelten Lottchen«. Haus 1, 83256 Chiemsee, Tel. 080 54/903 66, www.linde-frauenchiemsee.de, DZ ab 133 €

Kein Autoverkehr stört die Fußgänger und Cafébesucher am Max-Josefs-Platz im Zentrum von Rosenheim.

50 n. Chr. dort entstand, wo sich heute Seebruck befindet. Zahlreiche Grabungen brachten wahre Römerschätze hervor, sodass man 500 Exponate wie Münzen, Keramik, Glas, Schmuck und Metallgeräte bewundern kann. Für Radler und Wanderer ist auch der 23 km lange Rundweg zu den frühgeschichtlichen Bodendenkmälern und Fundstätten spannend.

Römerstr. 3, 83358 Seebruck, Di–Do 10 bis 12, 14–16, Fr 10–12, Sa 14–16 Uhr, bis Anfang März geschl., www.roemermuseum-bedaium.byseum.de

4 Naturerlebnistouren am Chiemsee

Bei geführten Naturbeobachtungen rund um den Chiemsee erlangt man wertvolle Einblicke in die fragilen Systeme von Natur und Tourismus, Umwelt und Klima. Das Stichwort ist behutsame und umweltverträgliche Nutzung. So können z. B. Schilfzonen vom Kanu erlebt oder Silberreiher, Krickente und Biber an der Prienmündung spazierend kennengelernt werden. Ohne erhobenen Zeigefinger, dafür mit Spaß und Aha-Effekt.

www.chiemseeagenda.de, www.terminwand.de

5 Rosenheim

An Inn und Mangfall gelegen, ist die pastellfarbene Bilderbuchstadt mit ihren schmucken Arkaden und Zwiebeltürmen eine stimmungsvolle Mischung aus Alpentradition und südländischer Lebensart. Das Mittertor aus dem 14. Jh., die Gründerzeitfassaden, etliche Kirchen und zahlreiche Museen laden zum Besuch ein. Kultur wird großgeschrieben. Den Spuren der »Rosenheim Cops« – einer Serie, die

hier seit dem Jahr 2002 gedreht wird – kann man natürlich auch folgen.

Tourist Info: Hammerweg 1, 83022 Rosenheim, Tel. 080 31/365 90 61, Di–Fr 10–13, 14–17, Sa 10–14 Uhr, www.touristinfo-rosenheim.de

6 Salinenstadt Traunstein

Viele Jahrhunderte spielte Salz eine entscheidende Rolle in Traunstein. 1619 wurde die erste Soleleitung (ab Reichenhall) aus der Taufe gehoben und kurbelte die Wirtschaft kräftig an. Die Salinenkapelle und Salinenhäuser rund um den Karl-Theodor-Platz zeugen davon. Tipp: 2019 kann man das weiße Gold im gerade entstehenden Salinenpark gebührend feiern.

Tourist Info: Stadtplatz 39, 83278 Traunstein, Tel. 08 61/655 00, Mo–Fr 8–17, Sa 10 bis 12 Uhr, www.traunstein.de

Bayerischer Hof

Hier kann man sich sogar den Zimmerstil aussuchen, von modern-urban bis Alpenchic. Highlights sind die Sauna mit Ausblick und die Gaststube »Zum Sterzer«, die seit 1652 besteht. Bernauer Str. 3, 83209 Prien am Chiemsee, Tel. 080 51/60 30, www.bayerischerhof-prien.de, DZ ab 90 €

35 Surfen auf der Eisbachwelle, München

48° 08' 36" Nord / 11° 35' 15" Ost

Auf Hawaii gibt es ja bekanntlich kein Bier. Bereits 1963 machte der Pianist und Schlagerstar Paul Kuhn auf dieses Dilemma aufmerksam, natürlich im Dreivierteltakt. Er wolle ja prinzipiell und gerne heiraten, heißt es im Text seines Ohrwurms. Aber Flitterwochen auf Hawaii? Das komme nun wirklich nicht in Frage: Zu weit, zu heiß – und nur »Hulahula« reiche schließlich nicht aus, um seinen Durst zu löschen. Eine Argumentation, die bis heute insbesondere allen Münchnern einleuchtet. Hier bleibt man ohnehin am liebsten Single. Und wenn es um bierselige Gastlichkeit geht, übertrumpft die Heimat jedes noch so exotische Reiseziel. Dass sich jedoch ausgerechnet die bayerische Landeshauptstadt zum Dorado für Wellenreiter entpuppt hat, machte sogar den US-Popstar und leidenschaftlichen Surfer Jack Johnson neugierig. So stürzte sich der gebürtige Hawaiianer selbst auf seinem Brett in die Münchener Eisbachwelle, verlor aber in den reißenden Fluten schon nach wenigen Sekunden die Balance. Johnson nahm's mit Humor; der Kanal hat eben ordentlich Wumms. Von der Isar gespeist, verläuft er großteils unterirdisch und tritt erstmals am Englischen Garten zutage, wo er sich an einer Steinstufe zur furiosen stehenden Welle auftürmt. Früher war es verboten, hier zu surfen. Mittlerweile hat die Stadt aber für einigermaßen klare Verhältnisse und Regeln gesorgt – was die Eisbachwelle freilich noch attraktiver macht. Von der Brücke an der Prinzregentenstraße kann man den Wasserakrobaten am besten zusehen. Und kühles Bier gibt's bei Fräulein Grüneis, einem Kiosk nicht weit von hier!

www.eisbachwelle.de, www.fraeulein-grueneis.de

Wellenreiter auf Oahu, Hawaii, USA
21° 18' 32" Nord / 157° 49' 34" West

MÜNCHEN–HONOLULU: 12.220 KM

Wer hat's erfunden? Die Bayern – zumindest das Flusssurfen. Was in den 1980er-Jahren eigentlich verboten war, ist heute in München fast schon Volkssport. Mittlerweile ist der Andrang am Eisbach so groß, dass die Stadt sogar über den Bau einer zweiten Welle flussabwärts nachdenkt.

Restaurants

Das Esszimmer

Spitzenrestaurant mit zwei Michelin-Sternen. Wunderbar gemütlich blickt man in dem rundum verglasten Restaurant in der BMW-Welt auf edle Karossen und wird mit süperben Speisen und Weinen verwöhnt. Feines Extra: der Chauffeurservice für die kostenlose Heimfahrt im Münchner Stadtgebiet. Am Olympiapark 1, 80809 München, Tel. 089/358 99 18 14, Di–Sa ab 19 Uhr, www.esszimmer-muenchen.de

Brenner Grill

Café, Pasta Bar und Grill geben ausreichend Gelegenheit, die Bussi-Bussi-Gesellschaft live zu erleben. Schickeria-Preise sind da selbstverständlich, doch die eine oder andere Speise rechtfertigt das auch. Schön: der große offene Grill mitten im Restaurant. Maximilianstraße 15, 80539 München, Tel. 089/452 28 80, Mo–Do 8.30–1, Fr–Sa 8.30–2, So 9.30–1 Uhr, www.brennergrill.de

Hirschgarten

Unweit von Schloss Nymphenburg neben einem Wildgehege labt sich der Gast in Bayerns größtem Biergarten (8000 Plätze) unter Schatten spendenden Kastanien an Brotzeiten und süffigen Augustiner-Bieren. Restaurant ganzjährig geöffnet. Hirschgarten 1, 80639 München, Tel. 089/17 99 91 19, Restaurant tgl. 10–24 Uhr, Biergarten tgl. 11.30–24 Uhr, www.hirschgarten.de

 1 Marienplatz

Hier schlägt das Herz der Metropole, hier kreuzen sich die Hauptachsen der Landeshauptstadt. Schon im Mittelalter fanden am Marienplatz die wichtigsten Ereignisse statt: von Ritterfestspielen über Kaiserempfänge, von Fürstenhochzeiten und Volksfesten bis hin zu öffentlichen Hinrichtungen. Heute rollen am Mittelpunkt der Altstadt zum Glück keine Köpfe mehr, doch noch immer ist er Schauplatz für Brot und Spiele. Ob politische Demonstrationen, fast jeckes Faschingstreiben, bejubelte Meisterfußballer, Paradies für Shoppingfreunde und Flaneure, romantischer Christkindlmarkt, poppiger Christopher Street Day oder Open-Air-Konzerte: Der Marienplatz ist bunt und voller Leben. Und voller historischer Attraktionen. In der Mitte wacht die Mariensäule (um 1593), altes und neues Rathaus flankieren den Platz, letzteres spielt mehrmals täglich ein weltberühmtes Glockenspiel, von Japanern heiß geliebt. Der Alte Peter, älteste Kirche Münchens, bietet einen spektakulären Ausblick.

Tourist Info: Marienplatz 8, 80331 München, Tel. 089/23 39 65 00, Mo–Fr 9.30–19.30, Sa 9–16, So 10–14 Uhr, www.muenchen.de

 2 Frauenkirche

2004 haben es die Bürger entschieden: Kein Gebäude im Stadtgebiet darf höher sein als der »Dom Zu Unserer Lieben Frau«. Und so ragt das unverwechselbare Wahrzeichen mit seinen etwas mehr als 98 m hohen Türmen, gekrönt von den sog. Welschen Hauben, stolz über die Altstadt. Im Inneren des spätgotischen Backsteinbaus (1468–1488 von Jörg von Halspach erbaut) findet man das Scheingrab von Ludwig IV., genannt der Bayer, die Krypta zahlreicher Wittelsbacher, viele historische Kapellen, Apostel- und Prophetenfiguren und Heiligenstatuetten. Dennoch ist die Gestaltung eher schlicht gehalten, es dominieren die weißen Pfeiler und die Gewölberippen in hellem Stein. Tipp: Der Südturm ist begehbar, wird aber seit geraumer Zeit saniert. Wer hinaufsteigen möchte, sollte sich vorab informieren.

Frauenplatz 1, 80331 München, tgl. 7.30–20 Uhr, www.muenchner-dom.de

 3 Residenz

Die ältesten Teile des größten Innenstadtschlosses Deutschlands gehen auf das Jahr 1385 zurück. Heute eines der bedeutendsten Raumkunstmuseen Europas, wurde es von den Wittelsbachern zunächst als

 Blauer Bock

Im Angerviertel hat sich der Blaue Bock in einem der ältesten Häuser der Stadt eingerichtet. Nach einer Nacht in einem modernen Zimmer und einem wunderbaren Kaffee zum Frühstück kann man ganz entspannt über den Viktualienmarkt schlendern. Sebastiansplatz 9, 80331 München, Tel. 089/23 17 80, www.hotelblauerbock.de, DZ ab 160 €

Spätgotik trifft auf Neogotik: Die Münchner Frauenkirche wurde im 15. Jahrhundert gebaut, das neue Rathaus 400 Jahre später.

und zahlreichen Kulturinstitutionen. Umgeben von trendigen Straßencafés, Restaurants und denkmalgeschützten Gärten geben historische Prachtbauten, An- und Neubauten international renommierter Architekten und zeitgenössische Anwesen – wie das bunte Museum Brandhorst und das atemberaubende Lenbachhaus – Kunst und Kultur Raum und Bedeutung. Zu den wichtigsten Kunstsammlungen gehören die 1836 eröffnete Alte Pinakothek, die Neue Pinakothek (1853) und die Pinakothek der Moderne (2002). Die Alte Pinakothek widmet sich europäischer Malerei vom Mittelalter bis zum Rokoko, die Neue beginnt, wo die Alte aufhört, und die Moderne präsentiert Kunst des 20. und 21. Jh. Unbedingt sehenswert.

Barer Straße, Theresienstraße, Briennerstraße, München, www.kunstareal.de, www.pinakotheken.de

Wehrburg errichtet, später zum Stadtpalast ausgebaut. Im Zweiten Weltkrieg fast vollständig zerstört, strahlen Prunksäle, Höfe und Gärten heute in wunderbarem, wenn auch nicht ganz originalgetreuem Glanz. Die Goldschmiedekunst-Sammlung der Schatzkammer ist eine der kostbarsten der Welt, das Antiquarium, eines der größten Renaissancegewölbe Europas, ist reich ausgemalt, um nur zwei Kostbarkeiten zu nennen. Übrigens: Wer den Löwen vor der Residenz die Schnauzen reibt, dessen Wünsche werden erfüllt. Ganz sicher.

Residenzstr. 1, 80333 München, tgl. 10–17, April–Mitte Okt. tgl. 9–18 Uhr, www.residenz-muenchen.de

4 Viktualienmarkt

Auf dem weltberühmten Markt bieten Marktfrauen und -männer in fest errichteten Buden inmitten von Kunst und bayerischer Lebenskultur einheimische und exotische Schmankerln an. Die sechs Brunnendenkmäler sind Volkssängern und Volksschauspielern wie Liesl Karlstadt und Karl Valentin gewidmet. Im großen Biergarten tummeln sich Touristen und Einheimische. Seit 1807 ist der Platz ein ein kulinarischer Magnet.

Viktualienmarkt, www.viktualienmarkt.de, www.viktualienmarkt-muenchen.de

5 Kunstareal und Pinakotheken

5000 Jahre Kulturgeschichte auf 500 mal 500 m: Das ist das Kunstareal. Museen und Hochschulen verbinden sich zu einer einmaligen Mischung aus Kunst, Kultur und Wissen. Seit 200 Jahren wächst und wächst das Areal mit inzwischen fußläufig erreichbaren 18 Museen und Ausstellungshäusern, über 40 Galerien, sechs international angesehenen Hochschulen

 Laimer Hof

Schön am Nymphenburger Schloss gelegen, ist die verspielte, denkmalgeschützte Hotelvilla schon von außen ein Augenschmaus. Innen warten eine familiäre Atmosphäre abseits von Massenabfertigung und stilvoll eingerichtete Zimmer.
Laimer Str. 40, 80639 München, Tel. 089/178 03 80, www.laimerhof.de, DZ ab 80€

36 Eibsee, Zugspitzregion

47° 27' 28" Nord / 10° 58' 23" Ost

Maligne Lake, Jasper National Park, Kanada
52° 40' 11" Nord / 117° 32' 34" West

Ein Bär, der ständig Ärger macht, wird irgendwann zum »Problembären« – und hat dann freilich selbst ein Problem. So war das jedenfalls mit Bruno, der im Frühjahr 2006 seiner italienischen Heimat Lebewohl sagte, nach Bayern aufbrach und dort seinen Instinkten folgte. Zwei Monate lang machte der tierische Draufgänger das österreichisch-bayerische Grenzgebiet unsicher, stillte seinen Bärenhunger, wo er nur konnte, und kam dabei der Zivilisation immer näher. Auch in Grainau, unweit des Eibsees, plünderte der Vagabund nachts einen Hühnerstall. Nur einen Steinwurf vom Schlafzimmer der Bauern entfernt, die davon zum Glück nichts mitbekamen. Sterben musste Bruno trotzdem. Zu hoch war das Risiko, dass bald auch Menschen verletzt werden. Dass sich das Raubtier im Landkreis Garmisch-Partenkirchen offenbar besonders wohl fühlte, konnten Forscher anhand zahlreicher Spuren nachweisen. Ob auch die Landschaft das Tier in ihren Bann zog? Durch die Brille eines Romantikers betrachtet, scheint die Natur hier jedenfalls wie gemacht für ein glückliches Bärenleben – insbesondere der von dichten Wäldern gesäumte, türkisblaue Eibsee zu Füßen des Zugspitzmassivs (2962 Meter). Im Frühling und Herbst sind dessen steile Felswände bis hinunter zur Baumgrenze mit Schnee überzuckert. Oft gleiten Kanus und Ruderboote vor dieser Kulisse lautlos übers Wasser. Spätestens dann fühlt sich all das nach Kanada und den Rocky Mountains an, der Heimat von Grizzly- und Schwarzbären. Um den Eibsee herum führt ein herrlicher Rundweg, für den man zwei bis drei Stunden einplanen sollte. Wer will, kann das atemberaubende Alpenpanorama auch aus der Luft bewundern: Die Fahrt mit der Ende 2017 eröffneten Zugspitzseilbahn ist ein echtes Erlebnis. In rund 15 Minuten befördert sie ihre Passagiere hinauf ins ewige Eis. Sogar vierbeinige. Bären sind allerdings ausgenommen.

www.eibsee.de, www.zugspitze.de

EIBSEE–MALIGNE LAKE: 7.860 KM

Der Eibsee zählt zu den schönsten und charmantesten Seen Oberbayerns. Auch wenn Reiseführer oft das Gegenteil behaupten: An heißen Tagen kann man ruhig die Badehose einpacken. Zwar ist das Wasser selbst im Sommer selten wärmer als 20 Grad, es gibt aber hübsche Buchten und Stege. Dort wärmen einen die Sonnenstrahlen schnell wieder auf.

Höllentalklamm

Im Laufe vieler Millionen Jahre grub sich der Hammersbach in das Gestein zwischen Blassen- und Waxensteinkamm. Vor gut 100 Jahren wurde die Klamm für Besucher zugänglich gemacht. Nicht gerade die jüngste Attraktion in der Gegend, aber was für eine! Stege, Treppen und Tunnels winden sich zwischen den bis zu 150 m hohen, senkrechten und teils überhängenden Felswänden hindurch. Wasser fließt, stürzt und tobt durch die Klamm, sodass man Regenkleidung braucht, wenn man nicht nass werden will. An heißen Sommertagen ist das freilich gerade erfrischend. Wer zurück zum Startpunkt möchte, nimmt den aussichtsreichen Stangensteig, weiter hinauf geht es zur Höllentalangerhütte (Gehzeit 2,5 Std. von Hammersbach). Hier übernachten oder rasten viele Wanderer auf dem Weg zur Zugspitze – 1600 Höhenmeter sind es noch von hier.

Start vom Haus Hammersbach oder vom Dorfplatz Grainau, 82491 Grainau,

Es plätschert, es rieselt, es rauscht: In der Höllentalklamm bleibt niemand trocken. Seit über 100 Jahren ist das Naturerlebnis auf dem Weg zum Zugspitzgipfel erschlossen.

Klamm Mai–Ende Okt., witterungsabhängig, www.hoellentalklamm-info.de, www.davplus.de/hoellentalangerhuette

Partnachklamm

Eine knappe halbe Stunde ist es zu Fuß vom Olympia-Skistadion Garmisch-Partenkirchen bis zum Einstieg der Partnachklamm. Alternativ kann man eine der wartenden Pferdekutschen nehmen, dann geht es etwas schneller. Ein schöner Kontrast: erst der gemütliche Warmblütertrott, dann das wilde Wasserschauspiel in der engen, 700 m langen Schlucht. Besonders vielfältig ist das Spektakel nach Regenfällen, wenn sich die Partnach reißend durch ihr Bett schiebt, die Wasserfälle wie aus großen Gießkannen über die Kanten rauschen und aus jedem Moospolster ein glitzernder Tropfenvorhang nach unten weht. Im Winter verwandelt sich alles in eine märchenhafte, weiße Welt; dann hängen enorme Eiszapfen von den Wänden und auf den Steinen im Bach bilden sich knubbelige Eiskappen.

Parkplatz beim Olympia-Skistadion, 82467 Partenkirchen, Juli–Sept. 8–19, Mai/Juni/Okt. 8–18, Nov.–Apr. 9–18 Uhr, www.partnachklamm.eu

Garmisch-Partenkirchen

»Gapa«, das steht für eine fantastische Bergwelt, publikumsstarke Sportveranstaltungen, vielfältiges Urlaubsglück, ein gewisses Maß an Großkopferten (Sultan von Oman!) und viele hier geborene Sympathieträger, von Schauspieler Sebastian

Barock, bayerisch, prunkvoll: das Innere der Basilika im Kloster Ettal.

Bezzel bis hin zu Biathlon-Ass Laura Dahlmeier. Doch schon bevor hier der ganz große Ferienzirkus eingezogen ist, wurde der Ort heiß geliebt. Im 19. Jh. entdeckten Maler die schmucke Gegend, zwischen den Weltkriegen erlebte der Markt

 Hotel Am Badersee

Modernes Haus, in dem rustikale Materialien elegant verarbeitet sind, am von Wald umgebenen Badersee gelegen. Besonders schön ist der Wellnessbereich, der u. a. einen Raum mit echtem Schnee bereithält – zum Abkühlen nach der Sauna.
Am Badersee 1–5, 82491 Grainau, Tel. 088 21/82 10, www.hotelam badersee.de, DZ ab 157 €

gar eine mondäne Phase – dann kamen Maler wie Max Beckmann, Literaten wie Kurt Tucholsky und Heinrich Mann und feierten legendäre Partys. Man fuhr Ski, gehörte dazu, in den 1950er-Jahren traten sogar Hollywood-Größen in örtlichen Revue-Shows auf. Heute dominieren heimatliche Nuancen das Kulturleben: Das Werdenfels Museum in einem Haus aus dem 17. Jh. zeichnet die Geschichte der Region nach, von archäologischen Funden über Volkskunst bis hin zu bürgerlicher und bäuerlicher Wohnkultur. Das Museum Aschenbrenner zeigt Porzellan überwiegend aus dem 18. Jh., kostbare Puppen und mehrere stattliche Krippen aus vier Jahrhunderten.

Tourist Info: Richard-Strauss-Platz 2, 82467 Garmisch-Partenirchen, Tel. 088 21/18 07 00, Mo–Fr 9–17, Sa 9–15 Uhr, www.gapa.de

❹ Kloster Ettal

Die im 14. Jh. gegründete Benediktinerabtei wird aus mehreren Gründen gern besucht: Sie besticht durch ihre großartige Lage am nördlichen Alpenrand und begeistert Kunstfreunde mit ihrer ungewöhnlichen Basilika, die ein gewaltiges Deckenfresko aus dem Jahr 1746 ziert. Für weltlichen Genuss sorgen Klostergasthof und Brauerei, die Likörmanufaktur und die Schaukäserei. Der Laden führt auch Produkte von anderen Klöstern, darunter Wein, Salben und Kerzen.

Kaiser-Ludwig-Platz 1, 82488 Ettal, Kirche Sommer 8–19.45, Winter bis 18 Uhr, Brauerei Führung Fr 10 Uhr, www.kloster-ettal.de

 Restaurants

Flößerstube

Wer sportelt, muss ordentlich essen – das gelingt in der Flößerstube auf jeden Fall. Bleiglasfenster, karierte Vorhänge und das eine oder andere Geweih prägen die Einrichtung. Sehr beliebte, urige Adresse, deshalb am besten reservieren.
Schmiedstr. 2, 82467 Garmisch-Partenkirchen, Tel. 088 21/28 88, tgl. 11–14 und 17–22.30 Uhr

Reindl's Partenkirchner Hof

Gehobene bayerische Küche in edlem Ambiente, die Familie kocht in dritter Generation. Wild, Spanferkel und Lammrücken, Fisch und Gemüse kommen aus der Region. In der Brasserie gibt's leichtere Küche, und man sitzt sehr schön im Wintergarten.
Bahnhofstr. 15, 82467 Garmisch-Partenkirchen, Tel. 088 21/94 38 70, tgl.18.30 bis 23, Sa–Fr 12–14 Uhr, www.reindls.de

Koch's

Im Koch's kocht Herr Koch – das stimmt, aber das Wortspiel soll gar nicht von der wunderbaren Küche ablenken. Man kombiniert regionale mit internationalen Zutaten, backt selber Brot, kreiert sogar die Dessertpralinen im Haus. Auf der Karte stehen überaus feine Gerichte wie Kalbsfilet an Steinpilz-Rahm-Polenta, Zander auf Rahmsauerkraut oder auch Thunfischsteak auf Wasabirisotto.
Bankgasse 16, 82467 Garmisch-Partenkirchen, Tel. 088 21/969 89 99, Mi–Mo ab 17.30 Uhr, www.kochs-garmisch.de

Im verschwenderisch ausgestatteten Türkischen Saal seines Königshauses am Schachen feierte Ludwig II. viele seiner Geburtstage. Vergleichsweise bescheiden eingerichtet ist der Wohnbereich im Untergeschoss. Alle Räume können nur im Rahmen einer Führung besichtigt werden.

ELMAU–ISTANBUL: 1.584 KM

37 Königshaus am Schachen

47° 25' 11" Nord / 11° 06' 46" Ost

Wer hehre Ziele verfolgt, erreicht sie am besten auf dem Königsweg – landet dabei aber nicht selten auf dem Holzweg. Zu Füßen des Wetterstein-massivs ist das glücklicherweise unkomplizierter. Vom Wanderparkplatz bei Schloss Elmau ist der Königsweg sogar bestens beschildert! Und führt in knapp vier Stunden hinauf zum 1870 Meter hohen Schachen. Der erste Eindruck vom nahezu schmucklosen Holzschlösschen, das sich Märchen-könig Ludwig II. hier oben im Jahr 1869 erbauen ließ, ist ernüchternd. »Eure Majestät waren doch sonst immer auf Exotik bedacht!«, möchte man in den weißblauen Himmel rufen und am liebsten wieder umkehren. Zuvor sollte man jedoch einen Blick ins Obergeschoss werfen. Denn hier, im Türkischen Saal, verbirgt sich ein zauberhaft-verschwenderisches Geheimnis: Gold und noch mehr Gold! Dazu üppige Ornamentik, die Wände, Fenster, Vasen und Divane über-zieht. Aus dem Fußboden mit kostbarem Perserteppich ragt ein vergoldeter Springbrunnen auf, darüber schwebt ein nicht minder prunkvoller Kandelaber. Das alles wirkt wie aus einem orientalischen Märchenbuch. In der Tat ließ sich der bayerische Ausnahmeregent von Abbil-dungen osmanischer Paläste inspirieren, die er seinem Architekten als Vorlage übergab. Nachdem alle Träume aus Tausendundeiner Nacht wahr geworden waren, pflegte Ludwig hier im Hochgebirge seine Geburtstage zu feiern: als Sultan verkleidet, umgeben von Dienern in wallenden arabischen Gewändern. Die Wege des »Kini« waren eben unergründlich.

www.schloesser.bayern.de

Dolmabahçe-Palast, Istanbul, Türkei
41° 02' 22" Nord / 29° 00' 06" Ost

① Geigenbau in Mittenwald

Vor fast 1000 Jahren wurde erstmals ein Ort an dieser Stelle erwähnt, die Römerstraße verlief allerdings schon viel länger über den Seefelder Sattel südlich des heutigen Mittenwalds. Nicht nur die befestigte Straße, auch der Wasserweg und mit ihm die Flößerei trugen entscheidend zur Entwicklung des Marktes im oberen Isartal bei. Heute ist die Gemeinde vor allem für den Geigenbau bekannt; neben Marknkeukirchen in Sachsen gilt sie als bedeutendster Ort des Streich- und Zupfinstrumentenbaus in Deutschland. Der gebürtige Mittenwalder Matthias Klotz (1653–1743) lernte in Füssen und Padua, kehrte in seinen Heimatort zurück und bildete mehrere Geigenmacher aus, darunter drei seiner Söhne. Noch heute kommen Menschen aus aller Welt hierher und lernen bei einem der Meister die Kunst, eine »bayerische Stradivari« zu fertigen. Die ganze Faszination des Instrumentenbaus entfaltet sich im Geigenbaumuseum, das über 200 Instrumente zeigt.

Staudacherhof

Fast wie ein Schlösschen sieht der imposante Bau aus. Es werden drei Wohnwelten angeboten, alle elegant, edel, mit viel Holz. Wer gesund und regional essen möchte, wählt die »bayurvedischen« Kreationen von Sascha Horst. Wellness, Beauty, Spa, Nails – vom Feinsten. Höllentalstr. 48, 82467 Garmisch-Partenkirchen, Tel. 088 21/92 90, www.staudacherhof.de, DZ ab 180 €

Majestätisches Panorama: Vom Herzogstand aus sieht man rechts den intensiv türkisfarbenen Walchensee, links den tiefer gelegenen Kochelsee.

Tourist Info: Dammkarstr. 3, 82481 Mittenwald, Tel. 088 23/339 81, Mo–Fr 8.30–mind. 17, Mai–Sept. Sa 9–12, So 10–12 Uhr, www.alpenwelt-karwendel.de; Geigenbaumuseum: Ballenhausgasse 3, 82481 Mittenwald, Feb.–Mitte März, Mitte Mai–Mitte Okt., Mitte Dez.–Anf. Jan. Di–So 10–17, Mitte Jan.–Ende Jan., Mitte März–Mitte Mai, Mitte Okt.–Anf. Nov. Di–So 11–16 Uhr, www.geigenbaumuseum-mittenwald.de

② Jachenau

Das liebliche Tal verläuft parallel zu den Alpen, vom Walchensee im Westen bis zum Isartal im Osten. Es ist eines der ruhigeren Ziele in Bayern, grelle Werbeschilder für touristische Angebote und Sportgaudi findet man hier nicht. Es gibt genau drei Gasthöfe und einen kunterbunten Dorf-

laden, in dem man alles Wichtige kaufen kann. Hierher kommt man, um zu wandern (auf den Staffel, den Hirschhörnlkopf oder die Benediktenwand) oder Rad zu fahren, im Winter für die präparierten Loipen und für Schneeschuhtouren.

Tourist Info: Dorf 51 1/2, 83676 Jachenau, Tel. 080 43/91 98 91, Mo–Fr 8–12, Mo, Di, Fr 13.30–16, Do 13.30–18 Uhr, www.jachenau.de

③ Herzogstand

Natürlich kann man auch zu Fuß hinaufgehen. Wer Kraft sparen will, nimmt die Herzogstandbahn und schwebt gemütlich hinauf auf 1600 m Höhe. Von hier eröffnet sich ein sensationeller Blick auf eine der schönsten Landschaften im deuschen Alpenraum: Vor einem liegt der 16 qkm große Walchensee, der bisweilen in unglaublichen Türkistönen schimmert. Da möchte man gleich wieder hinunter und ein SUP-Brett ausleihen oder es gar den Windsurfern gleichtun. Doch bleiben wir noch ein wenig oben: Ein Panorama-Naturlehrpfad führt zum Berggasthaus Herzogstand (März–Okt., Di Ruhetag) und dahinter zum Gipfel. Wer das passende Schuhwerk trägt, trittsicher und schwindelfrei ist, kann über den spektakulären Gratweg hinüber zum Heimgarten (1788 m) gehen und von dort wieder hinunter zum Ausgangspunkt. Teilweise steil – Wanderstöcke entlasten die Knie.

Herzogstandbahn, Am Tanneneck, 82432 Walchensee, ab Mitte April Mo–Fr 9–17.15, Sa/So/Fei 9–17.45 Uhr, www.herzogstandbahn.de

4 Franz-Marc-Museum

Die Künstler des »Blauen Reiter« fühlten sich rund um den Kochelsee ausgespro-

Landhotel Herzogstand

»Mei, so nett!«, möchte man ausrufen, wenn man ins »Schmied von Kochel«- oder »Kaiserin Sisi«-Zimmer kommt. Mit bäuerlichen Ornamenten bemalte Betten und Kästen sieht man nicht überall. Spezialität: Bayerische Tapas. Herzogstandweg 3, 82431 Kochel am See, Tel. 088 51/3 24, www.herzogstand.de, DZ ab 40 €

chen wohl. Vertreter wie Wassily Kandinsky oder Gabriele Münter fanden hier Motive, doch ganz besonders packte es Franz Marc. Der Münchner hatte schon als Kind die Sommerferien in Kochel verbracht, später kam er immer wieder, kaufte sich eine Villa in Ried bei Benediktbeuern. Das 1986 gegründete Franz-Marc-Museum fasziniert mit seiner ungewöhlichen Architektur – 2008 wurde es durch einen modernen Erweiterungsbau vergrößert –, aber vor allem durch 150 bedeutende Werke des Expressionisten und weiterer Künstler seiner Zeit.

Franz-Marc-Park 8–10, 82431 Kochel am See, Di–So/Fei April–Okt. 10–18, März/Nov. 10–17 Uhr, www.franz-marc-museum.de

5 Freilichtmuseum Glentleiten

Über 60 Gebäude wurden anderswo in Bayern sorgfältig ab- und hier wieder aufgebaut: Da wären zum Beispiel ein Getreidekasten von 1622, ein Dörr- und Backhaus von 1893 oder ein Almgebäude von 1507. In alle kann man hineinschauen, alle sind mit authentischen Einrichtungsgegenständen ausgestattet. Damit man sich das einstige Bauernleben noch besser vorstellen kann, führen Mitarbeiter regelmäßig alte Handwerkstechniken vor, etwa das Seilmachen und Weben. Kinder freuen sich über die Schafe, Gänse, Rinder und andere Tiere, die das Museum beleben.

An der Glentleiten 4, 82439 Großweil, Tel. 088 51/185 10, Mitte März–Anf./Mitte Nov. Di–So 9–18 Uhr, Juni–Sept. auch Mo, www.glentleiten.de

Restaurants

Berggasthof Panorama
Östlich oberhalb von Garmisch-Partenkirchen liegt der Berggasthof und glänzt dadurch mit einer grandiosen Aussicht. Beim Essen gibt's keinen Schnickschnack, sondern was man am Berg erwartet: Salatteller mit Kaspressknödeln, Wiener Schnitzel (echtes), Kaiserschmarrn.
St.-Anton-Straße 3, 82467 Garmisch-Partenkirchen, Tel. 088 21/966 90 70, Di–So 8–18 Uhr, Jan.–März Di Ruhetag, www.berggasthof-panorama.de

Gasthof Griesbräu
Gabriele Münter hat's hier gefallen – 1908 schrieb sie es in einem Brief. Auch heute gefällt es hier vielen Gästen, die zum Übernachten oder Essen kommen. Der Brauereigasthof serviert klassisch-deftige Gerichte, natürlich begleitet von den hauseigenen Bierspezialitäten.
Obermarkt 37, 82418 Murnau am Staffelsee, Tel. 088 41/14 22, tgl. 10–24 Uhr, www.griesbraeu.de

Karg Bräustüberl
Dunkles Holz, Stühle mit geschnitztem Herz in der Lehne, ein Kachelofen: Beim Karg ist das keine Bayerndeko, sondern echt. Zünftiges Wirtshaus mit Weißbieren, die weit über die Grenzen Murnaus hinaus bekannt sind.
Untermarkt 27, 82418 Murnau am Staffelsee, Tel. 088 41/82 72, Di 18–24, Mi–So 10–14, 18–24 Uhr, www.karg-murnau.de

38 Stadtbibliothek Ulm

48° 23' 48" Nord / 9° 59' 33" Ost

Wo geht's denn bitteschön zur Mona Lisa? Seit 2004 ist die Zentralbibliothek der Stadt Ulm in einer 35 Meter hohen, lichtdurchfluteten Glaspyramide am Rathaus untergebracht. Nach Leonardo da Vincis Meisterwerk sucht man die Wände hier vergeblich ab. Doch immerhin: Ein freundliches Lächeln spendiert das Team der Bücherei eigentlich allen Besuchern. Außerdem ist man ja wegen der Architektur gekommen. Die hat damals ganz schön polarisiert. Denn längst nicht jeder Ulmer wollte sich mit dem Gedanken an einen hypermodernen Büchertempel inmitten der historischen Altstadt anfreunden. Noch dazu, wenn diese Extravaganz rund 13 Millionen Euro verschlingt! Allen Unkenrufen zum Trotz wurde der Bau schließlich, wenn auch leicht abgewandelt, nach Entwürfen des Architekten und Bildhauers Gottfried Böhm realisiert. Als die Ulmer Stadtbücherei dann 2012 vom Publikum des ZDF-Kulturmagazins Aspekte zur »schönsten Bausünde Deutschlands« gekürt wurde, war das für alle Kritiker des Projekts zumindest eine kleine, wenn auch späte Genugtuung. Andererseits: Viele Ulmer mögen ihren »schwäbischen Louvre« oder haben den Glasbau schulterzuckend akzeptiert. Und letztlich ist ja immer alles eine Frage der Perspektive: Lässt man den Blick an einem schönen Sommertag vom Café am Fischkastenbrunnen über den Marktplatz zum Rathaus schweifen, ragt hinter Baumkronen spitz-funkelnd die Pyramide in den Himmel. Das hat schon was – und fühlt sich doch ziemlich nach »Savoir-vivre« an. Wer sich jetzt immer noch nach Mona Lisas Lächeln sehnt, kann ja gleich gegenüber in der Stadtbibliothek nach einem Bildband stöbern!

www.ulm.de

ULM–PARIS: 565 KM

Musée du Louvre, Paris, Frankreich
48° 51' 45" Nord / 02° 20' 11" Ost

Seit 2004 residiert die Ulmer Stadtbücherei in einer modernen
Glaspyramide am Rathaus. Dass sie bereits 1516 gegründet
wurde und somit zu den ältesten öffentlichen Bibliotheken
Deutschlands zählt, sieht man ihr nicht mehr an.

❶ Ulmer Münster

Gut vier Meter höher als der Kölner Dom ist der Turm des Ulmer Münsters. Seine 161,53 m machen ihn zum höchsten Kirchturm der Welt – aber noch nicht allzu lange. Der anno 1377 begonnene Sakralbau wurde von den Bürgern finanziert, denen um 1543 weniger das nötige Geld, als vielmehr der katholische Glaube abhanden kam: Protestantisch geworden, zerstörten Bilderstürmer Skulpturen und Altäre. Unvollendet, blieb der Turm ein Fragment von damals etwa 100 m Höhe. Erst im 19. Jh. gingen die Ulmer den Weiterbau an. 1890 erhielt der Turm, nach nur fünf Jahren, seine heutige Gestalt und Größe.

Münsterplatz, 89073 Ulm, Kirche: Apr.–Sept. 9–19, Okt.–März 10–17, Turm: Apr.–Sept. 9–18, Sa/So ab 10, Okt.–März 10–16 Uhr, www.ulmer-muenster.de

❷ Museum Ulm

Das Haus zeigt sowohl Funde aus prähistorischer Zeit als auch Exponate der Kunst- und Kulturgeschichte vom Mittelalter bis in die Gegenwart. Besonders faszinierend unter den paläontologischen Ausstellungsstücken ist der »Löwenmensch«: eine 31 cm hohe, stehende Skulptur aus dem Elfenbein eines Mammuts, die in einer Höhle des Lonetals (Schwäbische Alb) gefunden wurde. Vor etwa 40 000 Jahren gefertigt, zählt sie zu Europas ältesten Kunstwerken.

Marktplatz 9, 89073 Ulm, Di–So 11–17, Sonderausstellungen Do bis 20 Uhr, www.ulm.de

Es wirkt so leicht und organisch und ist doch aus Stein: Innenansicht der filigranen Turmspitze des Ulmer Münsters mit gotischen Bögen und Wendeltreppe.

❸ Spaziergang auf dem Festungsweg

Noch vor Beginn der zweiten Bauphase, die das Ulmer Münster vollendete (bis 1890), setzte 1842 eine andere Großbaustelle ein. Um Ulm und Neu-Ulm herum wurde bis 1859 ein riesiger Ringwall angelegt, der die Stadt in eine Bundesfestung verwandelte. So entstanden Bastionen, Kasematten, Reduiten und die Zitadelle Wilhelmsburg mit 570 Räumen. Etliche Bauten sind erhalten und können auf einem Rundweg (12,5 km, 32 Info-Tafeln) besichtigt werden. Guter Startpunkt ist die Wilhelmsburg auf dem Michelsberg, von wo ein Blick über Ulm und mitunter bis zu den Alpen möglich ist.

Prittwitzstr. 100, 89075 Ulm, Führung Wilhelmsburg: jeder 3. So/Monat 11 Uhr, www.bundesfestung-ulm.de

❹ Günzburg

Günzburg ist ein putziges Städtchen mit keltisch-römischen Wurzeln, dem einzigen Habsburgerschloss in Bayern, einer Frauenkirche in reinstem Rokoko und einem sehr

 Hotel Schiefes Haus

Es könnte einem fast schwindeln beim Anblick des offiziell schiefsten Hotels der Welt. Zu Unbehagen besteht aber wirklich kein Anlass, denn die Zimmer sind ausgesprochen heimelig, das Frühstück liebevoll komponiert und die Lage an der Blau fantastisch. Schwörhausgasse 6, 89073 Ulm, Tel. 07 31/96 79 30, www.hotel schiefeshausulm.de, DZ ab 119 €

langen Marktplatz, dessen harmonische Bebauung aus dem 18. und 19. Jh. stammt. Das intakte Stadtbild lässt sich dienstags (10–14 Uhr) beim Weißwurstfrühstück im sechsten Stock des achteckigen Kuhturms (17. Jh.) genüsslich auch von oben bewundern. Putzig, obschon mit mehr Trubel, ist auch im Süden Günzburgs der Freizeitpark Legoland: Gut eine Million Besucher im Jahr staunen hier Bauklötzchen über die Frankfurter Skyline, Venedigs Dogenpalast und vieles mehr. Und eine Achterbahn sorgt für rasantes Geschrei.

Tourist Info: Am Schlossplatz 1, 89312 Günzburg, Tel. 082 21/20 04 44, Mo–Fr 10–17 Uhr, www.guenzburg.de; Legoland: Legoland-Allee, 89312 Günzburg, Ende März bis Anf. Nov. tgl. 10–18 Uhr, sommers und Ferienzeit länger offen, www.legoland.de

 5 Urweltmuseum Hauff

Fischsaurier und Großvögel mit Fell: Der Neugier auf urtümliches Getier dürfte

Hotel Roter Löwe

In 3 Min. läuft man zum Münster und in die Altstadt. Die Zimmer sind geräumig, ihre Gestaltung gediegen. Zum Haus gehört das »Wirtshaus zur Brezel«, das urige mit moderner Einrichtung kombiniert und bayerisch-schwäbische Küche serviert.
Ulmergasse 8, 89073 Ulm, Tel. 07 31/14 08 90, www.hotel-roter-loewe.de, DZ ab 115 €

dieses paläontologische Museum in Holzmaden (nahe Kirchheim unter Teck) sehr entgegenkommen. In den Steinbrüchen seines Vaters fand Johannes Hauff (1866 bis 1950) Ende des 19. Jh. jede Menge Fossilien seltsamster Art – kein Wunder, die Schwäbische Alb war im Jura, also 180 Mio. Jahre zuvor, ein Urmeer. Hauff lernte, die Fundstücke zu präparieren. Aus seinen Sammlungen entstand das heutige, sehr moderne Museum, dessen Exponate und Erläuterungen in eine Zeit zurückführen, in der niemand leben wollen würde, die aber umso mehr fasziniert.

Aichelberger Str. 90, 73271 Holzmaden, Di–So 9–17 Uhr, www.urweltmuseum.de

 6 Blautopf

Wassernixen haben's auch nicht leicht, wie das Beispiel der schönen Lau (in Mörikes Stuttgarter Hutzelmännchen) zeigt. Die trübsinnig Kinderlose verbannte ihr Gatte vom Donaudelta in den tiefen Blautopf. Hier aber brachten die heiteren Anwohner sie zum Lachen, allein mit dem Zungenbrecher »s'leit a Klötzle Blei glei bei Blaubeuren«. Lachen befreit, auch vom Bann, und die Nixe kehrte schwanger zurück. Was bleibt, ist die Blau, die aus ihrem Topf, einer Karstquelle, 22 km zur Donau braucht. Geübte Taucher erkunden das Höhlensystem, gefahrloser ist die Idylle des Blautopfs samt Hammerwerk und Kloster.

Tourist Info: Kirchplatz 10, 89143 Blaubeuren, Tel. 073 44/96 69 90, Mitte März–Nov. tgl. 10–17, Dez.–Mitte März Mo–Sa 10–12, So 10–17 Uhr, www.blaubeuren.de

 Restaurants

Zunfthaus der Schiffleute
Es liegt in der Fischergasse im Fischerviertel und wurde jahrhundertelang – klar – von Fischerfamilien bewohnt. Seit 1977 ist ein Restaurant hier untergebracht. Kulinarisch gibt's Bodenständiges zu entdecken, etwa »Schwäbische Austern« (Weinbergschnecken).
Fischergasse 31, 89073 Ulm, Tel. 07 31/64 41, tgl. 11.30–22 Uhr, www.zunfthaus-ulm.de

Bootshaus Bar & Grill
Die Glasfront scheint gar kein Ende zu nehmen, so lang zieht sie sich direkt am Wasser hin. Und geht in eine stilvolle Sonnenterrasse über. Von deftiger Zünftigkeit ist auf der Karte nichts zu sehen, da treffen sich Iberico-Schwein und japanische Wagyu-Burger. Reduziert und cool, keineswegs ungemütlich.
Gänsländе 10, 89073 Ulm, Tel. 07 31/20 74 64 97, Mo–Fr 11–24, Sa 9–1, So 9–24 Uhr, www.bootshaus-ulm.de

Zur Forelle
Dem Fischerhaus aus dem 17. Jh. fühlen sich die Betreiber verpflichtet, aber nicht so sehr, dass sie keine Einflüsse von außen zuließen. Da wird schon mal mit gelbem Curry oder provenzalischem Gemüse gearbeitet. Doch keine Bange: Maultaschen und Zwiebelrostbraten werden natürlich auch aufgetragen.
Fischergasse 25, 89073 Ulm, Tel. 07 31/639 24, Mo–So 11–14.30, 17–24 Uhr, www.ulmer-forelle.de

Isola Bella, Lago Maggiore, Italien
45° 53' 43" Nord / 08° 31' 38" Ost

Insektengarten, Palmenhaus, Mediterrane Terrassen: Die Insel Mainau bietet eine Fülle von Attraktionen – und noch dazu jede Menge italienisches Flair. 60 Gärtner kümmern sich hier das ganze Jahr über um die Pracht.

MAINAU-ISOLA BELLA: 208 KM

39 Insel Mainau

47° 42' 18" Nord / 09° 11' 43" Ost

Blumen machen glücklich. Viele davon noch glücklicher. Daher ist es auch ganz normal, dass Besucher auf der Bodenseeinsel Mainau meist selbst aufblühen und dann mit seligem Lächeln wieder abreisen. Seine paradiesischen Gartenanlagen verdankt das rund 45 Hektar große Eiland einem blaublütigen Schweden mit grünem Daumen und goldenem Näschen: Weil Vorbesitzer Friedrich II. von Baden keine Nachkommen hatte, gelangte die Mainau 1932 über Umwege in den Besitz des schwedischen Grafen Lennart Bernadotte, der es sich zur Lebensaufgabe machte, die damals völlig verwilderte Insel in eine blühende wie einträgliche Attraktion zu verwandeln. Erst jüngst wurden die Ländereien in eine Stiftung überführt, um die sich heute Lennarts Sohn Björn Graf Bernadotte und seine Gattin Sandra kümmern. Spätestens im Mai explodiert die Natur hier regelrecht, und die Tulpenblüte läutet den ersten vieler Höhepunkte des Gartenjahres ein. Die Blumen wachsen nicht in Beeten, sondern rollen sich wie ein dicker, farbenfroher Teppich über der ganzen Landschaft aus. Auf der Frühlingsallee gelangt man ostwärts zu den Mediterranen Terrassen. Unterhalb grüßt als schmales Band die Blumentreppe, deren strenge Symmetrie italienischen Renaissancegärten nachempfunden ist. Auf ihren Stufen – natürlich aus Calanca-Gneis aus dem Tessin gefertigt – plätschert das Wasser sehnsuchtsvoll dem Schwäbischen Meer entgegen. So schön kann doch nur Italien sein? Von hier oben an der Balustrade, zwischen exotischen Palmen und duftender Bougainville, ist der funkelnde Bodensee dem Lago Maggiore jedenfalls nahezu ebenbürtig. Ein letztes Mal leuchten die Augen. Nach Sonnenuntergang heißt es dann »Ci vediamo, Mainau!«. Denn man darf und will ja wiederkommen.

www.mainau.de

Restaurants

Landgasthof Kreuz

Inmitten des Bodanrück, der den Nordwesten des Bodensees in den Überlinger See und den Untersee teilt, liegt der traditionelle Landgasthof, der Wert auf Regionales legt und daher Reichenauer Salat, Gemüse und natürlich Bodenseefisch auf die Teller bringt. Kapitän-Romer-Straße 1, 78465 Konstanz, Tel. 075 33/51 82, Fr–Di 11.30–14, ab 17 Uhr, www.landgasthofkreuz.com

Seehalde

Unweit der Pfahlbauten Unteruhldingen und unterhalb der Basilika Birnau direkt am See gelegen, tischen die Gruler-Brüder Markus und Thomas fein auf. In schöner, gediegener Atmosphäre sitzt man auf der Seeterrasse mit Wellengang. Passend dazu: die frische, kreative Küche. Birnau Maurach 1, 88690 Uhldingen, Tel. 075 56/922 10, Do–Mo 12–14, 18–21, Hauptsaison Mi 18–21 Uhr, www.seehalde.de

Zum Bären

Gegründet um das Jahr 1250, ist der Bären vermutlich der älteste Gasthof in Meersburg. Wie eh und je versteht man sich hier auf gutbürgerliche Küche, Dauerbrenner sind die selbst geschabten Spätzle und der delikate Zwiebelrostbraten. Marktplatz 11, 88709 Meersburg, Tel. 075 32/432 20, Mitte März–Anfang Nov. Di bis So 12–14, 18–21 Uhr, www.baeren-meersburg.de

 ## Konstanz

Am Konstanzer Hafen, direkt am Bodensee, tanzt und dreht sich Imperia alle vier Minuten einmal um sich selbst. Die 9 m große Kurtisane ist das Wahrzeichen der Stadt und erinnert an das Konzil vor rund 600 Jahren, als gleich drei Päpste Anspruch auf den Stuhl Petri erhoben. Viel Historisches findet sich auch in der Altstadt mit Häusern teils aus dem 13. Jh. – und dem anno 780 erstmals urkundlich erwähnten Münster, dessen blockhafter Turmkörper und prunkvoller Innenraum beeindrucken.

Tourist Info: Bahnhofplatz 43, 78462 Konstanz, Tel. 075 31/13 30 30, Nov.–März Mo–Fr 9–12.30, 13.30–17, Apr.–Okt. 9–18 Uhr, www.konstanz-tourismus.de

 ## Insel Reichenau

Wer die größte Insel im Bodensee betritt, trifft auf Kohl und Klosterkultur. Ersteren hat man fein in der Nase: Auf dem fruchtbaren Flecken ziehen Gemüsebauern auf 120 ha Tomaten, Gurken und Salat. Der Wanderbischof Pirmin war es, der im Jahr 724 das Benediktinerkloster gründete, das mit Klosterschule und Bibliothek zu einem religiösen und kulturellen Zentrum des Frühmittelalters wurde. Das würdigte die Unesco und machte Reichenau mit ihrer Geschichte, den drei romanischen Kirchen samt wertvollen Reliquien, Schriften und Malereien zum Weltkulturerbe.

Tourist Info: Pirminstr. 145, 78479 Reichenau, Tel. 075 34/920 70, Mai–Sept. Mo–Fr 9–18, Sa 10–14, Apr.–Okt. Mo–Fr 9–12.30, 13.30–17, Nov.–März Mo–Fr 9–12, 13.30 bis 16 Uhr, www.reichenau-tourismus.de

 ## Mettnau-Turm

Wie ein Zipfel ragt die Halbinsel Mettnau in den Untersee hinein und bietet mit ihren weiten Schilfwiesen einen Rückzugsraum für Vögel, Reptilien und Fische – die östliche Spitze steht schon seit 1926 unter Naturschutz. Der 18 m hohe Holzturm entstand 1938 als Vogelbeobachtungswarte. Ursprünglich nach seinem Initiator mit NS-Posten »Finckh-Turm« genannt, erfolgte 1945 die Umbenennung in »Mettnau-Turm«. Heute bietet er abgehobene Perspektiven auf den Hegau, die Reichenau, die Schweiz und schöne Aussichten auf die Alpen sowie den Säntis – und natürlich auf die artenreiche Vogelwelt wie Haubentaucher, Kolbenente und Co.

Floerickeweg, 78315 Radolfzell, tgl. geöffnet, www.radolfzell-tourismus.de

 ## Landhaus Ödenstein

Hinter der Fassade der ehemaligen Künstlervilla aus den 1920er-Jahren verbergen sich charmante, liebevoll eingerichtete Zimmer mit Seeblick. Dazu kommt die traumhafte Lage inmitten der Weinberge und dennoch nicht weit von der Altstadt entfernt. Droste-Hülshoff-Weg 25, 88709 Meersburg, Tel. 075 32/61 42, www.oedenstein.de, DZ ab 99 €

In Lindau am Bodensee steht der südlichste Leuchtturm Deutschlands. Der sechs Meter hoche Bayerische Löwe blickt mit grimmigem Gesicht Richtung Schweiz.

 ## 5 Burg Meersburg

Der Sage nach soll der Merowingerkönig Dagobert I. das Gemäuer anno 628 erbaut haben, das heute als älteste bewohnte Burg Deutschlands gilt. Eine ihrer bekanntesten Bewohnerinnen dürfte die Dichterin Annette von Droste-Hülshoff gewesen sein, die dort bei ihrem Schwager Quartier bezog und 1848 verstarb. Ihr zu Ehren lässt sich eine Führung buchen, ansonsten führt der Museumsrundgang durch 28 schmucke Burgzimmer.

Schlossplatz 10, 88709 Meersburg, März–Okt. 9–18.30, Nov.–Feb. 10–18 Uhr, www.burg-meersburg.de

 ## 4 Pfahlbaumuseum Unteruhldingen

Abgesehen von der Insel Reichenau liegen noch weitere Unesco-Welterbenstätten im Bodenseewasser: prähistorische Pfahlbau-

Riva

Das Gebäudeensemble aus eleganter Jugendstilvilla und lichtem Neubau liegt an der Konstanzer Seepromenade. Das 5-Sterne-Hotel offeriert moderne Zimmer und einen Wellnessbereich inklusive Pool auf der Dachterrasse. 15 Spazierminuten zum Stadtzentrum. Seestr. 25, 78464 Konstanz, Tel. 075 31/36 30 90; www.hotel-riva.de, DZ ab 255 €

ten, wie sie dank der ab 1922 nachgebauten Dörfer im Unteruhlinger Freilichtmuseum sichtbar werden. Ganz modern startet die Reise in die Vergangenheit mit der Multimediashow »Archaeorama«, ehe es zu Fuß über urige Stege zu den sechs Stelzen-Dörfern aus drei Jahrtausenden geht: Wie Bauern, Fischer und Händler in der Jungsteinzeit und Bronzezeit gelebt haben, verraten dort viele Gegenstände des täglichen Lebens. Besucherführer beantworten Fragen und erläutern Handwerkstechniken dieser Zeitalter. Zusätzlich können Gäste im Steinzeitparcours selbst Hand anlegen, arbeiten wie zur Pfahlbauzeit oder an einer Ausgrabungsstelle forschen und katalogisieren.

Strandpromenade 6, 88690 Uhldingen-Mühlhofen, Apr.–Sept. 9–18.30, Okt. bis 17, März/Nov. Sa/So 9–17 Uhr, www.pfahlbauten.de

 ## 6 Lindau

Gerade einmal 18 km lang ist Bayerns Anteil am Bodensee. Dennoch gerät der Freistaat keinesfalls in Vergessenheit, dafür sorgt Lindaus markante Hafeneinfahrt: Flankiert vom Bayerischen Löwen auf der einen und dem Leuchtturm auf der anderen Seite, werden Bodenseeschiffe schon seit 1856 zum Liegeplatz geleitet. Wer die 139 Leuchtturmstufen auf sich nimmt, hat einen fantastischen Blick über das charmante Gassengewirr der Inselstadt. Der Mangturm (12. Jh.), in dem Märchenstunden stattfinden, macht das hübsche Hafenensemble perfekt.

Tourist Info: Alfred-Nobel-Platz 1, 88131 Lindau, Tel. 083 82/26 00 30, Mitte Apr. bis Mitte Okt. Mo–Sa 10–18, So 10–13, Mitte Okt.–Mitte Apr. Mo–Fr 10–12, 14–17 Uhr, www.lindau.de

TODTNAU–GATLINBURG: 7.254 KM

Great Smoky Mountains, Appalachen, USA
35° 41' 13" Nord / 83° 32' 13" West

40 Gipfel und Täler im Schwarzwald

47° 49' 18" Nord / 7° 50' 04" Ost

Selbst nach intensiver Recherche bleibt leider unklar, wie viele Menschen Jahr für Jahr mit Cowboyhut auf dem Kopf und einem Banjo unterm Arm auf den Belchen klettern. Weder das Statistische Bundesamt noch die Tourismusverbände vor Ort erheben diese Daten. Erstaunlicherweise! Denn nichts liegt näher, als auf einem der vielen Gipfel im Schwarzwald den blutroten Sonnenuntergang mit einem melancholischen Bluegrass-Song zu zelebrieren. Bluegrass, so nennt sich eine besonders geerdete Spielart der Country- und Folkmusik, die in Nordamerika schon seit Jahrzehnten ungebrochen populär ist, aber auch in Europa begeisterte Zuhörer findet. Der typische, meist nur mit akustischen Instrumenten erzeugte Sound entstand Anfang der 1940er-Jahre in den Appalachen, deren Hauptkamm und Ausläufer sich im Osten der USA über die Bundesstaaten Tennessee, Virginia, West Virginia und Kentucky erstrecken. Das Leben dort in den Bergen war schon immer hart – vor und nach dem Kohleboom. Und noch heute gilt die Gegend als Armenhaus der Vereinigten Staaten. So spielt man seit jeher mit Fiddle, Banjo, Gitarre und Kontrabass gegen die Dauerkrise an, besingt das Leben, die Liebe, die Plackerei in den Minen und nicht zuletzt die stille Schönheit der Natur mit ihren sanften, oft in Nebel gehüllten Bergkuppen, weiten Talblicken und tiefen Wäldern. Vermutlich trug auch die vertraute Landschaft ihren Teil dazu bei, dass viele Schwarzwälder, im 19. Jahrhundert auf der Flucht vor Hunger und Not, ausgerechnet im Südosten der USA ihr Glück suchten. Und vielleicht hatten ja einige von ihnen, die später in ihre Heimat zurückkehrten, sogar ein Banjo im Gepäck!

www.naturpark-suedschwarzwald.de

Unter allen Mittelgebirgen zählt der Schwarzwald mit seinen weiten, sanft gekuppten Landschaften zu den beliebtesten Wanderzielen Deutschlands. Davon ist man in den Appalachen im Südosten der USA weit entfernt – die Gegend gilt immer noch als Geheimtipp.

Freiburg

Dank Hausberg Schauinsland (1284 m) weist Deutschlands südlichste Großstadt (230 000 Ew.) fast 1100 m Höhendifferenz auf. Zwei Dynastien, Zähringer und Habsburger, prägten im Mittelalter Freiburgs Charakter. Die Zähringer bauten ab 1090 eine Burg auf dem Schlossberg am Rand des Dreisamtals. Die kleine Siedlung, die unten entstand, erhielt 1120 Stadtrecht. Um 1200 begann Bertold V., letzter der Zähringer, mit dem Bau des Münsters. Binnen 300 Jahren wurde daraus ein Meisterwerk der Gotik, vor allem der schon 1330 vollendete Turm: 116 m hoch, von raffinierter, bestechend schöner Architektur. Mit reichen Silbervorkommen im Schauinsland hatten die Bürger ihr Münster finanziert. Erst 1827 wurde Freiburg Bistumssitz. Der Stiftung Albrechts VI. von Österreich verdankt sich eine der ältesten deutschen Universitäten (seit 1457). Längst ist sie Freiburgs größter Arbeitgeber, Lehrkräfte und Studierende aus aller Welt bereichern das Flair

Besuchern des Kastaniengartens liegt die gesamte Freiburger Innenstadt zu Füßen. Er gehört zum Restaurant Greiffenegg Schlössl, das einen eigenen Aufzug hat.

der Stadt. Am 27. November 1944 von britischen Bombern fast ausgelöscht, wobei das Münster verschont blieb, wurde die Altstadt sorgfältig rekonstruiert. Für Touristen ist Freiburgs Mittelaltercharme mit seinen Bächle ein Magnet. Auf den Schlossbergturm zu steigen, lohnt mit großem Panorama auf Schwarzwald, Kaiserstuhl, Vogesen und die Stadt.

Tourist Info: Rathausplatz, 79098 Freiburg. Tel. 07 61/388 18 80, Juni–Sept. Mo–Fr 8–20, Sa 9.30–17, So 10.30–15.30, Okt.–März Mo–Fr 8–18, Sa 9.30–14.30, So 10–12 Uhr, www.freiburg.de; Münster: Münsterplatz, 79098 Freiburg, Mo–Sa 10–17, So/Fei 13 bis 19 Uhr, www.freiburgermuenster.info; Schlossbergturm: etwa 200 Höhenmeter ab Schwabentor, am Weg liegen der schöne Greiffenegg-Biergarten und die Aussicht vom Kanonenplatz.

 Schauinsland

Von Freiburgs höchstem Punkt lässt sich gut zu den Berner Alpen blicken. Dabei ist der Boden, auf dem der Eugen-Keidel-Turm in 1284 m Höhe steht, durchlöchert wie ein Schweizer Käse. Der Silberbergbau im Schauinsland bestimmte die Anfänge der Stadt. Kein Wunder, dass seit dem 14. Jh. dem Berg und seinen Kumpeln im Münster ein Südfenster gewidmet ist. Als das Silber zu Ende ging, wurde nach Blei und Zink gegraben, zuletzt noch 1954. Von 100 km Stollen hat die Forschergruppe Steiber mit montanem Fleiß einige wieder zugänglich gemacht und bietet Besuchern kenntnisreiche Führungen an. Stollen und Gerätschaften aller Bergbauepochen sind zu sehen, inklusive niedrige, gemeißelte Gänge des Mittelalters. Bei den Führungen, teils über stabile Leitern, kommt auch die

> ### 🛏 Hofgut Himmelreich
>
> Ein Himmelreich für eine gute Philosophie: Im ehemaligen Hofgut, das um das Jahr 1300 urkundlich erwähnt und seit dem 17 Jh. als Gasthof geführt wird, arbeiten Menschen mit und ohne Behinderung zusammen, bieten einen guten Service und gemütliche Zimmer. Himmelreich 37, 79199 Kirchzarten, Tel. 076 61/986 20, www.hofgut-himmelreich.de, DZ ab 80 €

Geologie nicht zu kurz. So nähert man sich, hoch über Freiburg, den Wurzeln der Stadt.

Talstation Bergbahn: Bohrerstr. 11, 79289 Horben, tgl. 9–17, Juli–Sept. 9–18 Uhr, www.schauinslandbahn.de; Besucherbergwerk: 500 m von der Bergstation; Mai/Juni, Sept./Okt. Mi, Sa/So/Fei 11 bis 15.30 Uhr, Juli/Aug tgl., www.schauinsland.de

 3 Sulzburg

St. Cyriak (10. Jh.) ist die älteste Kirche im Markgräflerland. 2009 renoviert, zeigt sie sich mit gotischen Fresken und einsäuliger Krypta schlichtweg fotogen. Apropos: Nebenan kam Ernst Leitz (Leica) zur Welt. Sulzburg betritt man durchs mittelalterliche Stadttor. Bergbau brachte dem Ort im 13. Jh. Wohlstand, ein Museum (frühere Stadtkirche) erzählt davon. Die Synagoge (1822) bezeugt, dass im 19. Jh. jeder vierte Sulzburger jüdisch war. 1938 innen zerstört, wegen der Nachbarbauten aber nicht niedergebrannt, ist sie heute eine Kultur-

 Schwarzwälder Hof

Das Traditionshaus hat den Schwarzwald nicht nur im Namen, sondern auch auf Fototapeten oder Bildern in geschmackvollen Zimmern. Mitten in der Altstadt offeriert der Schwarzwälder Hof schick renovierte Räumlichkeiten im historischen Ambiente. Herrenstr. 43, 79098 Freiburg, Tel. 07 61/380 30, www.schwarzwaelderhof.com, DZ ab 110 €

stätte. Die Badstraße talaufwärts liegen der jüdische Friedhof und ein Naturbad.

Tourist Info: Hauptstr. 60, 79295 Sulzburg, Tel. 076 34/56 00 40, Mo/Di/Fr 8–12, Mi 7–13, Do 8–12, 14–18 Uhr, www.sulzburg.de

 4 Todtnauer Wasserfälle

Eine Naturschönheit sind die Todtnauer Wasserfälle, die besser Todtnauberger hießen, fallen sie doch gleich unterhalb des Ortes ins Tal. Sichere Stege geleiten über Kaskaden und Hauptfall (60 m). An Wucht nicht vergleichbar, stürzt der Stübenbach dennoch 2 m tiefer als der Niagara. Dort aber wären die Holzliegen kein lässiger Platz zum Nachdenken.

79674 Todtnau, ganzjährig zugänglich, www.hochschwarzwald.de

 5 Schluchsee

Im von der Schwarza gespeisten See kann es vorkommen, dass man auch in Rheinwasser badet. Unbebaut, lockt vor allem das südliche Ufer mit Ruhe und Natur. Ein Muss: eine Rundfahrt mit der MS Schluchsee (Fahrplan: Schluchsee, Aha, Unterkrummenhof, Staumauer) über den mit 5 qkm größten See des Schwarzwalds.

Tourist Info: Fischbacher Str. 7, 79859 Schluchsee, Tel. 076 52/12 06 85 06, Mo–Fr 9–16 Uhr, www.schluchsee.de; Seerundfahrten Toth: Freiburger Str. 16, 79859 Schluchsee, Mai–Okt. tgl., www.seerundfahrten.de

 Restaurants

Hausbrauerei Feierling

In Freiburg gibt man sich gerne ökologisch korrekt. Das hört auch bei den Getränken nicht auf und so kommt selbst die Feierling-Hausmarke »Inselhopf« als Biobier daher. Urgetrübtes Bier und feine süddeutsche Küche lassen sich prima in einem der schönsten Biergärten der Stadt am Augustinerplatz schmecken. Gerberau 46, 79098 Freiburg, Tel. 07 61/24 34 80, So–Do 11–24, Fr/Sa 11–1 Uhr, www.feierling.de

Gasthaus zum Raben

Im idyllischen Horben, 10 km südlich von Freiburg gelegen, kann man wunderbar die Sterne betrachten. Einer findet sich auch in der Rabenküche, vergeben von Guide-Michelin-Prüfern für ebenso raffinierten wie bodenständigen Genuss. Dorfstr. 8, 79289 Horben, Tel. 07 61/55 65 20, Mi–Fr 18–24, Sa/So zusätzlich 12–15, 18–24 Uhr, www.raben-horben.de

Treschers am See

Stilvoll speisen mit Seesicht: Das traditionelle Haus aus dem Jahr 1887 bietet zwei Restaurants, die von gleicher, gehobener Speisekarte bedient werden. Gemeinsam ist dem »Bellevue« und der »Seeterrasse« der tolle Blick aufs Wasser. Auf die Teller kommt leichte, schwäbisch-badisch angehauchte Küche. Seestr. 10, 79822 Titisee-Neustadt, Tel. 076 51/80 50, tgl. ab 12 Uhr, www.schwarzwaldhotel-trescher.de

REGISTER

REGISTER

R = Restaurant
H = Hotel

IMPRESSUM

Alle Angaben in diesem Reisebuch sind gewissenhaft geprüft. Preise, Öffnungszeiten usw. können sich aber schnell ändern. Für eventuelle Fehler übernimmt der Verlag keine Haftung.

© 2018 GRÄFE UND UNZER VERLAG GmbH, München

HOLIDAY ist eine eingetragene Marke der GANSKE VERLAGSGRUPPE.

2. unveränderte Auflage 2018
ISBN: 978-3-8342-2848-2

B2B-Editionen schneidern wir maß nach Ihren Wünschen. Bei Interesse: gabriella.hoffmann@graefe-und-unzer.de

Bei Interesse an Anzeigenschaltung:
KV Kommunalverlag GmbH & Co. KG
Tel. 089/9280960
info@kommunal-verlag.de

GRÄFE UND UNZER VERLAG
Postfach 86 03 66
81630 München
Tel. +49 89/41 98 19 00
holiday@graefe-und-unzer.de
www.holiday-reisebuecher.de

Ein Unternehmen der
GANSKE VERLAGSGRUPPE

Reihenidee/-konzept
Verónica Reisenegger

Idee/Konzept/Redaktion dieses Buchs
Jens van Rooij, Eva Stadler, Verónica Reisenegger

Redaktionelle Mitarbeit
Viktoria Paschke

Layout
Michaela Fischer M-DESIGN

Bildredaktion
Dr. Nafsika Mylona, Tobias Schärtl

Schlussredaktion
Dr. Anita Meschendörfer

Produktion
Anna Bäumner

Repro
Repro Ludwig, Zell am See

Druck und Bindung
Printer Trento, Italien

PEFC
PEFC/18-31-506

Der Autor

Jens van Rooij wurde 1976 in München geboren und ist seiner bayerischen Heimatstadt seither treu geblieben. Auf seinen Reisen durch Deutschland und die ganze Welt fasziniert ihn immer auch die Schönheit des Abseitigen, die man oft nur auf den zweiten Blick wahrnimmt. Seine Entdeckungen teilt er als freier Redakteur, Journalist und Buchautor mit seinen Lesern – oder in einem seiner Münchner Lieblingscafés mit Freunden und Familie.